本书得到重庆市社科规划项目"重庆市相对贫困治理与物流业高质量发展协同路径研究"（项目批准号：2020BS48）、重庆工商大学高层人才项目"效率与公平协同的农村物流资源配置研究"（项目批准号：1855024）和重庆工商大学物流管理国家级一流本科专业建设点等项目资助。

新时代社会保障机制研究书系

社会福利与公平分配

SHEHUI FULI YU GONGPING FENPEI

曾 倩 著

 西南财经大学出版社
Southwestern University of Finance & Economics Press

中国·成都

图书在版编目(CIP)数据

社会福利与公平分配/曾倩著.—成都:西南财经大学出版社,2021.12
ISBN 978-7-5504-5030-1

Ⅰ.①社… Ⅱ.①曾… Ⅲ.①社会福利—研究②公平分配—研究
Ⅳ.①C913.7②F014.4

中国版本图书馆 CIP 数据核字(2021)第 167359 号

社会福利与公平分配

曾倩 著

责任编辑:林伶
责任校对:李琼
封面设计:何东琳设计工作室
责任印制:朱曼丽

出版发行	西南财经大学出版社(四川省成都市光华村街55号)
网　　址	http://cbs.swufe.edu.cn
电子邮件	bookcj@swufe.edu.cn
邮政编码	610074
电　　话	028-87353785
照　　排	四川胜翔数码印务设计有限公司
印　　刷	四川煤田地质制图印刷厂
成品尺寸	170mm×240mm
印　　张	14.25
字　　数	267 千字
版　　次	2021 年 12 月第 1 版
印　　次	2021 年 12 月第 1 次印刷
书　　号	ISBN 978-7-5504-5030-1
定　　价	78.00 元

前言

　　"公平"是人类一种普遍的追求。大量的经济学、心理学实验已经证明人不仅仅是追求个体利益最大化的"完全理性人"，同时也具有公平偏好、利他偏好等行为特点。小到生活中公平感知对个体行为的影响，大到收入保障、健康医疗、社会住房、教育等社会制度的安排，无处不体现着"公平"这一人类共同的价值追求。《论语》中"不患寡而患不均"的论述体现了均贫富的思想，"有教无类"蕴含着教育公平的理念；中华人民共和国成立后，我国社会分配从"效率优先，兼顾公平"到"兼顾效率与公平"，公平在社会分配中的重要性得到进一步提升。党的十八大以来，习近平总书记提出了一系列关于社会公平正义的重要论述，他多次强调实现社会公平正义是我们党的一贯主张，公平正义是中国特色社会主义的内在要求。在西方经济学研究中，亚当·斯密在《国富论》最后部分论述了社会正义问题，认为市场是实现"效率、公平和自由"的工具，虽未构建起福利经济学体系，但早已形成了福利经济思想。庇古提出以公平为核心的旧福利经济学，认为公平必须进行效用的人际比较，且公平是福利的第一要务，丧失公平的经济增长毫无意义。帕累托则创立了以序数效用为基础的新福利经济学理论，无须考虑公平的福利标准，只要能够排序即可，将帕累托最优作为经济政策价值的判断标准。

　　无论新福利经济学，还是旧福利经济学，如何权衡或者兼容效率与公平都是其研究的核心，研究延伸出社会福利与个人福利不兼容的问题，这也成为福利经济学的棘手问题。柏格森-萨缪尔森社会福利函数建立起社会福利与个人效用之间的关系，不同于效用函数，其超越了个人主义和功利主义，将人性、社会偏好等因素纳入，综合了公平和效率，能够对国民经济和社会制度进行多维的考量。社会福利函数的构建主要由两部分组成：第一，如何确定每个个体的效用；第二，个体效用如何构成社会福利，采用不同的衡量标准和构建方法将影响最终的效率与公平。例如在基数效用下，采用个体效用直接加总为社会福利的函数形式，追求社会福利最大化将导向功利主义追求的效率最优结果；采用字典序的方式选择最小个体效用作为社会福利，则最终得到罗尔斯公平最优结果。

本书正是从福利经济学的角度，探求用社会福利函数的方法研究资源分配的公平与效率问题。主要分为两个部分，一是理论与方法篇，试图通过对相关理论研究的回顾，回答公平的内涵与原则是什么、基数效用和序数效用下的资源配置如何实现公平、公平与效率的关系是怎样的等一系列基础问题。从公平分配的四个经典原则——补偿、报酬、外生权力和适应性出发，提出了等收益、等损失、比例收益和比例损失几类公平分配方法，讨论了三个基本社会福利形式：边沁功利主义、纳什均衡、罗尔斯公平。二是应用篇，从微观层面研究公平分配实现的一般方法与具体应用，提出了两类社会福利函数构造的新方法，并探讨了在公共基础设施选址、应急物资分配、分配补贴政策等领域如何权衡效率与公平。

本书的研究和出版得到了重庆工商大学管理科学与工程学院、重庆现代商贸物流与供应链协同创新中心、物流管理国家级本科一流专业建设点的支持，以及西南交通大学张锦教授，贵州大学陈刚、付江月博士的帮助，在此一并表示感谢。本书如有不足之处，敬请读者指正！

曾倩

2021 年 11 月

目录

1 引言

福利经济学是经济学科体系的一个重要组成部分，以研究社会及经济资源配置和国民收入分配的公平等问题为主题，以社会福利最大化为宗旨。福利经济学在经济学发展史上是诞生较晚的一门学科。古典经济学主要关心的是社会经济活动中的生产、交换、分配和消费问题，也就是物质财富的增长问题。但是随着社会经济的不断发展，分配不公、贫富分化、人口老龄化等社会问题日益出现。福利经济学是在多种思想学派和学说的基础上发展而来的，包括功利主义代表人物边沁和穆勒，提倡社会改革的福利经济学先驱霍布森、新古典学派庇古、瑞士洛桑学派帕累托以及其他学者的思想和学说等。功利主义思想是福利经济学的哲学基础，认为个人追求自身利益最大化，整个社会要实现绝大多数人的最大福利。如美国著名经济学家萨缪尔森所说，"福利经济学是一门关于组织经济活动的最佳途径、收入的最佳分配以及最佳的税收制度的学科"，福利经济学是关于稀缺性资源使用效果的评价及判断的学问，是从福利的角度对经济体系的运行进行社会评估的经济学。

庇古的福利经济学理论建立在基数效用假设和人际效用可比较的前提下，而新福利经济学则建立在序数效用假说和无差异曲线分析的基础上，前期主要侧重于研究序数效用、帕累托最优理论等，重点是经济效率。近年，新福利经济学的研究领域扩展到了外部经济理论、相对福利理论、次优理论、公平与效率理论等，重点趋向于资源配置领域的深度研究。无论是强调经济效率而不讨论公平分配，还是主张既要经济效率又要公平分配，其研究焦点都集中在资源配置中的经济效率和公平分配问题上。资源配置合理，对一个国家经济增长、社会协调进步与发展有着极其重要的影响。在近当代社会经济发展史和经济研究重点领域中，经济效率和分配公平是资源配置的主要目标，并越来越成为学界和政府管理部门研究与关注的重要课题。

经济效率主要侧重资源配置的"量"和"质"，"量"为社会产出物品的种类和数量，即物质极大丰富；"质"即以较小比例的要素投入和较短时间的生产运行，产出较多的合格社会资源。分配公平主要指按照一定的分配标准和原则，将社会生产的产品和收益合理地分配到直接和间接参与社会生产的组织或劳动者中去。这是每个社会、每个政府都必须重视并合理规划与解决的问题。它既体现社会管理者的管理思维、管理原则和管理技巧，同时又体现资源供给者、社会生产者的诉求和意志。分配公平问题中，如何很好地将社会管理者和社会生产者的诉求与意志相结合，是社会学和经济学持续关注的话题，也是本书研究和设计具体分配方法的主要命题。罗尔斯在《正义论》一书中主张公平与正义是社会发展的基石。Binmore（2005）认为公平是人类天生的追求，即使在经济人假设下不公平也会导致个体效用的降低。泰勒（2016）在《错误的行为》一书中通过行为实验解释了人们认为"怎样才算公平"，指出并非所有人都是完全理性的、自私的，而人们对公平的感知与禀赋效应有关。目前对公平并没有确切的定义，对于怎样的分配才是最公平的也没有统一的认识，最为人所知和认可的两大原则为功利主义原则和罗尔斯公平主义原则。前者强调效率（efficiency），后者强调公平（equity）。功利主义原则由边沁和穆勒分别在 18 世纪和 19 世纪提出，以追求总效用最大化为目标，认为实现社会总效用最大化的分配就是公平的分配。罗尔斯提出的差异化原则要求只接受一种情况下的不公平，即这种不公平可以使情况最差者得到改善，研究中一般采用最大最小（max-min）和"字典序"（lexicographic maximum）方法体现罗尔斯公平。效率与公平的关系是学者们十分关注的研究问题。在不同的社会环境和历史发展阶段，效率和公平总是有不同的表现。有时社会更关注的是经济效率问题，如在人类社会发展的史前文明、农耕社会等阶段，物质需求和供给的数量往往是首要的重大问题，牵涉人类社会的存续和发展。但有时，社会和统治阶级会倾向于关注分配公平话题，如在社会更迭和历史转折时期，新组织和集体的意志多倾向于分配公平，以引领社会发展进程。当然，如果能够同时协调和处理好两者之间的权衡关系，并在社会中得到管理者和生产者的共同赞同，那将是人类社会发展领域的重大进步。

福利经济学以及效率—公平的研究涉及宏观的经济与社会制度安排，例如税收、社会保障、教育与就业等，同时也在相对微观的层面关注资源配置的公平，例如教育、交通、卫生、医疗等公共设施配置，碳排放权分配，应急物资分配以及供应链成员公平关切等。本书主要从第二个视角，在微观的层面尝试回答以下关键问题：公平的内涵和原则是什么？基数效用和序数效用下的资源配置如何实现公平？公平的分配是不是一定损失效率？二者什么时候一致，什么时候存在冲突？冲突时应该如何权衡？在公共设施、应急物资等配置中如何实现兼顾效率和公平的分配？

本书主要分为理论与方法篇和应用篇，理论与方法篇包括第 2 ~ 5 章，应用篇为第 6 ~ 10 章。之后的研究内容安排如下：

第 2 章，公平分配理论与方法。首先对福利经济学理论的产生与发展进行概述，研究了效率与公平的内涵。其次，探讨提出了补偿、奖励、外生权利和适合四类公平分配原则，给出数量分配问题中的公平分配一般方法，包括比例分配、均等收益和剩余均分，并对三种方法进行比较。最后根据效用函数和初始分配情况，研究了不同情境下平均主义和功利主义下的分配结果差异，为第 3 章基数效用下的资源公平分配奠定基础。

第 3 章，基数效用与社会福利函数。给出基数效用下社会福利序的公理要求，推导出满足这些要求的社会福利函数，重点研究三类主要的社会福利函数，即功利主义、纳什集体效用和字典序社会福利函数。探讨不同社会福利函数形式的资源单调性，以及零效用个体和效用规模的影响。提出了在基数效用下实现效率与公平权衡的方法。

第 4 章，序数效用与社会选择。首先比较波达计数法、孔多塞方法、多数选举等投票规则，然后探讨序数效用下的社会选择方法，在服务分配、设施选址、数量分配等资源分配问题中分析不同投票规则的结果。

第 5 章，公有物品公平分配。主要研究成本分摊和公地悲剧两种情况下的公有物品公平分配问题。针对成本分摊问题，给出了 Shapley 值解决方法，通过独立成本检验满足公平基本要求，并利用其对称性、哑参与人、可加性公理或对称性、边际公理简化 Shapley 值计算。针对公地悲剧和带有支付意愿的分配问题，提出了控制个体参与规模的三种补偿方法，包括竞争均衡、均等价格和 Shapley 值法。

第 6 章，两类社会福利函数的构造。探讨基数效用下的社会福利函数构造问题，提出基于变权和分类的新的社会福利函数构造形式，给出通过公平参数选择实现效率与公平权衡的方法。并研究企业、政府两类不同的决策主体偏好下的社会福利函数形式，对比分析两者的决策差异。

第 7 章，公平分配方法在资源配置中的应用。主要探讨公平分配方法在多主体、多阶段的资源配置问题中的应用，并针对实际的资源配置情况采用公平测度指标进行实证分析。

第 8 章，公平分配方法在设施选址中的应用。主要研究了两类公共设施选址问题，一类关注需求与供给的差异特性，一类关注双向流动特征，分别建立数学优化模型并设计算法求解。

第 9 章，公平分配方法在的应急物资分配中的应用。针对大规模灾害情况下应急物资分配的效率与公平问题，首先考虑实物分配公平和心理感知公平建立多目标的应急物资分配模型，并设计改进的 NSGA-II 算法求解。然后，针对震后资源短缺、需求动态变化的应急物资分配问题，建立公平与效率权衡的双目标整数非线性规划模型，将多目标转化为单目标求解。

第 10 章，考虑公平的公共资源分配补贴问题。首先针对企业具有公共服务性质的资源以及政府的公共资源，提出政府补贴的目的、思路与方式。其次，建立基于政府补贴的企业三阶段博弈模型，采用逆向归纳法求解企业的最优价格、服务水平以及政府的补贴系数。最后，探讨公共资源短缺下对未获资源地区的补偿政策，定量研究补偿范围及金额。

第一篇

理论与方法篇

2 公平分配理论与方法

本章首先从福利经济学的角度阐述效率与公平的内涵、原则以及二者选择的相关理论，然后讨论一个中心决策者在资源有限的情况下，如何权衡各方利益做出公平的分配决策。主要探讨补偿、报酬、外生权利和适合四类公平分配原则，并给出基本数量分配问题中的公平分配一般方法。

2.1 福利经济学理论基础

效率与公平是福利经济学研究的两大核心问题，探讨资源配置中的效率与公平离不开对福利经济学相关理论和方法的认识和研究。不同学者对福利经济学的定义不同。经济学家黄有光在《福利经济学》一书中认为："福利经济学是关于稀缺资源使用效果的评价与判断的学科，是从福利的角度对经济体系的运行进行社会评估的经济学分支。"庇古将其定义为："研究增进世界的或某一国家的经济福利的主要影响。"萨缪尔森则认为："福利经济学是研究组织经济活动的最佳途径、收入的最佳分配以及最佳的税收制度的学科。"总的来讲，福利经济学研究的是社会经济发展与社会福利改善的关系，主要研究社会福利如何量度、资源如何合理配置、收入状况以及其对社会福利的影响等。

2.1.1 理论产生与发展

福利经济学的思想可追溯到 20 世纪初，英国经济学家霍布森在其著作中主张将"社会福利"作为经济学研究的中心问题。1920 年，庇古《福利经济学》一书的出版标志着福利经济学的正式产生，之后《产业变动论》和《财政学研究》等著作的出版构成了较为完整的福利经济学理论体系。福利经济学的发展主要经历了旧福利经济学、新福利经济学和新古典效用主义三个时期。

2.1.1.1 旧福利经济学

以庇古为代表的旧福利经济学以基数效用理论和个体效用可比为基础，认为个体的福利来自社会生活中获得的满足，社会总福利是个体福利的加总，个体与社会的福利都是可以计量和比较的。

旧福利经济学认为增加社会经济福利有两个主要途径：一是增加国民收入。个体福利的大小取决于个体收入的多少，因此增加社会福利就需要不断优化生产资源的配置，增加国民总收入。二是实行适度的收入均等化。提出通过自愿转移（公益事业）、强制转移（税收与再分配）的手段将富人收入的一部分转移给穷人，以增加社会福利。因此，旧福利经济学既重视国民收入增加的效率，同时也强调分配的公平。

庇古主张政府通过干预的手段实现社会福利最大化的资源配置。完全的市场竞争下，私人企业投入生产要素以追求效益最大化（边际私人收益），同时对社会效用产生影响（边际社会收益）。当资源配置的边际私人收益与社会收益相背离时，即存在经济外部性时，完全市场下的资源配置往往不能实现社会福利最大，此时政府应当采取市场调控的政策。外部性的存在也使外部经济理论的研究成为旧福利经济学研究的重点。

2.1.1.2 新福利经济学

20世纪30年代，以序数效用为基础的新福利经济学理论出现，将帕累托最优作为经济政策价值的判断标准，给出了资源配置的生产和交换最优条件。

新福利经济学认为个人是自身福利最好的判断者，且个体的效用是无法准确计量的，只能通过比较排出先后次序。在探讨资源配置对福利最大化的影响时，该理论认为在自由竞争的市场机制下，实现最优生产条件和最优交换条件的资源配置是达到社会福利最大化的唯一途径。最优生产条件是指各种生产要素得到最有效配置与使用的条件，而最优交换条件是指使交换双方获得最大效用的条件。通常地，实现生产最优的条件是边际生产成本等于产品价格；实现交换最优的条件是任意两种商品间的边际替代率相同。

在序数效用与帕累托最优的基础上，新福利经济学进一步探讨了福利分配的问题，主要有两种观点：一是以英国经济学家卡尔多和希克斯为代表的补偿原则，二是以美国经济学家柏格森和萨缪尔森为代表的社会福利函数论。

补偿原则中卡尔多-希克斯理论认为当经济政策使部分人受益而部分人受损时，只要收益大于损失，就可以通过采取税收或价格等经济政策，由受益者从新增收入中拿出一部分补偿给受损者，社会总福利仍会增加。其他相关理论还包括西托夫斯基理论、李特尔理论等。

社会福利函数由柏格森和萨缪尔森提出，认为个体福利表现为一系列影响因素的函数，而社会福利又是所有个体福利的函数。通过对函数赋予某些解释，可以由个体的偏好次序得到社会福利次序。社会福利的改善不仅与资源配置效率相关，也受收入分配的影响。

阿罗在《社会选择与个人价值》一书中认为，在非独裁的情况下，不可能存在适用于所有个人偏好类型的社会福利函数。该理论来源于存在循环投票的孔多塞"投票悖论"，通过数学的公理化方法证明了社会福利函数理论存在的缺陷，也标志着新福利经济学阶段的结束。

2.1.1.3 新古典效用主义

20世纪70年代，阿马蒂亚·森揭示了导致阿罗不可能定理的原因，认为阿罗不可能定理只适用于投票式的集体选择规则，无法表现有关个体间效用比较的信息，实际上排除了其他类型的集体选择规则，因此必然会出现不可能的结论。阿马蒂亚·森的进一步研究表明，采用基数效用可以获得个体间效用比较的信息，从而得到社会福利次序。黄有光提出了与旧福利经济学相同的社会福利函数，认为基数效用下的社会福利函数是可以体现收入分配问题的。这一时期，许多采用基数效用的社会福利函数相继出现，如古典主义福利函数、罗尔斯主义社会福利函数和纳什社会福利函数等。

福利经济学理论的发展如图2-1所示。

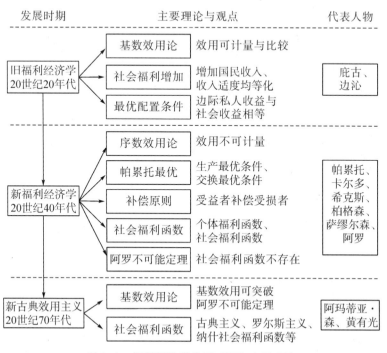

图2-1　福利经济学发展时期与主要理论

2.1.2 效率与公平的内涵

效率与公平是经济、政治和社会活动中广泛涉及的概念。经济学家曼昆认为："效率是指社会能从其稀缺资源中得到更多东西。平等是指这些资源的成果公平地分配给社会成员。"也就是说"效率是指经济蛋糕的大小，而平等是指如何分割这块蛋糕"。经济学意义上的效率强调通过优化资源配置，最大程度地满足社会需要；而公平则侧重于考虑权利、机会、结果和制度等是否合理与平等。

2.1.2.1 效率的内涵

效率是指通过对资源的配置和使用，获得最高的投入产出比，即在投入人、财、物既定的情况下，产出的产品最多。萨缪尔森认为："效率是指最有效地使用社会资源以满足人类的愿望和需要。"因此，对社会而言，最高的效率就是充分利用资源，最大程度地增加社会财富、满足社会需求。然而，仅仅用投入和产出的概念难以衡量许多社会与经济活动，因此经济学引入效用（utility）的概念，量度消费者通过消费或者享受闲暇等使需求与欲望等获得的满足。

2.1.2.2 公平的内涵

公平是评价和衡量社会政治和经济利益等各种关系的规则，既包括经济活动中的公平，又包括社会活动中的公平。经济活动中的公平主要是指经济主体在机会均等的原则下，公平地参与市场竞争，通过商品交换过程实现经济利益的分配。社会公平主要是指人们在参与社会活动时获得的权利、机会、程序和结果上的公平。西方经济学家对公平有不同的认识与定义，主要有以下几种：

1. 功利主义公平

以边沁、庇古为代表的功利主义认为公平是"最大多数人的最大幸福"，即使社会所有成员的总效用实现最大化。而要实现这一目标，就必须通过国家干预国民收入分配，提高收入分配的均等化水平，提高社会所有成员的整体福利水平。功利主义公平基于基数效用，认为效用具有可衡量性和个人间效用可比较。

2. 罗尔斯公平

美国哲学家罗尔斯在《正义论》一书中对公平和正义问题作了系统的阐述。罗尔斯认为，公平正义是社会制度的首要价值，分配公平就是要使"社会上状况最差的人的福利最大化"，并提出了两个正义原则：一是最大的平等自由原则，即每个人都有权利拥有最广泛、最平等的自由；二是合理的经济不平等原则，即允许社会与经济方面存在不平等，但必须满足差别原则和机会平等原则。

3. 自由主义公平

哈耶克、弗里德曼等经济学家基于自由主义价值观，提出公平应该是分配起点的机会均等和分配过程的权利公平，反对国家对市场的干预，认为竞争性市场进程的结果是公平的，市场化是分配公平的保障。哈耶克认为，在收入分配上，国家强制性地进行均等化，势必使一部分人应得的合理报酬强制地被别人占去，这是不公平的。他还认为，公平不能是收入和财富上的均等，更应该是机会的均等。

2.1.2.3 效率与公平的选择

由于公平与效率两大目标存在差异，许多社会经济活动需要在二者之间做出选择。关于效率与公平的先后次序，主要有三个观点。

1. 效率优先

以哈耶克为代表的自由主义认为，市场机制是具有效率，且能保障分配公平的机制，竞争性市场的结果是公平的，政府不应当通过行政干预强制地均等化，公平不是收入和财富的平等，而应该是机会的均等。

2. 公平优先

以罗尔斯为代表的观点认为公平优先于效率，当社会基本结构不公平时，由于市场机制存在缺陷，应当通过政府干预进行重新分配，以改变社会的公平状况。

3. 兼顾效率与公平

以奥肯为代表的观点认为，公平与效率同等重要，在二者冲突时应当确定效率与公平的均衡点，即以不公平换取效率，或以效率损失获得公平，关键在于如何把握效率与公平牺牲的"度"。

改革开放以来，如何处理公平与效率的问题一直都是我国社会分配探讨的核心问题。党的第十四次全国代表大会至第十八次全国代表大会对效率与公平关系的表述如表2-1所示。可见，我国在经济发展过程中并没有只强调"效率优先"，而是考虑了效率与公平之间的平衡。从"效率优先，兼顾公平"到"兼顾效率与公平"，说明公平在社会分配中的重要性提升。

表 2-1　中国共产党第十四次全国代表大会至第十八次全国代表大会
对效率与公平关系的表述

党代会	效率与公平的关系
十四大	在分配制度上，以按劳分配为主体，其他分配方式为补充，兼顾效率与公平
十五大	坚持效率优先、兼顾公平，有利于优化资源配置，促进经济发展
十六大	坚持效率优先、兼顾公平，初次分配注重效率，再分配注重公平
十七大	把提高效率同促进社会公平结合起来，初次分配和再分配都要处理好效率和公平的关系，再分配更加注重公平
十八大	初次分配和再分配都要兼顾效率和公平，再分配更加注重公平。多渠道增加居民财产性收入

2.2　公平分配的基本原则

亚里士多德在 *Nicomachean Ethics* 一书中写道："Equals should be treated equally, and unequals unequally, in proportion to relevant similarities and differences"，即平等的人应该被平等对待，不平等的人应该被不平等对待，这与他们的相似和不同是成比例的。然而值得讨论的是，不平等的人之间的相似和不同如何衡量，如何成比例地给予他们公平的对待？

麻省理工学院 Moulin 教授提出了四项基本原则以指导公平地分配：补偿（compensation）、报酬（reward）、外生权利（exogenous right）和适合（fitness）。他给出了一个简单的例子来说明四项原则的内涵：有四个孩子都想要笛子，但是笛子只有一支，应该给谁呢？按照补偿原则，应该给玩具最少的孩子；按照报酬原则，应该给努力清洁和保养笛子的孩子；按照外生权利原则，其中一个孩子的父亲是笛子的拥有者，他有权得到它；按照适合原则，谁笛子吹得最好就应该给谁。前三项原则完全属于公平原则，而适合原则不仅考虑了公平还考虑了资源产生的效用，因此与社会福利相关。

2.2.1　补偿原则

补偿原则的核心思想是通过不平等的分配实现平等的结果。由于个体存在客观的、基础性的差异，要通过不相同的资源分配以弥补个体间的差异，最终实现在分配效果上的公平结果。换言之，补偿原则关注的是"谁需要"的问题。生活中存在大量这样的情况，例如孕妇需要更多的食物才能保持跟其他女性一样的营养水平；残疾人需要更多的交通或公共设施资源才能达到正常人的使用效果。很多时候，国家的宏观经济政策，特别是再分配政策，也是基于这样的原则，采用的方式包括减税、福利政策和医疗援助计划等。

通过公式化的方式来表达补偿原则，定义 v_i 为参与分配个体 i 获得的效用，与分配资源量 y_i 有函数关系 $v_i = u_i(y_i)$。以食品分配为例，v_i 表示个体获得食物的满足程度，$v_i = 1$ 时完全满足，$v_i = 0$ 时个体处于饥饿状态。y_i 为分配到的食物量，可以通过卡路里等指标衡量。因此，当孕妇 i 和老年人 j 在获得相同的分配量即 $y_i = y_j$ 时，产生的效用（满足感）并不相同，有 $u_i < u_j$。或者说，要想使 i 得到一样的满足感，有 $u_i(y_i) = u_j(y_j) \Rightarrow y_i > y_j$。其他的例子也是一样，如果 v_i 代表健康水平，y_i 代表医疗资源，对于健康人有 $u_i(0) = 1$，而其他病人需要的医疗资源量取决于病情的严重程度。个体资源与效用之间的转换关系 u_i 是客观的，与个体主观行为无关，这也是补偿原则指导分配的重要特征。

2.2.2 报酬原则

报酬原则是指由于个体存在主观的、对资源产生影响的差异，应当按个体的贡献分配资源，即关注"谁付出"的问题。个体在过去和现在的付出越多，得到的回报就应越多。例如，从未出现交通事故的驾驶者支付的保险费用低于事故频发的驾驶者，不为滥用药物的人提供免费医疗等。

在报酬原则中，个体 i 获得的资源与付出成正比，与"按劳分配"的思想是一致的。假设个体的付出为 x_i，则有资源分配量 $y_i = g(x_i)$。以车辆保险为例，驾驶者过往交通事故情况代表了他在过去的付出，谨慎驾驶者 i 的付出与鲁莽驾驶者 j 相比有 $x_i > x_j$，因此分配量有 $y_i > y_j$。但是关键在于如何衡量个体的付出或贡献，尤其是当个体之间存在外部性或相互影响的时候。例如，不同的个体以技术、资金等不同形式合作产生了共同的成本或收益时，分离个人的付出，并分配相应的损失或报酬，是该原则需要解决的核心问题。

2.2.3 外生权利原则

外生权利原则是指，按与资源的消耗和产生无关的个体属性进行分配，关注"谁有权"的问题。常见的情形为一些基本权利方面的公平，如政治权利、人身自由权和受教育的权利等。例如个体作为公民，无论财富的多少、知识水平的高低，都拥有相同的选举权，即选票资源的分配不受个体的社会贡献与选举能力的影响。

与补偿原则相比，外生权利原则更多强调事前平等，但并不要求所有人拥有同等的外生权利，而是根据外生权利的大小进行差别化对待。例如不同持股份额的股东或者不同规模的政党，应该有不平等的决策权。其公式化的表达与报酬原则类似，但其中的 x_i 表示的是个体 i 的外生权利大小。

2.2.4 适合原则

适合原则是指，将资源分配给适合的个体，即最能够利用好资源的人或事，也就是"谁用得好"的问题。适合原则下的资源分配与个体的需求、功绩和权利无关，关注的是个体在获得资源后的产出。例如，将移植的器官分配给更有可能存活的人。

适合原则通常表现为效率，即个体加总效用最大或帕累托效率。同样以食品分配为例，适合原则关注的不再是使每个个体的营养水平相等（补偿原则）即 $u_i(y_i) = u_j(y_j)$，而是追求所有人的营养水平加总最大化。这也是边沁功利主义公平观的核心，无论是简单加总效用 $\sum_i u_i(y_i)$，还是加权加总效用 $\sum_i w_i u_i(y_i)$（w_i 表示个体权重），都体现了适合原则的思想。很多学者试图在补偿原则（个体效用均等）和适合原则（加总效用最大）之间寻求平衡。

2.2.5 公平原则应用实例

本节通过一些实例说明上述提到的四项公平分配原则。对于一些不可分割的资源，每个参与者只能拥有或不拥有它，决策者必须在某些限制下决定谁可以得到而谁不能。

例2.1 救生艇 当船下沉时只有部分人可以进入救生艇。补偿原则建议将女人和孩子等弱势群体留在船上，更加强壮的男性在水中的存活概率和自救能力更大，从而平衡个体最终的生存机会；报酬原则会首先舍弃导致船沉没的人以作为惩罚；外生权利原则最简单的版本是严格平等，例如通过抽签随机决定谁应该被牺牲，或者按照外生的社会地位和价值，保留科学家、医生、政治家等而舍弃罪犯；适合原则建议让船员进入救生艇，因为船员拥有航海技能，更有可能利用救生艇脱困。

例2.2 器官移植 医疗机构需要决定哪些患者获得器官移植的机会。补偿原则优先考虑短时间内生存概率最小的人，以平衡所有个体的最终存活率；报酬原则建议将器官分配给在等待名单上最久的人，即先到先得，以奖励患者等待的付出；外生权利原则执行严格的机会均等，或按照社会地位和财富分配；适合原则优先考虑移植成功机会最大的患者。

例 2.3 **演唱会门票** 对于演唱会门票等资源的分配，排队和拍卖是最常见的两种形式。排队和拍卖都体现了报酬和适合两种公平原则。从报酬来看，排队是对个体付出等待努力的奖励，拍卖是个体付出金钱的回报；从适合来看，无论排队还是拍卖，都可以将资源分配给最渴望得到它们的人。但是排队对时间的利用是低效的，拍卖在一定程度上尤其是在自由市场观念下，被认为是较好的资源分配制度。

2.3 公平分配的一般方法

本节将讨论公平分配的最简单形式，即数量分配的一般方法。假设，有 t 个商品要在 n 个个体间进行分配，个体 i 对商品的需求量为 x_i，这里的"商品"具有广泛的含义，既可以是"好的"（如有价值的资源），也可以是"坏的"（如需分摊的成本）。通常情况下商品供给总量与需求总量是不同的，即 $t \neq \sum_i x_i$，如果二者相等的话，按个体的需求分配即可。因此，问题在于如何根据需求量分配短缺或过剩的商品，如遗产分配、合作收益分配等。在此类情景下，唯一的影响因素为个体主张的需求量，因此主要采用的分配原则为外生权利原则，由于个体获得单位商品产生的效用是一样的，即 $y_i = y_j \Rightarrow v_i = v_j$，所以补偿、报酬和适合原则并不会对分配结果造成影响。

在《塔木德》一书中记载了一个遗产分配的故事：一个父亲有三个儿子，他生前跟儿子们说，他总共有 600 块钱，他死后每人可分别获得 100 元、200 元、300 元。但是父亲死后，儿子们发现他并没有 600 块钱的财产。在不同的遗产数额下，书中给出的"塔木德分配方案"如表 2-2 所示。

表 2-2 塔木德分配方案

遗产数额/元	儿子 1 获得金额/元 （需求为 100 元）	儿子 2 获得金额/元 （需求为 200 元）	儿子 3 获得金额/元 （需求为 300 元）
100	33.3	33.3	33.3
200	50	75	75
300	50	100	150
500	66.7	166.7	266.7

这个方案中包含了公平分配的三种主要解决思路，即比例分配、均等收益和剩余均分。

2.3.1 比例分配

比例分配（proportional solution）是指个体获得的商品量与需求量成比例，个体分配商品量 y_i 可表示为

$$y_i = \frac{x_i}{\sum_i x_i} t$$

注水法（water-filling）可以更加直观地说明比例分配的思想。假设每个个体都有一个容器，分配过程就是向容器中注水，不同个体的水位线高度是相同的，由于需求量 x_i 不同，容器的形状是不同的，因此个体 i 的容器中获得的资源量 y_i 也不同。如塔木德分配中，$n = 3$，个体需求量 $x_1 < x_2 < x_3$，比例分配方法如图 2-2 所示，随着水位线的上升，个体获得的商品量按 x_i 等比变化。

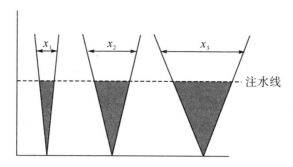

图 2-2 比例分配方法

2.3.2 均等收益

均等收益（uniform gains）的思想是在个体之间平分所有商品，这与罗尔斯公平强调的最差个体情况最好是一致的，该分配也是最大最小公平（max-min fairness）的一种表现形式。

值得注意的是，与直接平均分配不同，当 $t < \sum_i x_i$ 时，应满足对于任意的个体 i 有 $y_i < x_i$，即在商品总体短缺的情况下，个体获得的商品不应高于其需求量，反之亦然。有的个体获得的资源量为均等份额与需求量之间的较小值，即 $y_i = \min(\lambda, x_i)$。均等份额计算公式为 $\sum_{i \in I} \min(\lambda, y_i) = t$。

不妨设对于任意的 $i < j$，都有 $x_i \leqslant x_j$，即个体需求量由小到大排序。对于任意的 i 可确定一个 m_i（个体获得资源的临界条件），当分配量 $t \geqslant m_i$ 时，个体 i 获得的资源量等于需求量且不再增加，易得 $m_i = \sum_{k=1}^{i-1} x_k + (n - i + 1) x_i$。

则对于任意分配量 t，若满足 $m_{i-1} < t \leqslant m_i$，则有

$$
y_j = \begin{cases} x_j, & \forall j < i \\ \dfrac{t - \displaystyle\sum_{k=0}^{i-1} x_k}{n - i + 1}, & \forall j \geqslant i \end{cases}
$$

均等收益分配方法如图 2-3 所示。可以看出当商品短缺时，注水线逐步上升直至满足个体 i 的需求，之后 i 的获得量不变，其他还未满足的个体注水线继续上升；当商品剩余时，多余的商品先分配给需求量少的个体，直至追上其他个体的分配量；当商品足够多时，所有个体的分配量相等。

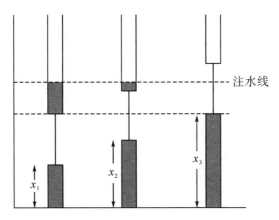

图 2-3　均等收益分配方法

2.3.3　剩余均分

剩余均分（equally surplus）是指个体在需求量的基础上平分超过或短缺的剩余资源，即 $y_i = x_i + \dfrac{1}{n}\left(t - \sum_i x_i\right)$，且当资源短缺时，个体均分的损失不应超过 x_i，即对于任意的 i 应满足 $y_i \geqslant 0$。

与均等收益分配计算思路相同，不妨设对于任意的 $i < j$，都有 $x_i \geqslant x_j$，即个体需求量由小到大排序。对于任意的 i 可确定一个 m_i，只有当 $t \geqslant m_i$ 时，个体 i 才能获得资源，易得 $m_i = \sum_{j=1}^{i-1}(x_j - x_{j+1})j$。则对于任意分配量 t，若满足 $m_i < t \leqslant m_{i+1}$，则有

$$
y_j = \begin{cases} x_j - \dfrac{1}{i}\left(\sum_{k=1}^{i} x_k - t\right), & \forall j < i \\ 0, & \forall j \geqslant i \end{cases}
$$

同样，通过注水法说明剩余均分思想，如图 2-4 所示。

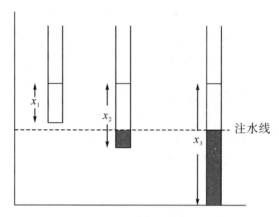

图 2-4　剩余均分方法

2.3.4　公平分配方法比较

本小节通过若干实例比较三种分配方法，并讨论常见分配情景下各种方法的适用性。

例2.4　塔木德遗产问题　采用注水线方法解释表 2-2 的塔木德分配方案，如图 2-5 所示。可以看出，塔木德分配结合了上述三种公平分配思想。

当 $t < \frac{1}{2}\sum_i x_i$ 时，个体获得的商品一样多，但不能超过各自需求的一半，即均等收益，如图 2-5（a）、（b）所示；当 $t = \frac{1}{2}\sum_i x_i$ 时，个体分配量也刚好是需求量的一半，即比例分配，如图 2-5（c）所示；当 $t > \frac{1}{2}\sum_i x_i$ 时，个体损失的商品一样多，但不能低于各自需求的一半，即剩余均分，其中均分的是未被满足的损失，如图 2-5（d）所示。

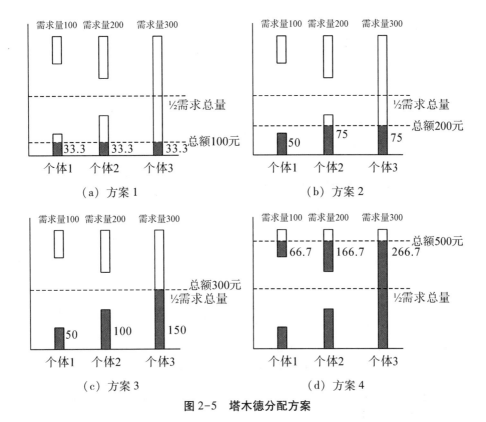

图 2-5　塔木德分配方案

　　分别采用比例分配（P）、均等收益（U）和剩余均分（S）三种公平分配方法计算遗产分配结果，并与塔木德（T）分配比较，如表 2-3 所示。

表 2-3　不同公平分配方法下塔木德遗产分配结果

编号	总额/元	儿子1获得金额/元（需求为100元）				儿子2获得金额/元（需求为200元）				儿子3获得金额/元（需求为300元）			
		T	P	U	S	T	P	U	S	T	P	U	S
1	100	33.3	16.7	33.3	0	33.3	33.3	33.3	0	33.3	50	33.3	100
2	200	50	33.3	66.7	0	75	66.7	66.7	50	75	100	66.7	150
3	300	50	50	100	0	100	100	100	100	150	150	100	200
4	500	66.7	83.3	100	66.7	166.7	166.7	200	166.7	266.7	250	200	266.7
5	700	133.3	116.7	200	133.3	233.3	233.3	200	233.3	333.3	350	300	333.3
6	800	166.7	133.3	250	166.7	266.7	266.7	250	266.7	366.7	400	300	366.7

分别观察个体获得分配的情况，如图 2-6 所示。

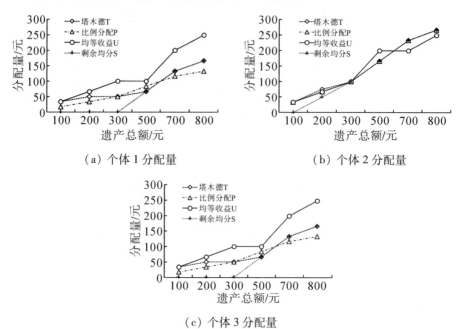

（a）个体 1 分配量　　　　　　　　　　（b）个体 2 分配量

（c）个体 3 分配量

图 2-6　不同公平分配方法下的个体获得分配量

对于需求较小的个体（儿子 1）始终有分配量 $y_S < y_P < y_U$，即最有利的分配方法为均等收益，最不利的为剩余均分；对于需求较大的个体（儿子 3）始终有分配量 $y_U < y_P < y_S$，与个体 1 相反；需求居中的个体（儿子 2）随着遗产总额的增加，最有利的分配方法依次为塔木德分配→均等收益→剩余均分。塔木德分配在商品总量少时会更加照顾弱者的需求，当商品总量逐渐接近需求总量时，也会考虑强者的利益。

例 2.5　破产清算　债权人 i 有 x_i 的债权，公司的总清算价值 t 小于债务的总和，如果债权人拥有同等的外生权利，那么采用比例分配是较为合理的办法。这种分配方法的一个重要特征就是对债权转移的稳健性，不会因为债权的合并或分割而使分配份额发生变化。

以公司总清算价值在三个债权人之间的分配为例，个体拥有的股权价值分别为 10 万、30 万、50 万元，清算价值为 60 万元，比例分配（P）、均等收益（U）和剩余均分（S）三种分配方法的结果如表 2-4 所示。

表 2-4　破产清算初始的分配结果

总价值 /万元	债权人 1 获得金额 /万元			债权人 2 获得金额 /万元			债权人 3 获得金额 /万元		
	P	U	S	P	U	S	P	U	S
60	6.7	10	0	20	25	20	33.3	25	40

当债权出现合并或分割时，不同分配方法的结果可能发生变化。分别考虑债权 1、2 合并和债权 3 平均分割为 2 份的情况，分配结果如表 2-5、表 2-6 所示。

表 2-5　债权 1、2 合并后的分配结果

总价值/万元	债权人 1、2 获得金额/万元			债权人 3 获得金额/万元		
	P	U	S	P	U	S
60	26.7	30	25	33.3	30	35
初始方案	26.7	35	20	33.3	25	40
差值	0	−5	+5	0	+5	−5

表 2-6　债权 3 分割后的分配结果

总价值 /万元	债权人 1 获得 金额/万元			债权人 2 获得 金额/万元			债权人 3(1) 获得 金额/万元			债权人 3(2) 获得 金额/万元		
	P	U	S	P	U	S	P	U	S	P	U	S
60	6.7	10	2.5	20	16.7	22.5	16.6	16.7	17.5	16.6	16.7	17.5
初始方案	6.7	10	0	20	25	20	16.6	12.5	20	16.6	12.5	20
差值	0	0	+2.5	0	−8.3	+2.5	0	+4.2	−2.5	0	+4.2	−2.5

当采用剩余均分（S）方法时，原债权较少个体倾向于合并债权以使总收益更大，如表 2-5 所示；当采用均等收益分配（U）方法时，原拥有债权较高的个体倾向于分割债权以获得更高的收益，如表 2-6 所示；按比例分配（P）则无论债权是合并还是分割，分配的总量均不发生变化。

例 2.6　药品发放　对于不同药品考虑的公平分配方法不同，如果此类药品低于最佳水平 k 个单位的损失对每个患者同样有害，如胰岛素等，则采用剩余均分（S）方式，使所有患者的损失相同是较为公平的方式；如果此类药品不是基于客观需求，如减肥药等，那么采用均等收益（U）的分配方法可能更为公平。

以胰岛素的分配说明剩余均分（S）方式在最终患者治疗效果公平上的优

势。假设病人需要 x_i 的药品，而医院拥有的库存总量 $t < \sum_i x_i$，患者处方列明的需求量 x_i 即为最佳水平，每少 1 单位造成的损失均为 d，则患者最终获得的治疗效果为 $u_i = P - (x_i - y_i) d$。若分配量 $y_i = x_i$，则患者得到最佳治疗效果 P。有五个患者所需药品量分别为 (20，16，10，8，6)，药品库存量为 40 个单位，不同分配方式下患者的获得量和治疗效果如图 2-7 所示。

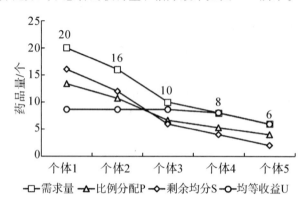

（a）患者药品获得量

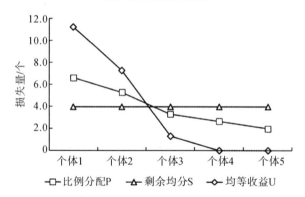

（b）患者药品损失量（治疗效果）

图 2-7　不同公平分配方法下的药品分配量

在剩余均分（S）方式下，患者的最终治疗效果更为接近，如图 2-7（b）所示，其次为比例分配，采用均等收益分配造成的损失差异最大，可能造成患者显著的不公平感知。

2.4　平均主义与功利主义分配

当决策者从社会福利的角度考虑分配时，通常会将个体获得资源产生的效用作为主要的决策因素，这也是补偿原则和适合原则的重要差异。本节将探讨考虑个体效用函数 u_i 的分配问题，比较不同情境下平均主义和功利主义分配方案，更加普遍的福利经济效率与公平问题将在第 3 章中讨论。

与之前的假设相同，决策者需要在 n 个个体之间分配 t 个资源，当个体获得资源量 y_i 时将产生效用 $u_i(y_i)$，其中不同 i 的效用函数 u_i 可能不同，可能是主观的，也可能是客观的，例如获得蛋糕的主观满足感或得到药品的客观恢复机会。在四种公平分配的基本原则中，补偿原则和适合原则分别代表着最大化均衡个体收益（平均主义）以及最大化总体收益（功利主义）的思路。平均主义分配方案中最优的分配量 y_i 满足 $u_i(y_i) = u_j(y_j)$，且 $\sum_i y_i = t$；功利主义分配方案中最优的分配量 y_i 满足 $\max \sum_i u_i(y_i)$，且 $\sum_i y_i = t$。

影响平均主义和功利主义分配方案比较的一个关键因素是边际效用函数是否递减，即函数 u_i 是否为凹函数，即多消耗一个单位的资源所产生的效用总是小于前一个单位资源所产生的效用。与大多数经济分析一样，效用函数这一基本性质在福利经济学中起着核心的作用。在蛋糕分配中边际效用递减是十分显著的，但在药品分配的例子中并不明显，只有达到一定数量后才能产生效果。以下将证明这两种不同情况下平均主义分配和功利主义分配的比较结果也不相同，当效用函数为凹函数时，二者在根本上是一致的；当效用函数非凹函数时，二者得到的分配结果是不可调和的，只能在二者中权衡。

情景 1：个体效用函数相同、初始分配不同

在一类情况下，个体首先获得 x_i 的资源，然后再从 t 中分配到 y_i，最终的效用为 $u_i(y_i) = u(x_i + y_i)$，其中不同个体的 u 函数相同。例如，收入再分配政策中 x_i 为个体原收入，y_i 为获得的政府补贴。

定理：若 u 是递增的，并且是凹函数，该情况下平均主义和功利主义分配方案是一致的。

证明：首先考虑平均主义分配，要使 $u_i(y_i) = u_j(y_j)$，可得个体在此情况下获得总资源 $z_i = x_i + y_i$ 相等，即采用均等收益方法对 $x_N + t$ 的总资源进行分配。因此有分配结果 y_i^* 满足，对于任意的 $y_i^* > 0$，有

$$z_i = \min_j z_j \qquad (2-1)$$

然后计算功利主义分配，由于 u 为凹函数，要满足 $\max \sum_i u_i(y_i)$，可得对于任意最优分配结果 $y_i^* > 0$，有

$$u'(z_i) = \max_j u'(z_j) \qquad (2-2)$$

因 u 为凹函数，边际效用递减，式（2-1）与式（2-2）一致，两种分配结果相同。此外，考虑边际效用递增，即 u 为凸函数时的情况。平均主义分配结果不受函数形式变化的影响，但是功利主义分配会导致所有资源分配给初始 x_i 最大的个体，出现"赢家通吃"的情况。

定理：若 u 是递增的，并且是凸函数，该情况下平均主义和功利主义分配方案不同。平均主义所有个体获得的 z_i 相同，功利主义所有资源分配给初始 x_i 最大的个体。

证明：假设有两个个体初始分配 $x_i \geq x_j$，在获得分配 y_i 后，由于 u 是凸函数，可得

$$u(x_i + y_i) + u(x_j + y_j) < u(x_i + y_i + y_j) + u(x_j) \qquad (2-3)$$

因此，将 y_j 转移给更加富有的个体 i 可使总效用增加，最终结果将使拥有最多初始分配的个体获得全部资源，而其他个体获得为 0。

在收入再分配背景下，凸效用函数看起来是不合理的，但这种情况在医疗资源分配中常常出现，当没有足够的药物要治疗多个病人时，只能将资源集中在最有希望的个体上，而忽略其他病人。

情景 2：个体效用产出率不同

个体在获得资源 y_i 后产生的效用 $u_i(y_i) = a_i u(y_i)$，u 为凹函数，不同个体的效用函数差异主要体现在效用产出率参数 a_i 上。

定理：平均主义分配中 a_i 越大，获得的资源 y_i 越小；功利主义分配中 a_i 越大，获得的资源 y_i 越大。

证明：平均主义使个体效用相等，对于任意 i，j 有 $a_i u(y_i) = a_j u(y_j)$，由于 u 是递增的，因此当 $a_i > a_j$ 有 $y_i < y_j$，即分配更多的资源给产出率较低的个体作为补偿。功利主义使总效用最大，当个体的边际效用相等时达到最优，有 $a_i u'(y_i) = a_j u'(y_j)$，由于 u 是凹函数，一阶导数 u' 是递减的，因此当 $a_i > a_j$ 有 $y_i > y_j$，即奖励更多的资源给产出率更高的个体。

2.5 本章小结

本章首先介绍了福利经济学理论基础，从理论产生发展的三个阶段，梳理了旧福利经济学、新福利经济学和新古典效用主义的主要观点与代表人物。阐述了效率与公平的内涵，效率追求在一定的资源投入下获得最高的投入产出比，公平目前还没有统一的定义，主要的思想有功利主义公平、罗尔斯公平和自由主义公平。其次，按照不同的分配目的提出了四种公平分配原则：补偿、报酬、外生权利和适合，分别关注了"谁需要""谁付出""谁有权""谁用得好"四个问题。最后，针对资源供不应求的数量分配问题，提出了比例分配、均等收益和剩余均分三种公平分配一般方法；针对生产率不同的数量分配问题，比较了平均主义和功利主义的分配结果。

3 基数效用与社会福利函数

本章将给出基数效用下社会福利序的公理要求，推导出满足这些要求的社会福利函数，重点研究三类主要的社会福利函数，即功利主义效用、纳什效用和字典序。

3.1 社会福利序公理

福利经济学视角下的决策目标是比较两个分配方案下的效用 u_i、u_i'，并选择其中较好的一个。定义社会福利序为在方案中选择的偏好关系，这是基数效用福利主义要研究的主要对象，社会福利序"＞"需要满足以下公理要求。

公理 1 完备性 任意两个方案都是可比的：u_i，u_i' 的关系满足 $u_i > u_i'$ 或 $u_i < u_i'$ 或 $u_i \sim u_i'$，总有一方优于另一方或者两个方案相同。

公理 2 传递性 指如果 u_i 优于 u_i'，即 $u_i > u_i'$，且 u_i' 优于 u_i''，即 $u_i' > u_i''$，那么有 $u_i > u_i''$。

公理 3 单调性 如果个体效用 u_i 增加，在其他条件不变的情况下，社会福利增加，那么 u 是单调的。如果两个分配下的效用 $u = (u_1, u_2, \cdots, u_i)$ 和 $u' = (u_1', u_2', \cdots, u_i')$，有对于任意的 $j, j \neq i$，有 $u_j = u_j'$，且 $u_i > u_i'$，则 $u > u'$。单调性与帕累托关系是相容的，如果 u 帕累托优于 v，那么有 $u > v$。特别的，如果 u 是所有可行方案中单调排序最大的方案，那么它一定是帕累托最优的。

公理 4 对称性 如果两个方案效用水平相同，但是产生这些效用的个体不同，那么它们仍然被认为是相等的 $u : v$，例如 $u = (6, 1, 7, 1, 3, 3)$ 和 $v = (1, 1, 3, 6, 3, 7)$。

公理 5 不相关性 如果个体 i 在两个方案 u 和 v 中获得的效用一样即 $u_i =$

v_i，那么 i 的效用水平将不影响两个方案的比较，可定义为不相关个体。该特性保证了社会福利序以及相关的效用函数只关注那些受分配决策影响的个体。

3.2 社会福利函数

基数效用观点将个体看作在特定分配下产出效用的单元，认为个体福利是可以通过效用来衡量的，而且不同个体之间的效用是可比的，因此可以根据产出效用情况来比较不同的分配方案。资源配置的目标通常是使社会总福利最大化。常见的社会福利函数有功利主义效用、纳什效用以及字典序，体现了不同的效率和公平追求，主要遵循补偿和适合的公平原则。

3.2.1 可加社会福利函数

社会福利函数（social welfare function）是个体效用构成群体效用的方式 $W = F(u_1, u_2, \cdots, u_n)$，体现社会总福利考虑了哪些人的效用，以及当个体间的利益相冲突时如何处理这些不同的效用。如果存在递增函数 g 使得对于任意 u 满足下式时，则 W 表示可加社会福利函数：

$$W(u) = \sum_i g(u_i) \tag{3-1}$$

g 函数的选择受到两个关键公理的约束，一是与公平相关的庇古-道尔顿（Pigou-Dalton）转移公理，二是规模不变性。

3.2.1.1 庇古-道尔顿转移公理

在分配方案 u 中如果 $u_1 < u_2$，那么当资源从个体 2 向个体 1 转移后产生新的 u_1' 和 u_2'，有 $u_1 < u_1'$，$u_2' < u_2$，且 $u_1 + u_2 = u_1' + u_2'$，那么不平等程度将降低。也就是说在其他条件不变的情况下，任何从效应较高个体向效用较低个体的分配转移将降低不平等程度。在可加效用函数下该公理可表示为

$$\{u_1 < u_1', u_2' < u_2, u_1 + u_2 = u_1' + u_2'\} \Rightarrow \{g(u_1) + g(u_2) \leq g(u_1') + g(u_2')\} \tag{3-2}$$

因此，函数 g 应为凹函数，满足一阶导数非增。

3.2.1.2 规模不变性

规模不变性要求当所有个体的效用呈规模变化时，不影响社会福利序，因此当 $u > u'$ 有 $\lambda u > \lambda u'$，其中 $\lambda > 0$ 表示规模变化常数，代入式（3-1），可得

$$\sum_i (g(u_i) - g(u'_i)) \geqslant 0 \Leftrightarrow \sum_i (g(\lambda u_i) - g(\lambda u'_i)) \geqslant 0 \qquad (3-3)$$

满足式（3-3）的连续增函数 g 的主要函数形式有

$$g(z) = z^p$$
$$g(z) = \log(z) \qquad (3-4)$$
$$g(z) = -z^{-q}, \quad q > 0$$

对应有可加社会福利函数 W：

$$W_p(u) = \sum_i u_i^p, \quad p > 0$$
$$W(u) = \sum_i \log u_i \qquad (3-5)$$
$$W_q(u) = -\sum_i \frac{1}{u_i^q}, \quad q > 0$$

当 $1 < p < +\infty$ 时，函数 $g(z) = z^p$ 不满足转移公理的凹函数要求，例如当 $p = 2$ 时有 $u_1^2 + u_2^2 < (u_1 + u_2)^2 + (0)^2$，即将资源和效用全部分配给一个个体是最优的，这与转移公理要求的公平相悖。

综合上述两个公理要求，满足条件的可加社会福利函数形式包括：

$$W_p(u) = \sum_i u_i^p, \quad 0 < p \leqslant 1$$
$$W(u) = \sum_i \log u_i \qquad (3-6)$$
$$W_q(u) = -\sum_i \frac{1}{u_i^q}, \quad 0 < q < +\infty$$

其中，当 $p = 1$ 时 $W(u) = \sum_i u_i$ 为功利主义效用函数，追求"最大多数人的最大幸福"；$W(u) = \sum_i \log u_i$ 也称为纳什效用函数，等价形式为 $W(u) = \prod_i u_i$；当 $q \to +\infty$，$W_q(u) = -\sum_i \frac{1}{u_i^q}$ 体现了字典序最大的社会福利，即以罗尔斯为代表的公平主义，使"最差情况的人的福利实现最大化"。这三类也是基数效用下最重要的社会福利函数。

3.2.2 字典序社会福利函数

本节将讨论补偿原则下个体效用的平等分配，有时完全的平等是不可能的，而在一些例子中完全平等虽然可行但是并不是帕累托最优的，字典序社会福利序可以在帕累托最优分配中选择最平等的方案。

字典序社会福利（leximin social ordering）也称为平等主义（egalitarian）

社会福利序，或实用平等主义社会福利序。给定两个可行方案的效用集合 u、u'，按照效用由小到大对两个集合进行重新排序得到新的效用集合 u^*、u'^*，满足 $u_1^* \leqslant u_2^* \leqslant \cdots \leqslant u_n^*$，$u_1^{*\prime} \leqslant u_2^{*\prime} \leqslant \cdots \leqslant u_n^{*\prime}$。对比最小效用，若 $u_1^* > u_1^{*\prime}$，则 $u^* > u^{*\prime}$；若 $u_1^* = u_1^{*\prime}$，则比较次小效用 u_2^* 与 $u_2^{*\prime}$。以此类推，当 $u_k^* > u_k^{*\prime}$ 且 $u_i^* = u_i^{*\prime}$，$\forall i = 1, \cdots, k-1$ 时，认为 u^* 字典序占优于 u'^*。

字典序社会福利无法用聚合效用函数形式来表达，但是在极限意义上，当 $q \to +\infty$，$W_q(u) = -\sum_i \dfrac{1}{u_i^q}$ 将收敛于字典序最大方案。同时字典序满足不相关性、规模不变性和转移公理。在一些情况下，字典序最优可简化为使最小效用最大化，社会福利函数可表示为 $W(u) = \min u_i$。

例 3.1 字典序社会福利分配 决策者需要选择部分个体获救，假设个体编号为 1~5，可选的方案有 {1,2}{1,3}{1,4}{2,3,5}{3,4,5}{2,4,5}，这些方案都是帕累托最优的，没有哪一个占优于其他方案。对于所有个体在救生艇上的效用为 10，未能上艇的效用为 1。功利主义效用将会选择有三个人上船的方案，平等主义也会做同样的选择，因为 (1,1,10,10,10) 字典序大于 (1,1,1,10,10)。

当个体效用存在主体异质性时，字典序社会福利函数的选择方式更为明显。例如，在广播节目选择中，一些主体比其他主体更喜欢或厌恶某个频道，个体效用如表 3-1 所示，可选方案同上。

表 3-1　广播节目选择中的个体效用

个体	1	2	3	4	5
播放该频道的效用	10	7	7	4	2
不播放该频道的效用	0	1	1	1	0

功利主义效用的社会福利序为 {1,2} ~ {1,3} > {2,3,5} > {1,4} > {3,4,5} ~ {2,4,5} 而字典序社会福利序为 {2,3,5} > {2,4,5} ~ {3,4,5} > {1,2} ~ {1,3} > {1,4}，因为方案 {2,3,5} 的效用为 (0,1,2,7,7) 字典序大于方案 {2,4,5} 下的效用 (0,1,2,4,7)。

例 3.2 字典序社会福利折中 考虑两个个体的分配问题，所有可行方案的效用组合构成效用曲线，效率分配（功利主义）和公平分配（平等主义）结果可能是一致的，也可能不一致，字典序社会福利可以在二者间实现权衡。以下比较几种特定情况的三种分配结果：

（1）三个分配结果一致

均分曲线 $u_1 = u_2$、功利主义曲线 $z = u_1 + u_2$ 与效用曲线 u 均相交于 α，且 α 是效用曲线上帕累托最优的组合。此时平等主义、功利主义与字典序分配一致，即效率与公平结果相同，如图 3-1（a）所示。

（2）平等主义与字典序分配一致

均分曲线 $u_1 = u_2$ 与效用曲线 u 均相交于 α，且 α 是效用曲线上帕累托最优的组合，功利主义曲线 $z = u_1 + u_2$ 与效用曲线 u 均相交于 β。此时平等主义与字典序分配一致，但不是最有效率的，如图 3-1（b）所示。

（3）三个分配结果均不同

均分曲线 $u_1 = u_2$ 与效用曲线 u 均相交于 α，功利主义曲线 $z = u_1 + u_2$ 与效用曲线 u 均相交于 β，α' 是占优于 α 的帕累托最优方案。此时平等主义分配结果为 α，功利主义结果为 β，字典序分配 α' 是介于二者之间的方案，可以在一定程度上权衡效率与公平，如图 3-1（c）所示。

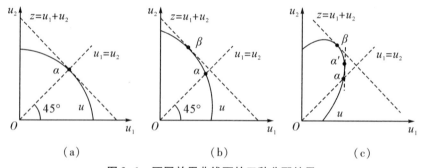

图 3-1　不同效用曲线下的三种分配结果

3.2.3　社会福利函数比较

本节主要在更一般的资源分配实例中比较功利主义效用函数、纳什效用函数和字典序社会福利，探讨它们与补偿和适合原则的关系。

不妨设 $u_i = \lambda_i l_i^p$，其中 λ_i 表示个体的资源投入产出效率；l_i 为资源配置决策下个体获得的服务水平，可表现为资源量、时间、服务质量等；p 表示个体效用随 l_i 变化的边际变化情况，通常情况下边际效用呈现递减的趋势，即 $0 < p < 1$。

结论 1　功利主义效用倾向于为 λ_i 高的个体分配更多资源；公平主义效用尽可能保证了 λ_i 较低个体的利益；纳什效用下的资源分配则与 λ_i 无关。

证明：由于资源存在总量限制约束 $\sum\limits_i x_i = t$，将三类社会福利函数转化为带约束的最优化问题，通过 KKT 条件求解。

3.2.3.1　功利主义

在式 $W(u) = \sum_i u_i$ 中引入拉格朗日乘子，构造函数 $F = \sum_{i=1}^{n} u_i + \alpha\left(t - \sum_{i=1}^{n} x_i\right)$，当资源分配达到最优时满足 $\dfrac{\partial F}{\partial x_i} = 0$，即 $\dfrac{\lambda_1}{x_1^{1-p}} = \dfrac{\lambda_2}{x_2^{1-p}} = \cdots = \dfrac{\lambda_n}{x_n^{1-p}} = \alpha$，可得个体的最优分配满足：

$$x_i^{\,1-p} = \frac{\lambda_i}{\lambda_j} x_j^{\,1-p} \tag{3-7}$$

即个体的生产效率 λ_i 越高，获得的资源量 x_i 越多。

3.2.3.2　罗尔斯公平主义

由于罗尔斯公平主义追求的是最小的效用最大化，因此可转化为带约束的优化问题：

$$\max \lambda_k x_k^{\,p}$$

约束条件为

$$\lambda_k x_k^{\,p} \leqslant \lambda_i x_i^{\,p}, \quad \forall\, i \in N$$

$$\sum_i x_i = t$$

引入拉格朗日乘子构造函数 $F = \lambda_k x_k^{\,p} + \beta_i\left(\lambda_i x_i^{\,p} - \lambda_k x_k^{\,p}\right) + \alpha\left(t - \sum_i x_i\right)$，则最优的分配 $x_i^{\,*}$ 应满足 $\dfrac{\partial F}{\partial x_i} = 0$，即

$$\begin{cases} p\beta_i \lambda_i x_i^{\,p-1} - \alpha = 0 \\ p(1 - \beta_k)\,\lambda_k x_k^{\,p-1} - \alpha = 0 \end{cases}$$

可得 $\beta_i \neq 0$，因此在罗尔斯公平主义下个体的效用是相等的，即 $\forall\, i, j \in N$，有 $\lambda_i x_i^{\,p} = \lambda_j x_j^{\,p}$，个体的最优分配满足：

$$x_i^{\,p} = \frac{\lambda_j}{\lambda_i} x_j^{\,p} \tag{3-8}$$

即个体的生产效率 λ_i 越高，分配的资源量越少。

3.2.3.3　纳什效用

引入拉格朗日乘子可构造函数 $F = \sum_i \log \lambda_i + p \sum_i \log x_i + \delta\left(t - \sum_{i=1}^{n} x_i\right)$。

当资源分配达到最优时满足 $\dfrac{\partial F}{\partial x_i} = 0$，即

$$\frac{p}{x_1} = \frac{p}{x_2} = \cdots = \frac{p}{x_n} = \delta \tag{3-9}$$

此时个体分配的资源相等，与 λ_i 无关。

以 A、B 两个个体间的分配为例，资源总量 $t = 1$。$\lambda_a = 1$，$\lambda_b = 2$，个体 B 的生产效率高于 A。p 取 0.5，表示个体边际效用递减。三种福利函数的比较如图 3-2 所示。

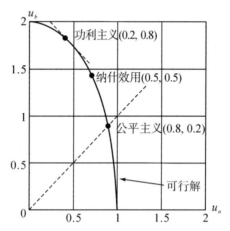

图 3-2　三种社会福利函数下的个体效用与资源量

（ $t = 1$，$\lambda_a = 1$，$\lambda_b = 2$，$p = 0.5$ ）

在功利主义的社会福利函数下，资源分配量为 $X = (0.2, 0.8)$ ，生产效率更高的个体 B 获得的资源更多，由于 $p = 0.5$，易得 $x_b/x_a = (\lambda_b/\lambda_a)^2 = 4$。在罗尔斯公平主义的社会福利函数下，资源分配量为 $X = (0.8, 0.2)$ ，生产效率较低的个体 A 获得的资源更多，且 $x_b/x_a = (\lambda_a/\lambda_b)^2 = 1/4$。在纳什社会福利函数下，个体获得的资源量相同。

下面在具体的分配问题中探讨三者的比较：

例 3.3　设施选址问题　在 [0，1] 的线性区间内进行单个设施的选址，个体所在位置为区间内的一点 x_i，若设施选址在点 y，则个体的效用为 $-|y - x_i|$。功利主义将选择"中位"点 y_u，即最多有一半的个体在选址点右侧，一半在左侧，因为当设施位置在两点间移动时，到两点距离加总最小且不变。当设施点从中位点 y_u 移动到同为中位点的 y'_u 时，总效用不变，但是当移动到 y''_u 时，总效用减少 $y''_u - x_3$，如图 3-3 所示。

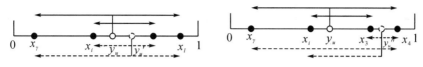

图 3-3　功利主义效用选址结果

字典序社会福利要求最差个体的情况最好，设最远两端的个体为 x_1，x_n，则最优设施点位置为 $y_u^* = \dfrac{x_1 + x_n}{2}$，否则当 y_u^* 向左右任意移动 λ，都会使最小效用由 $-\dfrac{x_n - x_1}{2}$ 变为 $-\dfrac{x_n - x_1}{2} - \lambda$，按字典序劣于 y_u^* 方案，如图 3-4 所示。

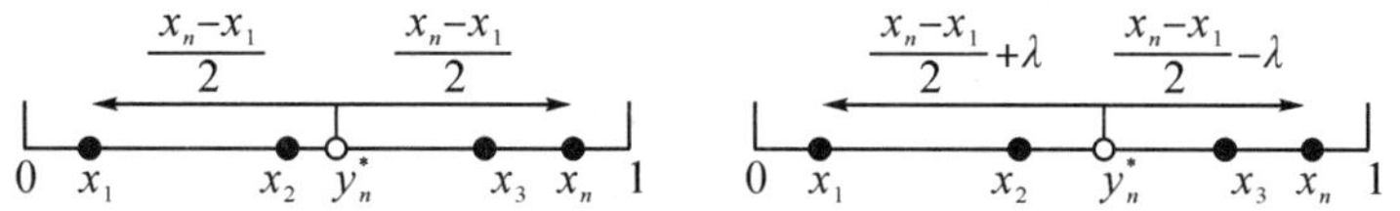

图 3-4　字典序社会福利选址结果

由于纳什效用函数要求个体效用非负非零，因此个体效用函数调整为 $u_i(y) = 1 - |y - x_i| + \varepsilon$，其中 ε 表示足够小的数。在此问题中，最优结果受所有个体位置的影响，难以用简单的例子和图示结果表示。

例 3.4　电台时间分配问题　有 n 个个体同时收听电台，电台共有 k 个频道，不同个体对频道的偏好不同，要求公平地分配频道时间。个体对每个频道的偏好为 $x_k \geq 0$，有 $x_1 + x_2 + \cdots + x_k = 1$。为简化比较三种社会福利函数，假设每个人只喜欢其中 1 个频道，在该频道时效用为 1，其他为 0。每个频道共有 n_k 个个体喜欢，则 $n_1 + n_2 + \cdots + n_k = n$。功利主义将所有的时间分配给多数人喜欢的一个或多个频道，字典序社会福利将在所有频道中完全均分时间，保证个体的效用均为 $1/k$。纳什效用函数要使 $\sum_k n_k \log x_k$ 最大，且满足 $\sum_i x_i = 1$，可得 $x_k^* = n_k/n$，即按照喜欢该频道的人数比例分配时间。

当个体对频道的喜好更为灵活时，可能喜欢不止 1 个电台，个体获得的效用如表 3-2 所示。没有个体 1、2、3、4、5，功利主义将在频道 c，d，e 中分配时间，字典序社会福利分配结果为 $x_a = x_b = \dfrac{2}{7}$，$x_c = x_d = x_e = \dfrac{1}{7}$，这样所有个体的效用相等即 $u_1 = u_2 = \cdots = u_5 = \dfrac{2}{7}$，前者不利于个体 1、2，后者惩罚了更具灵活性的个体 3、4、5。纳什效用最大化即 $u = x^2 (2y)^3$，且 x，$y \geq 0$，$2x + 3y = 1$，可得 $x^* = y^* = \dfrac{1}{5}$，即在功利主义和字典序方案间实现折中。

表 3-2　播放不同频道的个体效用

个体	频道				
	a	b	c	d	e
1	1	0	0	0	0
2	0	1	0	0	0
3	0	0	1	1	0
4	0	0	0	1	1
5	0	0	1	0	1

纳什效用函数与个体效用规模 u_i 无关，其表达形式为

$$W_N = \sum_k \sum_i \log(u_i x_k) = \left(\sum_i \log u_i \right) + \sum_k n_k \log x_k \qquad (3-10)$$

采用纳什效用函数可以避免个体效用规模的影响，因为在功利主义下，个体可能会谎报增加偏好强度 u_i 以影响决策者的分配，在字典序下则可能降低 u_i。当效用是由主观感受衡量时，采用纳什效用函数可以规避这两种扭曲与影响，更加适用于此类分配情景。

综上，三种社会福利函数各有特点和适用范围，功利主义效用函数可以避免效用为零的影响，字典序可以在效用规模改变时维持社会福利序不变，纳什效用函数可以避免个体效用规模的影响。

3.3　资源分配单调性

第 2 章讨论了当个体效用函数非凹函数时，效率和公平目标不可调和，且随着资源总量的增加，个体获得的分配量反而有可能减少。本节将重点探讨当个体效用为凹函数、资源连续可分割时，三种主要社会福利函数出现的不满足资源分配单调性的情况。

例 3.5　互补品分配　个体 1、2 使用两类物品 A、B 生产，为产生 1 单位的效用，个体 1 需要 1/2 单位的 A 和 1 单位的 B，个体 2 需要 1 单位的 A 和 1/2 单位的 B。例如，当 A 表示劳动力，B 表示资本，个体 1 为劳动密集型的工厂，个体 2 为资本密集型工厂。个体效用有 $u_1(a_1, b_1) = \min\{2a_1, b_1\}$，$u_2(a_2, b_2) = \min\{a_2, 2b_2\} = \min\{A - a_1, 2(B - b_1)\}$。假设初始 A、B 分别有 12 个单位，帕累托最优的效用组合如图 3-4（a）所示。功利主义、纳什效

用和字典序分配都将选择分配方案 $(a_1, b_1) = (4, 8)$，$(a_2, b_2) = (8, 4)$ 使得个体 1、2 的效用相等即 $(u_1, u_2) = (8, 8)$。

当增加 12 个单位的 B 物品，效用组合的帕累托前沿如图 3-5（b）所示。因为分配给个体 2 的物品 A、B 满足 $1 : 2$ 的比例时资源利用率最高，有 $(a_2, b_2) = (x, 2x)$，则 $(a_1, b_1) = (12 - x, 24 - 2x)$，因此 $(u_1, u_2) = (24 - 2x, x)$，满足 $u_1 + 2u_2 = 24$。此时字典序分配方案为 $U_l^* = (8, 8)$，保持不变；功利主义分配方案为 $U_u^* = (24, 0)$，总资源量虽然增加，但是个体 2 的效用反而减少；纳什效用分配方案为 $U_n^* = (12, 6)$，同样不满足资源分配单调性，但相比于功利主义方案个体 2 效用损失较小。

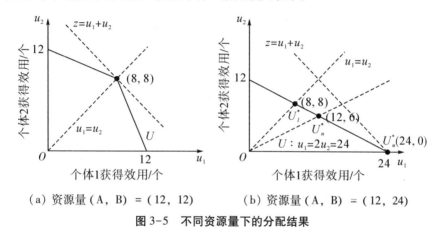

（a）资源量（A，B）=（12，12）　　　（b）资源量（A，B）=（12，24）

图 3-5　不同资源量下的分配结果

综上，在多个互补品分配问题中，字典序分配满足单调性，资源总量增加时个体效用增加或不变，但功利主义和纳什效用分配可能出现不满足的情况。

例 3.6　设施选址问题　将例 3.3 的线性选址问题拓展到路网中，如图 3-6 所示。假设所有个体居住在道路 *AB*、*BC*、*CD*、*DE* 段，且分布均匀。个体的负效用为到设施点的距离，距离越长负效用越大。假设初始情况下可供选址的道路仅限于有个体居住的道路，由于对称性和单调性，三种社会福利函数均会选择 *C* 点作为设施点。当资源（可选道路）增加时，字典序方案选址点变为 *X*，最差个体距离为 9，功利主义分配最优点也变为 *X*，此时原在点 *C* 附近的个体效用反而降低。

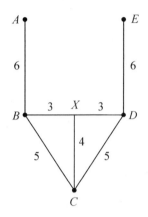

图 3-6 设施选址路网示意

例 3.7 搭便车问题 除了上述资源总量增加的单调性外，还存在生产率提高，效用反而降低的情况。考虑简单的生产情境中，两个个体生产并且消费产品 A，例如粮食蔬菜等作物，生产率为 s_i，$i = 1$，2，即单位时间劳动力的产出分别为 s_i 个 A 产品，个体消耗 x_i 的时间生产，获得效用为 z_i 的产品。同时个体需要休息时间 B，付出的时间与获得的效用均为 y_i，A 与 B 互补，个体最终效用为 $\min\{z_i, y_i\}$，产品 A 可以在个体之间转移。假设总共可分配的时间为 20 个小时，$x_i + y_i = 20$。考虑 $s_1 = s_2 = 1$ 的初始情况，由于个体是对称的，可得最有效也是最公平的分配方案为 $x_i = y_i = z_i = 10$，$i = 1$，2，个体获得效用均为 10。

将个体 2 的生产效率提高即 $s_2 = 2$，s_1 保持不变。由于 A、B 互补且替代率为 1，因此当生产效用和休闲效用相等时资源浪费最少，有

$$2x_1 + x_2 = 20 - x_1 + 20 - x_2 \Leftrightarrow 3x_1 + 2x_2 = 40, \quad x_1, \ x_2 \geqslant 0 \quad (3-11)$$

在字典序分配下，要使效用较小的个体效用最大化，有最优分配 $x_i = 8$，$u_i = z_i = y_i = 12$，$i = 1$，2，其中个体 1 生产的 4 个单位 A 转移给个体 2。

在功利主义下，个体 2 休闲时间的机会成本比个体 1 高，因此最优分配方案倾向于让个体 2 不工作即 $(x_2, y_2) = (0, 20)$。为了使个体 2 效用最大，个体 1 需要转移 20 个单位的产品 A 给个体 2，此时个体 1 最有效的时间分配方案为剩余的产品 A 效用与休闲时间 B 相等，即 $2x_1 - 20 = 20 - x_1$，可得功利主义最优分配为 $x_1 = 13.3$，$x_2 = 0$，$u_1 = z_1 = y_1 = 6.7$，$u_2 = z_2 = y_2 = 20$。为了实现总效用最大，个体 1 不仅要花更多的时间从事生产，同时还要转移更多的效用给个体 2，个体 2 "搭便车" 却获得比个体 1 更高的效用。

纳什效用方案介于上述两种方案之间，仍然存在对生产效率高个体的牺牲。分配目标是使 $\log(20 - x_1) + \log(20 - x_2)$ 最大，且满足式（3-11），最

优解为 $x_1 = 10$，$x_2 = 5$，$u_1 = z_1 = y_1 = 10$，$u_2 = z_2 = y_2 = 15$。此时个体 1 效用虽然没有减少，但是也没有因为生产率的提高而受益，所有增加的效用都被分配给个体 2，则个体 2 付出的劳动力更少，但得到的效用却更高。

3.4 讨价还价解

在 3.2.3 节中对三种主要社会福利函数比较时发现，零效用和个体效用规模都会对分配结果产生影响，功利主义效用虽然不受零效用影响，但无法避免效用规模变化导致的结果变化；纳什效用虽然独立于个体规模，但对零效用敏感。本节将讨论讨价还价解，该方法可以避免二者的影响。

3.4.1 等"优先级"分配

等"优先级"分配是指在对多分配方案进行权衡时，使得所有个体获得服务的优先级相等。

例 3.8 服务排队问题 考虑有三个人 A、B、C 需要请人完成电脑维修工作，但他们需要工人工作的时间不同，A 需要 1 小时，B 需要 4 小时，C 需要 5 小时。由于个体需要等待工人完成修理才能开始工作，等待时间即为他们的负效用，等待时间越短越好。功利主义使总等待时间最短，因此最佳策略是先完成用时最短的维修，个体效用为 $(u_a, u_b, u_c) = (1, 5, 10)$，总等待时间为 16 小时。该分配不利于个体 C，因为哪怕 C 所需时间仅比 B 多 1 分钟，也需要多等待 4 小时。如果分配为确定性的，只能选择一个服务顺序，那么字典序的分配与功利主义的相同。为了使不同个体的效用更为公平，采用方案组合的方式，即按一定概率采用某种服务顺序，以实现折中权衡。

功利主义不会采用组合方案，因为上述方案已经使总等待时间最小。字典序分配则会重新组合，最优分配如表 3-3 所示。

表 3-3 字典序分配组合方案

服务顺序	个体效用（等待时间）/小时			概率
	u_a	u_b	u_c	
B、A、C	5	4	10	0.4
A、C、B	1	10	6	0.1
C、B、A	10	9	5	0.5
期望效用	7.1	7.1	7.1	—

"优先级"分配方案则会使个体获得服务的"优先级"相等，每个个体都有相同的概率第一、二、三个接受服务，即 6 种排序组合的概率相同为 1/6，组合方案与效用如表 3-4 所示。该方案使个体等待时间在最优与最差之间折中，例如个体 A 最长等待时间为 10 小时，最短为 1 小时，折中等待时间为 5.5 小时，B、C 同理。

表 3-4 等"优先级"分配组合方案

| 服务顺序 | 个体效用（等待时间）/小时 | | | 概率 |
	u_a	u_b	u_c	
B、A、C	5	4	10	1/6
A、C、B	1	10	6	1/6
C、B、A	10	9	5	1/6
B、C、A	10	4	9	1/6
A、B、C	1	5	10	1/6
C、A、B	6	10	5	1/6
期望效用	5.5	7	7.5	——

但是等"优先级"分配结果不一定是帕累托最优的，接下来将探讨两种主要的讨价还价方法，即纳什讨价还价和 K-S（Kalai-Smorodinsky）讨价还价。

3.4.2 讨价还价分配

可行效用分配集合为 U，且 U 中的效用组合均为帕累托最优，即 U 为凸函数，个体可接受的最小效用集合为 u^0。纳什讨价还价解是指最优效用满足 $\max \prod_i (u_i - u_i^0)$。K-S 讨价还价解是指不同个体的实际增量效用 $u_i^* - u_i^0$ 占最大可获得增量效用 $\delta_i = u_i^{max} - u_i^0$ 的比例相等，即对于任意的 i，j，有 $\dfrac{u_i^* - u_i^0}{u_i^{max} - u_i^0} = \dfrac{u_j^* - u_j^0}{u_j^{max} - u_j^0}$。两个参与者的效用曲线如图 3-7 所示，从几何意义来看，K-S 讨价还价解是效用曲线 U 与原点到 (δ_1, δ_2) 线段的交点 KS 点，纳什讨价还价解 N 点是 U 与一条直线的相切点，该直线与坐标轴相交于 a_1，a_2，且 N 点为线段 (a_1, a_2) 的中点。

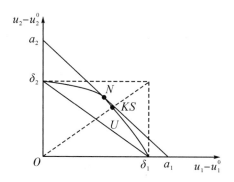

图 3-7 纳什与 K-S 讨价还价解

两种讨价还价方法可以保证个体获得的效用不少于最低效用与 $1/n$ 最大可获得增量效用之和，即 $u_i^* \geq u_i^0 + \dfrac{1}{n}(u_i^{\max} - u_i^0)$ 。

例 3.9 冲突偏好权衡问题 E_1，E_2 为两家销售相关但生产不同产品的公司，共用一个零售店，当零售店货品摆放不同时收益也不同，有 a，b，c 三种设置方案，公司效用分别为 $(u_a^1, u_b^1, u_c^1) = (60, 50, 30)$ ，$(u_a^2, u_b^2, u_c^2) = (80, 110, 150)$ 。两家公司都希望最大化自身销量，因此妥协的办法是对 a，b，c 在时间上进行组合，三种设置方案分配到的时间满足 $x + y + z = 1$ 。

由于三种方案下都有 $u_1 < u_2$ ，采用功利主义、纳什效用和字典序分配在此例中都较不合理。例如，功利主义将选择方案 c 、字典序分配会选择方案 a ，但问题的关键是在个体偏好相反的多种可行方案中寻求权衡，而非照顾最差者或最好者的收益，因此公司 E_1，E_2 之间的效用规模相对大小不应成为影响公平分配的主要原因。

讨价还价解是对最好和最差情况的折中，包含了对零效用的客观定义，即个体可接受的最差效用，也是个体离开谈判的边界条件，因此分配时该最差值应作为下界。以各自最差效用为基准，计算不同方案下的增量效用有 $(u_a^{1\prime}, u_b^{1\prime}, u_c^{1\prime}) = (30, 20, 0)$ ，$(u_a^{2\prime}, u_b^{2\prime}, u_c^{2\prime}) = (0, 30, 70)$ ，此时可以对 a，b，c 三种方案进行组合。按照等"优先级"的思想，公司 E_1，E_2 有相同的概率排名第一或第二，有 $x = z = 1/2$ ，可得 $(u_1, u_2) = (15, 35)$ 。但该分配方案效用结果并非帕累托最优，事实上任意方案 a，c 组合的效用（线段 AC）都帕累托劣于其他的 b，c（线段 BC）或 a，b（线段 AB）组合，如图 3-8 所示。

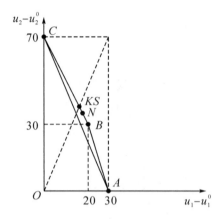

图 3-8 纳什与 K-S 讨价还价分配结果

可避免个体效用规模影响，并得到帕累托最优解的方法主要有以下两种：

3.4.2.1 纳什讨价还价

在增量效用下采用纳什效用函数进行分配：

$$\max \log(30x + 20y) + \log(30y + 70z) \tag{3-12}$$

约束条件为

$$x + y + z = 1 \tag{3-13}$$
$$x, y, z \geqslant 0$$

由于任意的 a, c 或 a, b, c 组合的效用都帕累托劣于 b, c 或 a, b 组合，如图 3-8 所示，所以讨价还价解最终落在线段 AB 或 BC 上。

假设在 AB 上，即 $z = 0$, $x + y = 1$，代入式（3-12）可得

$$\max \log(30(1-y) + 20y) + \log(30y) \Rightarrow y = 1 \tag{3-14}$$

此时最优分配即为点 B，效用 $(u_1, u_2) = (20, 30)$，目标函数值为 2.78。

对比在 BC 上的情况，即 $x = 0$, $y + z = 1$，解得

$$\max \log(20y) + \log(30y + 70(1-y)) \Rightarrow y = \frac{7}{8} \tag{3-15}$$

最优分配为 $(x, y, z) = \left(0, \dfrac{7}{8}, \dfrac{1}{8}\right)$，效用 $(u_1, u_2) = (17.5, 35)$，目标函

数值为 2.79，优于点 B 方案，因此纳什讨价还价解为 $(x, y, z) = \left(0, \dfrac{7}{8}, \dfrac{1}{8}\right)$。

3.4.2.2 K-S 讨价还价

在增量效用下，使个体效用占各自可获得最大效用的比例最大且相等：

$$\max 30x + 20y$$

约束条件为

$$\frac{30x + 20y}{30} = \frac{30y + 70z}{70}$$
$$x + y + z = 1 \tag{3-16}$$
$$x, y, z \geqslant 0$$

首先假设在 AB 上，即 $z = 0$，$x + y = 1$，代入式（3-16）可得

$$\frac{10x + 20}{30} = \frac{30 - 30x}{70} \Rightarrow x = -\frac{5}{16} \tag{3-17}$$

不满足变量非负约束，因此有 K-S 解在 BC 上，即 $x = 0$，$y + z = 1$，解得

$$\frac{20y}{30} = \frac{70 - 40x}{70} \Rightarrow y = \frac{21}{26}, \ z = \frac{5}{26} \tag{3-18}$$

因此，有 K-S 讨价还价解 $(x, y, z) = \left(0, \dfrac{21}{26}, \dfrac{5}{26}\right)$，效用 $(u_1, u_2) =$ $(16.1, 37.7)$。

综上，这两种方法得到的结果帕累托优于等"优先级" $x = z = 1/2$ 时的效用 $(u_1, u_2) = (15, 35)$。

3.5　效率与公平权衡

在基数效用下存在效率与公平的权衡问题，效率以功利主义分配为代表，公平则包含了字典序、纳什效用和讨价还价等不同的分配方法。本节主要讨论目前常见的效率与公平权衡的思路与方法：①结合公平与效率构造社会福利函数作为目标函数；②在约束条件中加入个体效用下限约束；③采用博弈模型求解冲突资源的均衡解。后面两种方法都较好理解，此处重点阐述社会福利函数的构造方法，主要可分为多目标函数与其他构造函数。

3.5.1　效率与公平多目标构造

常见的效率目标表现形式为可加效用、加权效用等，体现的是追求总效用最大的思想，而常见的公平目标可分为以下三种：

3.5.1.1　最大最小公平

最大最小公平的基本含义是使得资源分配量的最小值最大。进一步可拓展为字典序最大，即按分配值从小到大逐一比较，最小值最大的为最优方案，若最小值相同，则比较第二小的值，以此类推。最广泛使用的求解字典序最大分

配的算法是注入（water-filling）算法，其思想是模拟水平面的上升，需求得到满足后获得资源不再增加，直到所有需求被满足或资源用尽（见2.3节）。

3.5.1.2　比例公平

比例公平是指其他任何分配方案与最优分配相比，效用变化比例之和不大于0，即 $\sum_{i=1}^{n} \dfrac{u'_i - u_i^*}{u_i^*} \leq 0$，$\forall u' \in U$。纳什讨价还价解可以求解比例公平分配，若 U 为凸函数，则可转化为优化问题求解，目标函数为 $\max \sum_{i=1}^{n} \log u_i$，$u \in U$。

3.5.1.3　公平测度指标

公平测度指标体现了资源分配的个体差异程度，常见的公平测度指标包括基尼系数、方差、极差、最大加权绝对差、平均绝对差、平均半离差、麦克伦指数、阿特金森函数等。其中，基尼系数、阿特金森函数、最大加权绝对差等体现了转移公理，平均绝对差和平均半离差由于凸面和正同质性可以实现效用和公平的一致性，而极差、最大加权绝对差对极端值很敏感，并不能完全体现分配公平的实质。最常使用的公平测度指标为洛伦兹曲线与基尼系数，洛伦兹曲线横轴表示累积人口数量，纵轴表示累积资源量，曲线与绝对平均线之间的面积表现不公平程度。根据实际问题改变横纵坐标含义，例如在选址问题中，横坐标表示累积需求比，纵坐标表示累积距离比，基尼系数可表示为 $G(x) = \dfrac{\sum_{i=1}^{n} \sum_{j=1}^{n} |d_i(x) - d_j(x)|}{2n \sum_{i=1}^{n} d_i(x)}$，其中 $d_i(x)$ 表示需求点与最近设施点之间的距离。常见的公平测度指标如表3-5所示。

表3-5　常见公平测度指标

测度指标	表达式	含义
基尼系数	$1 - \dfrac{1}{n}\left(2\sum_{i=1}^{n-1} W_i + 1\right)$	根据洛伦兹曲线判断的分配平等程度
极差	$u_{max} - u_{min}$	最大与最小效用间的差距
方差	$\dfrac{\sum_{i=1}^{n}(u_i - u_{avg})^2}{n}$	与效用均值的偏离程度
平均半离差	$\sqrt{\dfrac{\sum (u_i - u_{avg})^2}{n}}$，$u_i \leq u_{avg}$	低于效用均值以下部分的平均标准差

表3-5(续)

测度指标	表达式	含义
平均绝对差	$$\dfrac{\sum_{i=1}^{n} |u_i - u_{avg}|}{n}$$	偏离效用均值的绝对偏差
最大加权绝对差	$\max |u_i - u_{avg}|$	与效用均值偏离最大的程度
麦克伦指数	$\dfrac{\sum_{i=1}^{m} u_i}{m \times u_m}$，$u_m$ 为中位数 $u_1 \leq u_2 \leq \cdots \leq u_n$	中位数以下的总和与中位数以下都取中位数后总和的比
阿特金森函数	$1 - \dfrac{\left(\sum_{i=1}^{n} \dfrac{1}{n} \times u_i^{1-\varepsilon}\right)^{\frac{1}{1-\varepsilon}}}{u_{avg}}$，$\varepsilon$ 为不公平厌恶程度	—

3.5.2　其他函数形式构造

一些研究者通过参数设置将效率目标与公平目标用一个函数形式表示。如 Bertsimas（2012）通过构造了带有不公平厌恶参数 α 的社会福利函数，当 $\alpha = 0$ 时为效率目标，当 $\alpha = 1$ 时为比例公平目标，当 $\alpha \to \infty$ 时为最大最小公平目标，通过参数的调节可选择实现公平的程度。同时也有一些其他的函数表现形式，如 Huang 等（2010）在研究路径优化问题时构造的社会福利函数是需求未满足度的凸函数，使得需求未满足度更大的个体优先获得资源。

综上所述，相关研究中具有代表性的社会福利函数如表3-6所示。

表 3-6　相关研究中有代表性的社会福利函数

目标	表现	社会福利函数
效率目标	加总效用	$W = \sum U_i$
	加权效用	$W = \sum \alpha_i U_i$
公平目标	最小效用最大	$W = \min U_i$
	纳什效用	$W = \sum \log(U_i)$
效率与公平多目标	加总效用与最小效用	$W = \begin{cases} \min U_i & |U_2 - U_1| \leq \sigma \\ U_1 + U_2 & |U_2 - U_1| \geq \sigma \end{cases}$
	加总效用与极差	$W = \sum U_i - \beta(U_{max} - U_{min})$
其他函数形式	不公平厌恶参数	$W = \sum \dfrac{U_i^{1-\alpha}}{1-\alpha}$

3.6　本章小结

本章定义了社会福利序的完备性、传递性、单调性、对称性和不相关性公理要求。从基数效用的视角，探讨了可加效用函数、字典序效用函数和纳什效用函数三种社会福利函数形式。在设施选址、电台时间分配等资源分配实例中探讨了三种社会福利函数，有以下主要结论：① 功利主义效用倾向于为生产率高的个体分配更多资源；公平主义效用尽可能保证了生产率较低个体的利益；纳什效用下的资源分配与生产率无关；② 功利主义效用函数可以避免零效用个体的影响，字典序可以在效用规模改变时维持社会福利序不变，纳什效用函数可以避免个体效用规模的影响；③ 在多个互补品分配问题中，字典序分配满足单调性，资源总量增加时个体效用增加或不变，但功利主义和纳什效用分配可能出现不满足的情况。为了避免零效用和个体规模效用的影响，进一步探讨了纳什讨价还价和 K-S 讨价还价方法，证明了该方法是对最好和最差情况的折中。最后，针对效率与公平权衡的问题，讨论了目前常见的三种方法，即多目标社会福利函数、公平约束和博弈模型。

4 序数效用与社会选择

本章首先比较波达计数法、孔多塞方法、多数选举等投票规则，然后探讨序数效用下的社会选择方法，在时间分配、设施选址、数量分配等资源分配问题中分析不同投票规则的结果。

4.1 序数效用与投票规则

序数效用的观点认为效用是无法计量的，也不能加总求和，效用之间的比较只能通过顺序或等级体现。个体效用表现为对可行结果的偏好序，社会群体效用则表现为社会福利序。个体的偏好序要满足两个条件：一是完备性，即对任意一种方案都能表达偏好顺序；二是可传递性，即对不同方案的偏好是有序且连贯的，若 $A > B$，$B > C$，则 $A > C$。社会选择将社会成员的偏好聚合成为群体偏好，常见的方法有波达计数法、孔多塞方法等。

4.1.1 波达计数法与孔多塞方法

个体集合为 N，可能的结果构成集合 A，已知个体偏好序，需要从 A 中投票选出结果 a。此类问题的两个主要规则由法国哲学家和数学家孔多塞和波达提出，他们明确反对了多数投票原则，并提出了各自的改进方法。

4.1.1.1 波达计数法

波达计数法的核心思想是将个体对方案的偏好排序并计分，按方案的加总得分得到社会福利序。对于分配方案 $(X_1, X_2, \cdots, X_m)$，个体 i 的偏好序为 R_i，对个体的偏好序计分，可得对于 i 各分配方案的得分 $S_i = (s_{i1}, s_{i2}, \cdots, s_{im})$，则方案 k 的总得分为 $y_k = \sum_i s_{ik}$，则总得分最高的为社会福利序中排名最高的方案。

4.1.1.2 孔多塞方法

孔多塞方法又称为"两两比较法"，即比较任意两个方案，在不考虑其他方案的情况下，二者间获得更多支持的方案在社会福利序中的排名更高，直到完成所有方案的比较。对于分配方案 $(X_1, X_2, \cdots, X_m)$，个体 i 的偏好序为 R_i，比较任意两个方案 k_1，k_2，在偏好序集合 $R = (R_1, R_2, \cdots, R_n)$ 中，认为 $k_1 > k_2$ 的个体数为 I_1，认为 $k_2 > k_1$ 的个体数为 I_2，若 $I_1 > I_2$，则在社会福利序中 $k_1 > k_2$，反之亦然。

4.1.2 投票规则比较

两种方法在不同的具体投票问题中可能得到相同或者不同的结果。

例 4.1 相同结果 以一个 21 个选民和 3 个候选人 a，b，c 的投票问题为例，选民根据偏好序形成了三个子集 N_1，N_2，N_3，人数分别为 6、7、8，偏好序 R_1：$b > c > a$，R_2：$c > b > a$，R_3：$a > b > c$。在多数选举规则下候选人 a 将当选，但是在全部 21 个选民中，认为 $b > a$ 的有 13 人，多于认为 $a > b$ 的 8 人，选举结果没有考虑整体的社会偏好。

波达提出通过计分的方式对候选人得分进行比较，按照偏好序，排名第一的得 2 分，第二的计 1 分，最后的不得分，由此得

$$\begin{cases} s_a = 8 \times 2 = 16 \\ s_b = 6 \times 2 + 15 \times 1 = 27 \\ s_c = 7 \times 2 + 6 \times 1 = 20 \end{cases} \tag{4-1}$$

此时，最优的选择为 b。

孔多塞认为如果将该投票缩小到 a，b 之间，则 b 以 13 票获胜，同样地可以比较 b，c，b 的得票仍占多数，在两两比较中若 x 以多数得票优于 y，则即为 $x >^m y$，该例中有

$$b >^m c, \ b >^m a, \ a >^m c \tag{4-2}$$

此时，最优的选择为 b，而多数选举中获胜的 a 反而成为排名最末的选择。

将该问题扩展到 60 个选民和 4 个候选人，个体偏好序如表 4-1 所示。

表 4-1 选民个体偏好序

选民人数/人	偏好序
23	$a > d > b > c$
19	$b > d > a > c$
18	$c > d > a > b$

按照波达计数法，按照排名先后得分为 3、2、1、0，则四个候选人比较结果为 $s_d = 120 > s_a = 106 > s_b = 80 > s_c = 54$。按照孔多塞方法有 $d >^m a$，$d >^m b$，$d >^m c$；$a >^m b$，$a >^m c$；$b >^m c$，因此社会福利序为 $d > a > b > c$。

综上，在上述两个例子中孔多塞方法和波达计数法的结果是一致的。

例 4.2 不同结果 假设有 26 个选民和 3 个候选人，偏好序有 R_1：$b > c > a$，R_2：$a > b > c$，选民人数分别为 11、15。多数选举与孔多塞方法结果均为 a，a 以 15 票分别优于 b，c。但是波达认为 11 票选 b 的选民将 a 排在最后，但是在 15 票选 a 的选民中 b 仍是第二选择，反应在得分上为 $s_b = 37 > s_a = 30 > s_c = 11$。

由于孔多塞方法两两比较时采用多数选举规则，没有考虑剩余的排序情况，如上例所述，少数个体不喜欢 a 的程度要大于多数个体不喜欢 b 的程度，而波达计数法考虑了全部偏好关系，这也是两种方法出现差异的主要原因。

将该问题扩展到 81 个选民和 3 个候选人，个体偏好序如表 4-2 所示。

表 4-2　选民个体偏好序

选民人数/人	偏好序
30	$a > b > c$
3	$a > c > b$
25	$b > a > c$
14	$b > c > a$
9	$c > a > b$

多数选举和波达计数法都将选择 b，事实上这两个方法都是计数规则的特殊情况，不同之处在于多数选举给排名第一的选择计 1 分，其他位置的为 0 分；波达计数法计分规则为 $s_k = p - k$，$k = 1, 2, \cdots, p$。在本例中无论计分规则如何，b 都是最优的选择。假设按排名得分为 $1, s, 0$，其中 $0 \leqslant s \leqslant 1$，若 $s = 0$ 则为多数选举，$s = \dfrac{1}{2}$ 则为波达计数法，可得

$$s_b = 39 + 30s > s_a = 33 + 34s > s_c = 9 + 17s \qquad (4-3)$$

但是孔多塞方法将选择 a，因为 $a >^m b$（42 比 39 票），$a >^m c$（58 比 23 票）。

4.1.3　孔多塞悖论

由于个体的偏好序在很多情况下存在循环，采用孔多塞方法将不满足传递性原则，存在孔多塞循环和聚合悖论。

例4.3　孔多塞循环　在 a，b，c 三个方案比较中，有 I_1 个选民认为 $a>b>c$，I_2 个选民认为 $c>a>b$，I_3 个选民认为 $b>c>a$，若 $I_1+I_2>I_3$，$I_1+I_3>I_2$，$I_2+I_3>I_1$ 则产生两两比较循环，此时不存在孔多塞最优选择。为解决投票悖论，孔多塞提出忽略由最小多数支持的偏好。例如，假设 $I_1=18$，$I_2=20$，$I_3=10$，有

$$\begin{cases} 38>10 \Rightarrow a>^m b \\ 28>20 \Rightarrow b>^m c \\ 30>18 \Rightarrow c>^m a \end{cases} \tag{4-4}$$

b，c 的两两比较中占多数的有 28 人，是三对比较里人数最少的，忽略该偏好关系，得到孔多塞结果为 c。

例4.4　聚合悖论　无论采用何种方式在具有孔多塞循环特征的偏好序中选择出孔多塞结果（如，忽略最小多数的偏好关系），仍会面临聚合悖论，即分成若干小组的选择结果与整体选择结果不一致。

考虑两组人数分别为 34、35 的选民团体 V_1，V_2，在 3 个候选人中投票，两个团体中个体的偏好如表4-3所示。

表4-3　两组选民团体的个体偏好序

团体	选民人数/人	偏好序
V_1	10	$a>b>c$
	6	$b>a>c$
	6	$b>c>a$
	12	$c>a>b$
V_2	18	$a>c>b$
	17	$c>a>b$

在 V_1 中有孔多塞循环 $a>^m b>^m c>^m a$，忽略最弱的偏好序 $c>^m a$ 可得孔多塞结果为 a；在 V_2 中不存在孔多塞循环，有 $a>^m c>^m b$，两个团体的最优社会选择结果均为 a。当将两个团队合并时，有新的个体偏好序，如表4-4所示。

表 4-4　选民团体合并后的个体偏好序

团体	选民人数/人	偏好序
	10	$a > b > c$
	6	$b > a > c$
V_1、V_2	6	$b > c > a$
	29	$c > a > b$
	18	$a > c > b$

在 69 个选民的社会选择中孔多塞结果为 c，有 $c \succ^m a$ 且 $c \succ^m b$，与两个团体下的选择结果不同。这种情况在两个团体都没有孔多塞循环时是不存在的，同时任何计分规则也不存在聚合悖论，当两个不相交的选民子集同时选择一个结果时，两个子集的并集选择的结果保持一致。

4.2　资源分配的社会选择

本节将基数效用中的几类资源分配问题拓展到序数效用，探讨多数投票、孔多塞规则和计数规则等主要的社会选择方法。

4.2.1　时间分配

将 3.2.3 节中的电台时间分配问题拓展到序数效用，决策者需要对 5 个频道的时间进行分配 $(x_1, x_2, x_3, x_4, x_5)$，有 $\sum_i x_i = 1$。听众被划分为 5 个团体，每个听众只喜欢一个频道，n_i 表示偏好第 i 个频道的听众数量，有 $\sum_i n_i = n$。

结论 4.1　如果存在一个频道，满足 $n_i > \dfrac{n}{2}$，则 $x_i = 1$ 为孔多塞方法和多数选举的最优结果；如果 $n_i < \dfrac{n}{2}$，$i = 1, 2, \cdots, 5$，则不存在孔多塞最优结果。

证明　考虑一个任意的时间分配结果 $x = (x_1, x_2, x_3, x_4, x_5)$，假设 $x_1 > 0$，即频道 1 获得了一定的时间分配。此时，不喜欢频道 1 的其他团体将联合起来选择其他的方案，如 $y = \left(0, x_2 + \dfrac{1}{4}x_1, x_3 + \dfrac{1}{4}x_1, x_4 + \dfrac{1}{4}x_1, x_5 + \dfrac{1}{4}x_1\right)$。当 $n_1 < \dfrac{n}{2}$ 时有 $\sum_{i=2}^{5} n_i > n_1$，因此 $y \succ^m x$。同理，任意一个分配方案下，由于

没有任何一个频道的支持者占有绝大多数优势，将出现孔多塞循环，无法选出最优的分配方案。

这个例子说明了一种被称为"破坏性竞争"的情况，任意团体获得的时间分配都受到其他团体联盟的威胁，联盟的目的是剥夺剩余团体的利益。孔多塞循环正是对应于这些多数"政变"的永无休止过程。"最终结果的不稳定性和不可预测性是给予任何多数选民的过度权力的结果。"在选举环境下，解决破坏性竞争的一个方法是减少联盟的力量，例如要求必须达到一定多数才能推翻给定的结果。

假设 $n = 100$，其中 $(n_1, n_2, n_3, n_4, n_5) = (40, 25, 15, 12, 8)$，如果达到推翻结果的人数要求为 $51 \leqslant Q \leqslant 60$，那么"破坏性竞争"仍然存在，因为任意 4 个频道的联盟都可以达到该要求，进而否决另一个频道的分配要求。如果 $61 \leqslant Q \leqslant 75$，则由频道 2、3、4、5 组成的联盟无法达到该要求，但其他任意的 4 个频道组合能达到，因此可以得到最终分配 $x_1 = 1$，$x_i = 0$，$i = 2, 3, 4, 5$。偏好频道 1 的个体组成的团体由于人数占优，将控制投票结果。如果 $76 \leqslant Q \leqslant 85$，则要控制投票结果至少需要团体 1、2 同时存在于联盟中，此时二者拥有控制权，最终的分配结果为 $x_1 + x_2 = 1$，$x_i = 3, 4, 5$。同理可得，当 $86 \leqslant Q \leqslant 88$ 时，有 $x_1 + x_2 + x_3 = 1$。最终当 $Q \geqslant 93$ 时，所有的个体都拥有决定权，最终分配为 $\sum_i x_i = 1$，$x_i > 0$，$i = 1, 2, \cdots, 5$。

4.2.2 设施选址

将 3.2.3 节中的设施选址问题拓展到序数效用，考虑居住在线性空间 $[0, 1]$ 上的居民，居住地位置为 x，$0 < x < 1$，设施点位置为 y，个体效用为到设施点的距离 $u_i(y) = -|y - x_i|$。居民的分布可以用累计函数 F 表示，$F(z)$ 表示居住在 $[0, z]$ 的居民占比，$1 - F(z)$ 则表示居住在 $[z, 1]$ 的占比。假设大量的居民连续分布在 $[0, 1]$，即 F 为连续递增函数，则 $F(0) = 0$ 且 $F(1) = 1$。

结论 4.2　若设施位置 y^* 满足 $F(y^*) = \dfrac{1}{2}$，即有一半的居民位于 y^* 的右侧，一半位于左侧，该位置是孔多塞选择结果。

证明　有其他选址结果 y，假设 y 位于 y^* 左侧，即 $0 \leqslant y < y^*$，对于住在 $[y^*, 1]$ 和 $\left[\dfrac{y + y^*}{2}, y^*\right]$ 的居民更加偏好 y^*，因此支持 y^* 的个体占比为 $1 - F\left(\dfrac{y + y^*}{2}\right)$。由于 F 为连续递增函数，有

$$F\left(\frac{y+y^*}{2}\right) < F(y^*) \Rightarrow F\left(\frac{y+y^*}{2}\right) < \frac{1}{2} \Rightarrow 1 - F\left(\frac{y+y^*}{2}\right) > \frac{1}{2} \quad (4-5)$$

由对称性可得，对于在 y^* 右侧的 y，$y^* < y \leqslant 1$，同样有 $y^* >^m y$。

综上，在与其他任意选址方案进行两两比较时，y^* 总能得到更多投票支持，因此为孔多塞选择结果。

定义 单峰偏好 当选择的结果可以用具体的值表示时（如上例所示，0~1 表示选址的结果），按照结果由小到大排序后得到集合 A，当结果 $x < y$，则称 x 在 y 的左侧；当 $x \leqslant z \leqslant y$ 或 $y \leqslant z \leqslant x$，则称 z 在 x、y 中间。一个偏好序 R_i，如果在 A 中有孔多塞结果 x^i，且对于任意 x，y，满足 $x \neq x^i$，$x \leqslant y \leqslant x^i$，二者在两两比较时有 $y >^m x$，则称 R_i 为有峰值为 x^i 的单峰偏好。

单峰偏好几何特征如图 4-1 所示。$x \in [a, b]$ 表示可能的结果，随着 x 在 $[a, x^i]$ 的增加，偏好序增加，即对于 $a \leqslant x < y \leqslant x^i$，有 $y >^m x$；在 $[x^i, b]$ 区间，随着 x 的增加，偏好序降低，即对于 $x^i \leqslant x < y \leqslant b$，有 $x >^m y$。对于 x^i 两侧的结果偏好关系则没有约束，如图 4-1（a）中两侧对称，与 x^i 距离相同的结果值偏好序位置也相同，但图 4-1（b）中则不存在对称关系，但两种情况都属于单峰偏好。

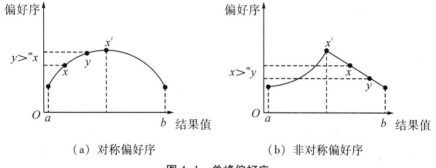

（a）对称偏好序　　　　　（b）非对称偏好序

图 4-1　单峰偏好序

假设个体的偏好是单峰的，在许多情景下是合理的，例如个体对税率、专利期限、公共教育资金等都有一个最优选择峰值。在交易过程中也很常见，当代理商要选择相同质量不同价格的产品时，不同代理商的价格偏好服从单峰分布。

结论 4.3 如果个体 i 的偏好序是峰值为 x^i 的单峰偏好，则 x^i 分布的中位数 y^* 是孔多塞胜者，即社会选择结果。

证明： 有选择结果 y，假设 y 位于 y^* 左侧，即 $a \leqslant y < y^*$，对于峰值 x^i 在 $[y^*, b]$ 的个体更加偏好 y^*，因此 y^* 位于 y 和 x^i 之间。由于 y^* 为 x^i 分布的

中位点，可知位于 $[y^*, b]$ 的个体占到多数，有 $y^* >^m y$；同理，当 y 位于 y^* 右侧，有峰值 x^i 在 $[a, y^*]$ 的个体会选择 y^*，可得 $y^* >^m y$，得证。

由定理 1 可知，当知道个体偏好的峰值 x^i 时，可以容易地计算孔多塞选择结果，而不用知道峰值左右两侧结果对比的偏好序。例如，考虑 7 个拥有单峰偏好的个体，结果值范围为 $[0, 100]$，不同个体的偏好峰值 x^i 有 $(x^1, x^2, x^3, x^4, x^5, x^6, x^7) = (35, 10, 22, 78, 92, 18, 50)$，有 x^i 分布的中位数 $y^* = 35$。

结论 4.4 当个体偏好为单峰偏好时，采用孔多塞规则是防策略的 (strategy-proofness)，因为个体很难找到使得自身收益提高的谎报策略，因此会倾向提供真实的偏好峰值 x^i。

证明： 设真实偏好峰值 x^i 位于 y^* 左侧（$x^i < y^*$）的个体构成集合 N_-，位于右侧（$x^i > y^*$）的构成集合 N_+，正好位于 y^*（$x^i = y^*$）的构成集合 N_0。假设有 T 个个体形成联盟并谎报峰值 $\tilde{x}^i$，其他个体仍然提供真实的峰值，得到新的孔多塞选择结果 z^*，可证明 $y^* = z^*$。

采用反证法，假设 $z^* \neq y^*$ 且在 T 中的任意个体 i 都有偏好序 $z^* >^m y^*$。当 z^* 在 y^* 右侧时（$y^* < z^*$），由于个体偏好是单峰的，因此有在 N_- 和 N_0 中的个体会选择 y^*，所以会参与谎报联盟的个体一定在 N_+ 中。由 y^* 中位数的性质可知 $N_0 \cup N_-$ 包含的个体数量占多数，因此两个方案的得票情况有 $y^* >^m z^*$；同理可得，当 z^* 在 y^* 左侧时，有 $y^* >^m z^*$，这与 z^* 是孔多塞选择相矛盾，因此有 $y^* = z^*$。

防策略是机制设计时需要考虑的重要因素，在防策略的分配或投票机制中，没有参与者会策略性地谎报自身偏好，无论他是否有其他参与者的信息，提供自身真实的信息都是最好的策略。单峰偏好下的孔多塞规则就是一种防策略的机制，然而任何的计分规则都不具备防策略特征。例如，当 9 个选民中有 5 个偏好序为 $a > b > c$，4 个为 $b > a > c$，则波达计数法胜者为 a。但是当 4 个选民将偏好序策略性地谎报为 $b > c > a$ 时，胜者将变为 b。

4.2.3 数量分配

在第 2 章提出了数量分配的三种基本方法，包括比例分配（P）、剩余均分（S）和均等收益（U），在序数效用下个体可以投票在这些方法中做出选择。个体根据他们的申明需求量排序，在做出选择时比较他们在每种方法下获得的分配，越多则该方法的偏好序越高。

考虑 11 名个体和情况，个体申明需求总量为 580 个单位，总资源量为 745

个单位，三种方法分配结果如表4-5所示。

表4-5 个体申明需求与获得分配量

个体	1	2	3	4	5	6	7	8	9	10	11
需求量/个	10	10	20	25	40	40	60	70	85	100	120
比例分配结果/个	12.8	12.8	25.7	32.11	51.4	51.4	77.1	89.9	109.2	128.4	154.1
均等收益结果/个	51.7	51.7	51.7	51.7	51.7	51.7	60	70	85	100	120
剩余均分结果/个	25	25	35	40	55	55	75	85	100	115	135

个体的偏好均为单峰偏好，个体1~4偏好峰值为均等收益，个体5、6峰值为剩余均分，个体7~11峰值为比例分配。由4.2.2结论2可知峰值分布的中位数为孔多塞胜者，因此有剩余均分为最终的投票选择结果。

定义 中间偏好特性 将个体排序后，如果个体 i，j 在结果 a，b 中都偏好 a，则所有位于 a，b 之间的个体也都偏好 a，则称该偏好序具有中间偏好特征（intermediate preferences）。

有 n 个个体排序后编号为 $N = \{1, 2, \cdots, n\}$，中间偏好特性意味着有偏好序 $a > b$ 的个体集合 $N(a, b)$ 为 $[i_1, i_2]$，即所有的个体 i，有 $i_1 \leqslant i \leqslant i_2$，对 $N(b, a)$ 也是同理。由完备性可知，N 被 $N(a, b)$ 和 $N(b, a)$ 划分为两个完全不相交的子集，又由于中间偏好特性，可得 $N(a, b)$ 一定是 $[1, i^*]$ 或 $[i^* + 1, n]$ 中的一个。

上例中有 $N(U, P) = N(E, P) = [1, 6]$，$N(E, U) = [5, 11]$，可见当资源供给大于总需求时，在三种数量分配方法中的投票选择符合中间偏好特性。当资源变为负效用，例如债务、成本时，个体将选择获得分配更小的方案。此时，比例分配为孔多塞胜者，因为有6名个体的偏好序为 $P > S$，$P > U$，占到多数。中间偏好特性仍然成立，有 $N'(U, P) = N'(S, P) = [7, 11]$，$N(S, U) = [1, 4]$。

4.3 社会选择与阿罗定理

社会选择问题有三个关键组成，一是所有可能的结果集合 A，二是参与个体的集合 N，三是每个参与者对结果的偏好序 R_i。个体的偏好序通过聚合方法 F 形成序数社会选择函数 $R^* = F(\bar{R})$，其中 $\bar{R} = (R_i, i \in N)$，体现了在序数效用下，如何由个体偏好序形成社会整体偏好序。

孔多塞方法和波达计数法就是两类常见的聚合方法，孔多塞认为两两比较的多数关系是既定 $\tilde{R}$ 下社会整体意愿的表达，这种序数社会福利 $R^m = F(\tilde{R})$ 对于任意的结果 x，y，有

$$x >^m y \Leftrightarrow |\{i \in N \mid x_i > y_i\}| \geqslant |\{i \in N \mid y_i > x_i\}| \qquad (4-6)$$

即在 x，y 的两两比较中支持 x 的人数多于 y 时，在序数社会福利中 x 偏好序高于 y。

a 为集合 A 中的一个结果，p 为可能结果的数量 $p = |A|$，波达计数法的结果 $s(a, R_i)$ 表示在个体 i 偏好序 R_i 中结果 a 的得分，有 $s(a, R_i) = p - k$，k 表示 a 的排序位置，排名第一得分为 $p - 1$，最末得分为 0。因此有波达计数法下的序数社会福利 $R^m = F(\tilde{R})$，对于任意结果 x，y 有

$$x >^b y \Leftrightarrow \sum_i s(x, R_i) \geqslant \sum_i s(y, R_i) \qquad (4-7)$$

定义 无关候选项独立性（IIA） 社会选择函数 R^* 中结果 x，y 的排序只与个体对 x，y 的排序有关，而与个体对其他候选项的态度无关。若有 $\tilde{R}$、$\tilde{R}'$ 两个偏好集合对 x，y 有相同的偏好，即对于任意个体 i 都有 $x_i > y_i \Leftrightarrow x'_i > y'_i$，$y_i > x_i \Leftrightarrow y'_i > x'_i$，那么社会选择函数 $R = F(\tilde{R})$ 和 $R' = F(\tilde{R}')$ 也有相同的偏好，即 $x > y \Leftrightarrow x' > y'$，$y > x \Leftrightarrow y' > x'$。

无关候选项定理表示，对于一个理性的决策群体来说，其中任意两个方案之间的群体偏好关系应只依赖于各决策者关于两方案间的个体偏好，而与其他方案无关。例如，对于民主选举的问题，就是要求如果在两次投票中所有选民对某部分候选人集合中任意两候选人的偏好态度都不变，那么这对候选人之间的群体偏好关系在两次投票结果中应该是一样的。具体而言，假设 $X = \{x, y, z, \alpha, \beta\}$ 为原候选人集合，现由于某些原因 α，β 退出竞选，正式参选人集合为 $S = \{x, y, z\} \subset X$，IIA 要求所有选民在两次投票中对 S 中任两候选人（x 与 y，x 与 z，x 与 y）之间的群体偏好关系都不变，不受对 α，β（包括 x，y，z 与 α 或 β，以及 α 与 β 之间）偏好态度的影响。

孔多塞方法满足 IIA，但是可能出现非理性的孔多塞循环，即 $a >^m b$，$b >^m c$，$c >^m a$。当采用一定的方法打破该循环时，都会违背 IIA。例如，忽略最弱的偏好关系 $c >^m a$，可以得到孔多塞胜者为 a，此时 a，b 的偏好关系不仅依赖于 a，b 本身，还与 c 有关。波达计数法能够得到理性的集体偏好但是不满足 IIA 要求。在 $A = (a, b)$ 的候选人集合中加入 c，即使 c 无法赢过 a，b，但是有可能改变 a，b 之间在波达计数法下的群体偏好结果。

阿罗的不可能性定理探讨了集合函数的形式背景下 IIA 属性与集体偏好合理性之间的矛盾。简而言之，该定理认为由于缺乏效率或公平性，当供选方案

不少于 3 时，任何产生理性群体偏好并满足 IIA 的社会选择函数都是不存在的。例如，假设一种有效的社会选择函数 R^*，尊重所有个体的一致偏好，对于任意的两个结果 x, y，有 $\{x >_i y \mid i \in N\} \Rightarrow x >^* y$，那么满足 IIA 的唯一理性群体决策方法就是独裁，此时群体偏好关系 R^* 与独裁者 i^* 的偏好一致。独裁者的偏好占上风，而不管其他的个体，该情况称为最大不公平。本书将不再对阿罗定理进行完整的证明，但这一不可能的两种"出路"在本章已讨论过，一是限制可接受的偏好范围，如单峰（见 4.2.2）或中间偏好（见 4.2.3）；二是弱化群体偏好的理性属性，只要求其严格不循环即可。

4.4 本章小结

本章从序数效用的视角，研究如何通过个体的偏好序得到社会选择结果。首先比较常见的投票规则，波达计数法的核心思想是将个体对方案的偏好排序并计分，孔多塞方法通过两两比较得到社会福利偏好序，多数选举规则以大多数人的选择作为社会选择。其次，在时间分配、设施选址、数量分配等资源分配问题中探讨了三种社会选择方法的适用性，有以下主要结论：①如果个体 i 的偏好序是峰值为 x^i 的单峰偏好，则 x^i 分布的中位数 y^* 是孔多塞胜者，即社会选择结果；②当个体偏好为单峰偏好时，采用孔多塞规则是防策略的。最后，给出了社会选择函数 R^* 的无关候选项独立特性和阿罗不可能定理，为了克服这种不可能可以限制可接受的偏好范围或弱化群体理性特征。

5 公有物品公平分配

公有物品是由一组给定的个体共同使用的产品，公有物品的分配问题在于如何公平且有效地组织个体利用该产品，这也是微观经济学中探讨公平分配时关注的重要问题。本章从报酬原则出发探讨共同成本（盈利）分配问题。

5.1 共同成本/收益分摊问题

共同成本或收益的分摊问题是一类典型的公有物品分配问题。例如，当拥有不同专业知识的合作伙伴成立合资公司时，根据合伙人贡献和投入分享企业产出，问题的关键在于公平地评估不同个体所做出的贡献；共同成本的分摊也属于该问题的范围，个体需要联合生产某些服务，需要公平地分摊满足这些需求的总成本。

例5.1 网络连接问题 I 假设甲、乙两人共用办公室，二人连接网络，甲使用较少，费用为 c_1，乙使用较多，费用为 c_2，有 $c_1 < c_2$。为了同时连接两人，需新增额外费用 δ。因此甲、乙需承担的总成本为 $C = c_1 + c_2 + \delta$，其中 $c_i(i = 1, 2)$ 表示个体的独立成本，即当乙不联网时，甲仅需支付自身的 c_1，无须支付 δ。第2章中提出了比例分配、均等收益和剩余均分三种分配方法，首先观察这三种方法是否适用。在此例中，若甲的独立成本 $c_1 = 0$，比例分配的方法将使乙承担全部的额外费用；均等收益倾向于均衡甲、乙分摊的成本，而忽略甲、乙的独立成本，同样假设 $c_1 = 0$，则当 $\delta \leq c_2$ 时，二者最终承担的成本 $y_1 = \delta$，$y_2 = c_2$，当 $\delta > c_2$ 时有 $y_1 = y_2 = \frac{1}{2}(c_2 + \delta)$，前者乙完全没有承担额外费用，后者甲承担了乙的部分独立费用；剩余均分将独立成本和额外成本分开，且均分了 δ，有 $y_1 = c_1 + \frac{1}{2}\delta$，$y_2 = c_2 + \frac{1}{2}\delta$，是分摊成本的唯一合理方式。

该例说明了成本分摊的一般方法，即剩余均分。设 c_i 为个体 i 的独立成本，c_N 为服务所有个体的总成本，则个体分摊的成本为独立成本 c_i 与均分的额外成本 $c_N - \sum_i c_i$ 之和；若个体合作达到节约成本的效果，则分摊的成本为独立成本减去均分的节约成本，如下式所示：

$$c_N \geqslant \sum_i c_i \Rightarrow y_i = c_i + \frac{1}{n}\left(c_N - \sum_i c_i\right), \ i = 1, 2, \cdots, n$$

$$c_N < \sum_i c_i \Rightarrow y_i = (c_i - \mu)_+, \ i = 1, 2, \cdots, n, \ \text{其中} \mu \text{满足} \sum_i (c_i - u)_+ = c_N$$

$$(5-1)$$

这种成本分摊较为简单和直观，在下例中将探讨三个及更多个体间较为复杂的情况，式（5-1）的分配方式不适用。

例 5.2　邮件分发问题 I　假设有 5 个村庄共同承担每日邮件分发的费用，村民们联合雇用了一位邮件分发员，每天将邮件从固定的地址 L 分发到 5 个村庄后返回，分发员的费用与他行驶的距离成正比，每千米价格为 1 元。5 个村庄沿着从 L 点开始的一条道路分布于点 A，B，D，E，F，距离如图 5-1 所示。因此，分发员每天由 L 出发到 F 再返回的总成本为 110 元。问题是怎样在 5 个村庄中分配该成本。

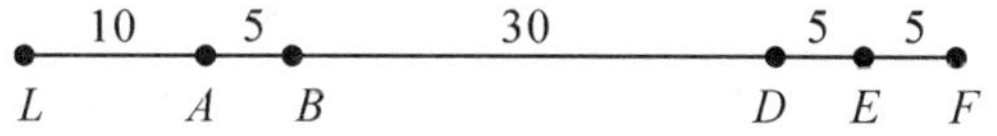

图 5-1　邮件分发线路与距离

首先，可知 5 个个体（村庄）的独立成本为 $c_A = 20(\text{元})$，$c_B = 30(\text{元})$，$c_D = 90(\text{元})$，$c_E = 100(\text{元})$，$c_F = 110(\text{元})$，按照式（5-1）分配方法可得成本分摊结果 $y_A = y_B = 0(\text{元})$，$y_D = 26.7(\text{元})$，$y_E = 36.7(\text{元})$，$y_F = 46.7(\text{元})$，该结果明显对 A，B 两地有利，它们理应承担部分成本，因此该分配方法不合理。值得注意的是，在该例中采用比例分配，按照距离的远近分配总成本是合理的，但是由例 5.1 可知在不同的距离情景下，比例分配可能给出不合理的成本分摊。

另一个思路是分段讨论，将不同路段上产生的成本分摊到真正使用了它的个体上。例如，路段 B、D 的成本应由村庄 D、E、F 负担，D、E 段只需村庄 E、F 负担。可得成本分摊结果如下：

$$y_A = \frac{1}{5} \times 20 = 4, \ y_B = y_A + \frac{1}{4} \times 10 = 6.5, \ y_D = y_B + \frac{1}{3} \times 60 = 26.5$$

$$y_E = y_D + \frac{1}{2} \times 10 = 31.5, \ y_F = y_E + 10 = 41.5$$

更一般地，考虑建设一个共同设施的费用，例如跑道长度随着使用飞机的多少而增减，港口深度随着船只规模的加大而增加，网络的成本随着宽带的增加而增加。上述所有例子中，个体 i 所需的设施能力建设费用为 c_i，建设该设施服务个体集合 S 所需的成本为 $C(S) = \max_{i \in S} c_i$。将个体按所需能力及费用排序有 $c_1 \leq c_2 \leq \cdots \leq c_n$，按照分段的思想可得 $c_n - c_{n-1}$ 应全部由个体 n 负担，$c_{n-1} - c_{n-2}$ 应当由个体 $n-1$ 和 n 共同负担，同理可得成本分摊结果如下：

$$y_1 = \frac{1}{n} c_1, \ y_2 = y_1 + \frac{1}{n-1}(c_2 - c_1), \ y_3 = y_2 + \frac{1}{n-2}(c_3 - c_2)$$

$$y_n = y_{n-1} + c_n - c_{n-1} = c_n - \left(\frac{1}{2} c_{n-1} + \frac{1}{6} c_{n-2} + \cdots + \frac{1}{n(n-1)} c_1 \right) \tag{5-2}$$

Shapley 值是一种解决该问题的通用、简单模型，共同收益和成本的分配可以采用该方法，将在下一节中探讨。

5.2 奖励原则视角：Shapley 值法

Shapley 值作为解决共有物品分配的基本模型，最早是由冯·诺依曼和摩根斯坦提出的，也被称为具有可转移效用的合作博弈模型。

5.2.1 Shapley 值法

在成本分摊问题中，该方法定义了个体集合 $N = \{1, 2, \cdots, n\}$，其中每个个体希望得到 1 单位"服务"，对于任意 N 的非空子集 S（联盟 S），服务 S 集合的独立成本为 $C(S)$。如在例 5.2 中，"服务"为邮件分发，$C(S)$ 为仅服务 S 中个体需要的最小行驶成本。此类成本分摊的问题在于根据个体在总成本中的责任公平地分配总服务成本 $C(N)$。而在收益共享问题中，联盟收益 $v(s)$ 表示 S 中的个体通过合作能产生的有效收入，问题在于如何根据不同联盟产生的收益 $v(s)$ 来公平地划分总收益 $v(N)$。

Shapley 值不仅考虑所有个体 i 的独立成本，还考虑所有联盟 S 的独立成本，将第 2 章提到的奖励原则转化为基于 $2^n - 1$ 个联盟成本 $C(S)$ 对 $C(N)$ 的分摊。该方法类似于第 2 章中的赤字或超额分配问题，即根据个体申明的需求量 x_i 对 t 个资源进行分配，然而由于计算规模从 $n+1$ 增加到 $2^n - 1$，此时采用简单的比例分配、剩余均分和均等收益原则无法处理复杂情况。

例 5.3 三人分配问题 I 假设 A、B、D 三人都想要获得有线电视服务，从初始点 O 迁出电缆，每千米铺设成本为 1 元，位置分布如图 5-2 所示。A 住在 O 点西侧 60 千米处，B, D 处于东侧 60 千米处，由于 B, D 可共用一条电缆，可得组成的 7 个联盟独立成本为 $C(A) = C(B) = C(D) = 60(元)$，$C(AB) = C(AD) = 120(元)$，$C(BD) = 60(元)$，$C(ABD) = 120(元)$。根据例 5.2 中的分段思想，$A$ 应该负担自身独立成本 $y_A = c_A = 60(元)$，B, D 应均分 O 到 BD 点的成本 $y_B = y_C = \frac{1}{2} \times 60 = 30(元)$。

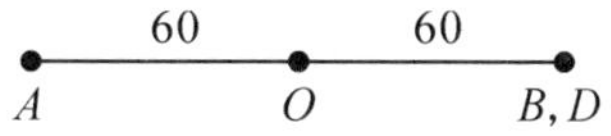

$$\overset{\displaystyle 60 \qquad\qquad 60}{\underset{\displaystyle A \qquad\qquad O \qquad\qquad B,D}{\bullet\!\!-\!\!\!-\!\!\!-\!\!\!-\!\!\!-\!\!\bullet\!\!-\!\!\!-\!\!\!-\!\!\!-\!\!\!-\!\!\bullet}}$$

图 5-2 个体位置分布

Shapley 值则考虑个体的边际成本，即个体在该联盟和不在该联盟的成本之差，可得 $C(A) = C(AB) - C(B) = C(AD) - C(D) = C(ABD) - C(BD) = 60(元)$，因此 A 将承担 60 元成本，由于 B、D 具有对称性，将平分剩余的 60 元成本，这与分段思想下的结果一致。

然而当联盟成本变动为 $C(AB) = 120(元)$，$C(AD) = C(BD) = 60(元)$ 时，个体 B、D 和 A、D 分别形成联盟时可节约 60 元成本，即 $C(B) + C(D) - C(BD) = 60(元)$，$A$、$B$ 形成联盟无法节约成本 $C(A) + C(B) - C(AB) = 0(元)$，说明 D 在成本节约中做了主要贡献。若将全部的成本节约归功于 D，则其分摊的成本为 0 元，该结果并不合理，因为 D 的独立成本并不为 0 元。Shapley 值方法处理的思路是赋予所有联盟形式同等的概率，计算不同联盟形势下的个体边际成本，最终得到个体的期望边际成本，即成本分摊结果。以 B, A, D 逐步形成联盟为例，边际成本为 $x_B = C(B) = 60(元)$，$x_A = C(AB) - C(B) = 60(元)$，$x_D = C(ABD) - C(AB) = 0(元)$，同理可得其他联盟组成顺序下的个体边际成本，结果如表 5-1 所示。

表 5-1 个体边际成本与期望边际成本

联盟顺序	概率	边际成本/元		
		A	B	D
A, B, D	1/6	60	60	0
A, D, B	1/6	60	60	0
D, A, B	1/6	0	60	60
D, B, A	1/6	60	0	60
B, D, A	1/6	60	60	0
B, A, D	1/6	60	60	0
Shapley 值		50	50	20

一般地，对于给定的个体集合 N，服务个体 i 的边际成本 $x_i = C(S \cup \{i\}) - C(S)$，$S$ 为与 i 形成新联盟的其他个体集合。Shapley 值计算个体 i 在所有 N 的顺序组合下的平均边际成本，成本分摊结果就是该个体在 $n!$ 个联盟形式概率相同情况下的期望边际成本。对于给定的 $N = \{1, 2, \cdots, n\}$，A_i 表示不包含 i 在内的联盟集合，$A_i(s)$ 表示 A_i 为由 s 个个体组成的联盟集合，$0 \leqslant s \leqslant n-1$。当 $s = 0$ 时 $A_i(s)$ 为空，当 $s = n-1$ 时 A_i 中仅包含一个联盟为 $N/\{i\}$。Shapley 值对个体 i 的成本分摊计算如下：

$$y_i = \sum_{s=0}^{n-1} \sum_{s \in A_i(s)} \frac{s! \ (n-s-1)!}{n!} \{C(S \cup \{i\}) - C(S)\} \qquad (5-3)$$

其中，$\dfrac{s! \ (n-s-1)!}{n!}$ 表示在所有 N 的随机排序中可与 i 组成新联盟的个体集合 S 出现的概率，例如 S 为空或 $N/\{i\}$ 时该值为 $1/n$，当 $S = \{j\}$ 时该值等于 $\dfrac{1}{n(n-1)}$。

Shapley 值是公平分配中非常重要的方法，其应用广泛。在两人分配问题中，按照个体 1、2 和 2、1 的联盟组成顺序计算个体平均边际成本；在三人问题中根据式（5-3）可得个体 1 的成本分摊为

$$x_1 = \frac{1}{3}C(1) + \frac{1}{6}(C(12) - C(2)) + \frac{1}{6}(C(13) - C(3)) + \frac{1}{3}(C(123) - C(23))$$

$$= \frac{1}{3}C(123) + \frac{1}{6}(C(12) + C(13) - 2C(23)) + \frac{1}{6}(2C(1) - C(2) - C(3))$$

$$\qquad (5-4)$$

采用 Shapley 值方法计算例 5.2 成本分摊结果，首先计算不同联盟的独立成本，可知 $C(S) = \max_{i \in S} c_i$，$C_A = 20$，$C_B = 30$，$C_D = 90$，$C_E = 100$，$C_F = 110$。由于个体 A 的独立成本最小，只要位于第 1 位，则在任意的 $\{A, B, D, E, F\}$ 组合顺序中边际成本均为 20，否则为 0；个体 B 边际成本可以为 30（B 第 1 时）、10（A 第 1，B 第 2 时）、0（B 位于 D、E、F 之后）；个体 D 的边际成本可以为 90、70、60、0；以此类推。因此个体 A 的独立成本在 5 个个体中均分；$C_B - C_A$ 在 B、D、E、F 中均分，以此类推，可得与式（5-2）相同结果。

5.2.2 公平要求：独立成本检验

当个体联盟产出的成本低于个体分别生产的成本加总，则该公有物品具有成本次可加性（subadditive cost），或者说合作生产带来了正的外部性，需要将

节约的成本在个体中进行分配。在 5.2 节的模型 $S \rightarrow C(S)$ 中，次可加性表示对于两个不相交的联盟 S，T，组成新联盟后成本不高于原先各自的独立成本，即次可加性：$C(S \cup T) \leqslant C(S) + C(T)$，当联盟 S，T 不相交时。

上述讨论的例 5.2 和例 5.3 均属于成本次可加的情况，然而例 5.1 体现了另一种超可加性，为个体联盟提供服务的成本高于分别提供成本的加总，超可加性对于存在拥堵的公有物是较为常见的，例如牧场、道路、宽带等，即超可加性：$C(S \cup T) \geqslant C(S) + C(T)$，当联盟 S，T 不相交时。

独立成本检验是一个直觉的、简单的公平要求，即所有个体应当分摊由次可加（超可加）成本函数产生的正外部性（负外部性）。

5.2.2.1 成本分摊问题检验

1. 个体独立成本检验

个体独立成本检验是指个体成本分摊的变化应与总成本的变化同方向。对于次可加成本情况，即通过联盟降低了总成本，则个体分摊的成本应小于原独立成本，有 $y_i \leqslant C_i$；相反，对于超可加成本情况，由于总成本增加，则个体分摊的成本不应低于原独立成本，有 $y_i \geqslant C_i$。Shapley 值方法满足独立成本检验，由式（5-3）期望边际成本计算可知在次可加成本下有 $C(S \cup \{i\}) - C(S) \leqslant C(i) \Rightarrow y_i \leqslant C(i)$，反之亦然。

例 5.4　邮件分发问题 II　对例 5.2 中邮件分发条件做出改变，假设共有 4 个村庄，沿着从 L 点出发的道路依次分布在点 A、B、D、E，距离如图 5-3 所示。可得总成本 $C(N) = a + b + d + e$。

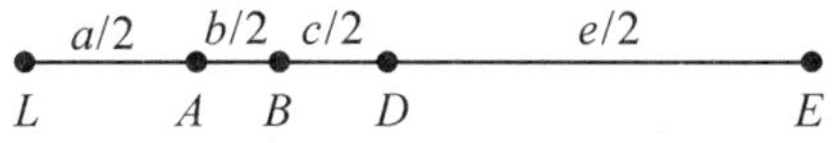

图 5-3　邮件分发问题 II 个体分布

根据式（5-2）可得成本分摊结果

$$y_A = \frac{a}{4}, \quad y_B = \frac{a}{4} + \frac{b}{3}, \quad y_D = \frac{a}{4} + \frac{b}{3} + \frac{d}{2}, \quad y_E = \frac{a}{4} + \frac{b}{3} + \frac{d}{2} + e$$

另一种分配思路是按独立成本占比分配总成本，例如村庄 A 的独立成本占比为 $w_A = \dfrac{a}{4a + 3b + 2d + e}$，则分摊成本为 $y_A = w_A C(N) = \dfrac{a(a + b + d + e)}{4a + 3b + 2d + e}$，同理可得

$$y_B = \frac{(a + b)(a + b + d + e)}{4a + 3b + 2d + e}, \quad y_D = \frac{(a + b + d)(a + b + d + e)}{4a + 3b + 2d + e},$$

$$y_E = \frac{(a + b + d + e)^2}{4a + 3b + 2d + e}$$

在次可加成本下，按独立成本比例分摊的方法可通过独立成本测试，因为个体每项成本分摊都只是独立成本的一部分，但是该方法在从联盟的角度考察时，可能出现分摊成本高于联盟独立成本的情况。例如，当 $a = 10$，$b = d = 5$，$e = 50$ 时，可得 $y_A = 6.09$（元），$y_B = 9.13$（元），$y_D = 12.17$（元），$y_E = 42.61$（元）。对于联盟 $S = \{A, B, D\}$ 成本分摊为 27.39 元，高于联盟独立成本 20 元。该分摊结果实际上是在补贴村庄 E，由 E 支付的费用甚至低于 D 到 E 的往返费用。同样的情况也发生在联盟 $S' = \{A, B\}$ 中，分摊成本 15.22 元高于联盟独立成本 15 元。相反，在 $C(S) = \max_{i \in S} c_i$ 情况下，Shapley 值在联盟上总是满足独立成本检验，由式（5-2）可知联盟 S 中的个体只分摊计入联盟独立成本中的部分，因此分摊成本加总也不会高于联盟独立成本。将独立成本测试由个体推广到联盟，在次可加成本下，联盟独立成本为分摊结果上限；在超可加成本下，联盟独立成本为分摊结果下限。

2. 联盟独立成本检验

联盟独立成本检验是指联盟成本分摊的变化应与总成本的变化同方向。对于次可加成本情况，联盟分摊的成本应小于原联盟独立成本，有 $\sum_{i \in S} y_i \leqslant C(S)$；相反，对于超可加成本情况，由于总成本增加，则个体分摊的成本不应低于原独立成本，有 $\sum_{i \in S} y_i \geqslant C(S)$。

例 5.5　邮件分发问题Ⅲ　邮件分发的道路网络不再是单一的道路，较例 5.2 和例 5.4 更为复杂，如图 5-4 所示。问题是该如何在三个个体间分配邮件分发的路程费用，上述例子中的分段思想不再适用，由于道路网更加复杂了，不能单独给各个区间分配成本。

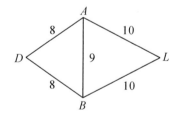

图 5-4　邮件分发问题Ⅲ 道路网络

当 $S = \{A, B, D\}$ 时，联盟总成本为历遍 A、B、D 的最短路径费用，$C(ABD) = 10 + 8 + 8 + 10 = 36$（元）；当联盟中有两个成员时，联盟独立成本分别为 $C(AB) = 29$（元），$C(AD) = C(BD) = 36$（元）；个体独立成本为 $C(A) = C(D) = 20$（元），$C(D) = 36$（元）。该例为次成本可加情况，有 $C(i, j) \leqslant$

$C(i) + C(j)$ ，$C(ijk) \leqslant C(i) + C(jk)$ 。若要满足联盟独立成本检验，则成本分配结果应满足独立成本的上限：

$$y_A, y_B \leqslant 20, y_D \leqslant 36; y_A + y_B \leqslant 29, y_A + y_B, y_B + y_D \leqslant 36$$

由于总成本 $C(N) = 36$（元），根据上述不等式可得满足独立检验的成本分配结果满足

$$0 \leqslant y_A \leqslant 20, 0 \leqslant y_B \leqslant 20, 7 \leqslant y_D \leqslant 30$$

例如，分配方案 $y_A = y_B = 14.5$（元），$y_D = 7$（元），$y'_A = y'_B = 3$（元），$y'_D = 30$（元）都满足独立检验。Shapley 值分配结果 $y_A^* = y_B^* = 8.2$（元），$y_D^* = 19.6$（元）也满足独立检验。

例 5.6　网络连接问题Ⅱ　然而并非所有的情况下，Shapley 值都满足独立成本检验。假设与例 5.5 的路网相同，但此时个体 A、B、D 需要连接到原点 L 以获得资源，连接的成本等于最短连接线长度。例如，要连接点 A 需要独立成本 $C(A) = 10$（元），而要连接 A、B 则需 $C(AB) = 19$（元），与例 5.5 不同的是不再需要返回 L 点的成本，同理可得 $C(A) = C(B) = 10$（元），$C(D) = 18$（元）；$C(AB) = 19$（元），$C(AD) = C(BD) = 18$（元）；$C(ABD) = 26$（元）。与例 5.5 相同，该例为次可加成本情况，要满足独立成本检验有

$$y_A \leqslant 10, y_B + y_D \leqslant 18, y_A + y_B + y_D = 26 \Rightarrow 8 \leqslant y_A, y_B \leqslant 10$$

$$y_A + y_B \leqslant 19, y_A + y_B + y_D = 26 \Rightarrow y_D \geqslant 7$$

$$y_A, y_B \geqslant 8, y_A + y_B + y_D = 26 \Rightarrow y_D \leqslant 10$$

最终可得个体分摊成本范围

$$8 \leqslant y_A, y_B \leqslant 10, 7 \leqslant x_D \leqslant 10$$

对于个体 A、B 最有利的分配方案为 $y_A = y_B = 8$（元），$y_D = 10$（元）；最不利的为 $y'_A = y'_B = 9.5$（元），$y'_D = 7$（元）；较为折中的方案为 $y''_A = y''_B = 9$（元），$y''_D = 8$（元）。此时 Shapley 值方法的最优结果 $y_A^* = y_B^* = 7.5$（元），$y_D^* = 11$（元）不通过独立成本检验。

例 5.7　三人分配问题Ⅱ　遵照联盟独立成本检验分配成本也并不总是合理的。如例 5.3 中电缆成本的三人分配问题，有

$$C(ABD) = 120（元），C(AB) = 120（元），C(AD) = C(BD) = 60（元），$$
$$C(A) = C(B) = C(D) = 60（元）$$

Shapley 值计算结果为 $x_A = x_B = 50$（元），$x_D = 20$（元）。该结果有 $x_A + x_D > C(AD)$，$x_B + x_D > C(BD)$，不满足联盟独立成本检验。对于个体有比形成联盟 $\{A, B, D\}$ 更好的选择，例如 A 与 D 形成联盟分摊 60 元的总成本，而不管个体 B。由于 A、D 本身的独立成本均为 60 元，可平分成本 $x_A = x_D = 30$（元），

此时 $x_B = 60$（元），因此 B 会争取与 D 形成同盟而提供对 D 更有利的分摊方案，如 $x_B = 50$（元），$x_D = 10$（元）。最终 A，B 为竞争与 D 的合作，会不断降低 D 分摊的成本，直到 D 获得全部的剩余：$x_A^* = x_B^* = 60$（元），$x_D^* = 0$（元），这也是满足联盟独立成本检验的唯一方案。但是该方案将所有的节省成本都分配给了 D，并不合理。

例 5.8　软件购买　不仅独立成本检验结果有时不合理，在一些情况下甚至无法得到满足独立成本检验的可行分配结果。假设有三个个体 A，B，D 选购软件，他们对市场上软件的偏好不同，最终划定了四种备选软件，个体选择情况和成本如表 5-2 所示。

表 5-2　软件选择与成本

产品	选择个体	成本/元
X	A，D	800
Y	B，D	900
Z	A，B	1 000
K	A，B，D	1 700

一方面，个体和联盟的独立成本分别为能满足成员需求的最低价格，因此有 $C(A) = C(D) = 800$（元），$C(B) = 900$（元）；$C(AB) = 1\,000$（元），$C(AD) = 800$（元），$C(BD) = 900$（元）；$C(ABD) = 1\,700$（元）。根据 Shapley 值方法式（5-3）计算可得成本分配结果

$$x_A^* = 550, \quad x_B^* = 650, \quad X_D^* = 500$$

另一方面，根据联盟独立成本检验要求可得以下不等式和等式要求

$$x_A + x_B \leqslant 1\,000, \quad x_A + x_D \leqslant 800, \quad x_B + x_D \leqslant 900 ; \quad x_A + x_B + x_D = 1\,700$$

三个不等式要求 $x_A + x_B + x_D \leqslant 1\,350$ 这与等式要求是矛盾的，没有可行解。对于该情况，一种解决思路是成本分配结果使得各联盟超出自身独立成本上限的部分相同，即 $x_A + x_B - 1\,000 = x_A + x_D - 800 = x_B + x_D - 900$，由此可得分配结果 $x_A = 567$，$x_B = 667$，$x_D = 467$，这与 Shaply 值分配结果相似。

例 5.9　邮局选址问题　对于非次可加或超可加的成本函数，Shapley 值方法同样适用，而独立成本检验此时没有意义。扩展例 5.2 的邮件分发问题到邮局的选址的问题，假设个体可以在道路的任意位置选择邮局（邮件分发起始点），成本为从邮局出发历遍相关个体的路程费用。因此，在道路上（如图 5-1 所示）邮局位于任意 A、F 点之间的位置都是有效的，此时有 $C(ABDEF) = 90$（元），$C(ABDE) = 80$（元），$C(BE) = 70$（元）等。可知该成本函数既不满足

成本的次可加性也不满足超可加性，因为 $C(ABDE) = 80(元) > C(AB) + C(DE) = 20(元)$，但同时又有 $C(ABDE) = 80(元) < C(AD) + C(BE) = 140(元)$，由于无法判断形成联盟后的成本变化方向，因此独立成本检验不适用。

采用 Shapley 值方法可以计算分配结果，但是由于个体有 5 个，边际成本计算有 120 种排列顺序，为简化计算可采用以下解决思路。考虑 BD 段的往返总成本 60 元，在所有的排列顺序中，当且仅当 D、E、F 个体在前时，该成本才会计入 A 或 B 的边际成本；反之，当且仅当 A、B 在前时，该成本会计入 D、E 或 F 的边际成本。对于分摊 BD 段的成本而言，A、B 是同质的，D、E、F 是同质的，即它们分摊的期望成本相等，因此对于 BD 段的成本分配有

$$C_A^{BD} = C_B^{BD} = \frac{1}{2} \times \frac{3}{5} \times 60 = 18, \quad C_D^{BD} = C_E^{BD} = C_F^{BD} = \frac{1}{3} \times \frac{2}{5} \times 60 = 8$$

同样采用该思路可以计算不同路段成本分摊以及 Shapley 值分配结果，如表 5-3 所示。

表 5-3　分段道路成本分配

路段	路段成本/元	A 分摊成本/元	B 分摊成本/元	D 分摊成本/元	E 分摊成本/元	F 分摊成本/元
AB	10	8	0.5	0.5	0.5	0.5
BD	60	18	18	8	8	8
DE	10	1.33	1.33	1.33	3	3
EF	10	0.5	0.5	0.5	0.5	8
Shapley 值	90	27.83	20.33	10.33	12	19.5

5.2.2.2　收益共享问题检验

上述例子多考虑成本共担问题，对于收益共享问题可定义 (N, v)，其中 v 代表 N 中个体形成联盟的收益函数 $v(S)$，与联盟独立成本相似，$v(S)$ 表示仅由联盟中成员组成该联盟时获得的独立收益，应在个体间进行分配。一个基本的假设是个体的效用是用通用的计量单位（例如现金）表示的，可自由地在个体间分配和转移，并且该单位的边际效用是恒定的。上述基本模型构造的关键是定义联盟 S 控制的资源，通常是真实的或虚拟的产权。私有制下的私人物品交换是物权真实存在的情况：S 中的个体间可以自由地交易，该情况下联盟独立成本（收益）检验体现为私有契约的稳定性。同时，在大多数公共物品分配问题中，联盟独立收益通常代表了联盟对技术的虚拟占有。无论是私有还是公有情况，Shapley 值方法都是有效的。

例 5.10　邮件分发问题Ⅲ　如例 5.5 分配在路网上产生的邮件分发成本，在本例中还考虑个体为接受邮件支付意愿。假设对不同个体，支付意愿为 $u(A) = 18(元)$，$u(B) = 11(元)$，$u(D) = 16(元)$。计算得到个体支付意愿与独立成本的差值，作为个体和联盟的独立收益。例如对于个体 A，由于 $u(A) = 18 < C(A) = 20$，因此 $v(A) = 0$，同理可得 $v(B) = v(D) = 0$；对于两个个体组成的联盟，有 $u_A + u_B \leq C(AB)$，$u_A + u_D < C(AD)$，$u_B + u_D < C(BD)$，即对于任意两个个体的联盟 $v(ij) = 0(元)$；$u_A + u_B + u_D - C(ABD) = 45 - 36 = 9(元)$，有 $v(ABD) = 9(元)$。此时个体 A、B、D 是同质对称的，因此平分收益，有 $x(A) = x(B) = x(D) = 3(元)$，最终可得成本分摊为支付意愿减去分摊收益，有

$$y_A = 18 - 3 = 15(元)，\quad y_B = 11 - 3 = 8(元)，\quad y_D = 16 - 3 = 13(元)$$

与例 5.5 中的成本分配结果 $y_A^* = y_B^* = 8.2(元)$，$y_D^* = 19.6(元)$ 相比，个体 A 的成本变成最高，而个体 D 的成本大幅降低。说明在考虑支付意愿的收益共享情况下与单纯的成本分摊结果可能不同。

例 5.11　网络连接问题Ⅲ　与联盟独立成本检验类似，一些情况下联盟 S 选择保持独立（仅包含 N 中的一个子集）使得自身收益最大。如例 5.6 中分配连接 A、B、D 的网络总成本，此处考虑支付意愿 $u_A = 12(元)$，$u_B = 8(元)$，$u_D = 12(元)$。对于个体 A，独立成本为 $C(A) = 10(元)$，因此有剩余（收益）$v(A) = 2(元)$，同理 $v(B) = v(D) = 0(元)$，$v(AD) = v(ABD) = 6(元)$。对于联盟 AB，由于 $u_A + u_B - C(AB) = 1 < u_A - C(A) = 2(元)$，因此 A 不会选择与 B 联盟，而宁愿独立支付；相反，对于 BD，由于 $v(BD) = 2 > v(B)$，$v(D) = 0(元)$，因此 B、D 会选择组成联盟并共享收益。

该例中收益函数为超可加的，因此联盟独立收益检验要求个体分配的收益之和应大于联盟总收益，有 $x_A + x_D \geq v(AD) = 6(元)$，又 $x_A + x_B + x_D = v(ABD) = 6(元)$，可得 $x_B = 0(元)$。个体 A、D 分配的收益满足不等式 $2 \leq x_A \leq 4$，$2 \leq x_D \leq 4$，$x_A + x_D = 6(元)$。而按照 Shapley 值分配收益，结果则不同，个体 B 有权获得正的收益，因为 B 的加入增加了收益 $v(BD) > v(D)$。计算可得 Shapley 值收益分配结果 $x_A^* = 3.33(元)$，$x_B^* = 0.33(元)$，$x_D^* = 2.33(元)$，成本分摊结果为 $y_A^* = u_A - x_A^* = 8.67(元)$，$y_B^* = 7.67(元)$，$y_D^* = 9.67(元)$。

5.2.3　Shapley 值公理化特性

本节将讨论 Shapley 值的四种公理化特性。首先，定义共同成本（收益）分配问题 (N, C)，N 表示有限的个体集合，C 表示非空联盟 S 的成本或收益

$C(S)$ 的集合，最终分配结果为 $y = \gamma(N, C)$ ，有 $y = (y_i)_{i \in N}$ 且 $\sum_{i \in N} y_i = C(N)$ 。最初 Shapley 值的公理化特性包括：对称性、哑参与人、可加性。

5.2.3.1　对称性公理

平等性特点体现了 2.1 节中的外生权利原则，即当个体 i, j 相同时，分配的结果 $\gamma_i(N, C) = \gamma_j(N, C)$ 也相同。其中定义的"个体 i, j 相同"是指对于分配问题 (N, C) ，有对于任意联盟 S 满足 $C(S \cup \{i\}) = C(S \cup \{j\})$)。

5.2.3.2　哑参与人公理

该公理特性体现了 2.1 节中的奖励原则。考虑边际贡献为 0 的个体，可将其称为"虚拟个体"，满足对于任意 S 有个体 i 的边际成本 $\partial_i C(S) = C(S \cup \{i\}) - C(S) = 0$ ，在成本或收益分配时，由于其贡献为 0，分配也应为 0，即 $\{\partial_i C(S) = 0, \ \forall S\} \Rightarrow \gamma_i(N, C) = 0$。

5.2.3.3　可加性公理

当成本函数由 i 部分组成时 $C(S) = C^1(S) + C^2(S) + \cdots + C^i(S)$ ，可加性公理要求分配结果满足 $\gamma(N, C^1 + \cdots + C^i) = \gamma(N, C^1) + \cdots + \gamma(N, C^i)$ 。

通过例 5.2 说明三个公理，定义 5 个子问题，其和为例 5.2 中的初始成本分配问题：

$$C^1(S) = 20, \ \forall S \neq \varnothing; \ C^2(S) = \begin{cases} 10, & S \cap \{B, D, E, F\} \neq \varnothing \\ 0, & \text{否则} \end{cases};$$

$$C^3(S) = \begin{cases} 60, & S \cap \{D, E, F\} \neq \varnothing \\ 0, & \text{否则} \end{cases};$$

$$C^4(S) = \begin{cases} 10, & S \cap \{E, F\} \neq \varnothing \\ 0, & \text{否则} \end{cases};$$

$$C^5(S) = \begin{cases} 10, & S \cap \{F\} \neq \varnothing \\ 0, & \text{否则} \end{cases}。$$

首先上述成本函数满足 $C = C^1 + C^2 + \cdots + C^5$ ，其次对于 C^4 问题，A、B 个体属于哑参与人，且 D、E、F 在该子问题中满足对称性，即三个个体相等。因此，该子问题下有 $y_A^4 = y_B^4 = 0(元)$ ，$y_D^4 = y_E^4 = y_F^4 = \frac{1}{3} \times 60 = 20(元)$。同理，$C^1$ 的成本在所有个体间平分，C^2 在 B、D、E、F 间平分，以此类推。最终所有子问题的加总与例 5.2 的 Shapley 值计算结果相同，证明了满足可加性特征。

5.2.3.4　边际公理

该公理是哑参与人和可加性公理的结合，可替代上述两个公理。对于任意两个分配问题 (N, C^1) 和 (N, C^2) ，以及个体 i ，有

$$\{\partial_i C^1(S) = \partial_i C^2(S)\} \Rightarrow \{\gamma_i(N, C^1) = \gamma_i(N, C^2)\} , \quad \forall S \subset N$$

即个体的成本分配结果仅依赖于其在所有联盟组合中的边际成本。

在两人问题中很容易证明 Shapley 值是唯一满足对称性和边际公理的解决方案。由边际公理可知分配结果满足下列形式 $y_1 = f(C(1), C(12) - C(2))$，$y_2 = f(C(2), C(12) - C(1))$，且根据预算平衡有 $y_1 + y_2 = C(12)$，可解得如式（5-2）所示的 Shapley 值结果。

综上所述，Shapley 值是唯一满足对称性、哑参与人、可加性公理或对称性、边际公理的合作博弈解。根据上述公理，在个体规模较大时，可以简化 Shapley 值计算。

5.3 "公地悲剧"问题

"公地悲剧"可以追溯到亚里士多德提出的自由获取制度，每个主体都独立且自由地使用公共资源。1968 年英国 Garrett Hardin 教授在"The tragedy of the commons"一文中首次提出"公地悲剧"理论模型。公共草地上每增加一只羊可以使牧羊者增加收入，但同时也会增加草地的负担。作为理性人，每个牧羊者都希望自己的收益最大化，因此都将不顾草地的承受能力而增加羊群数量。由于羊群的进入不受限制，牧场被过度使用，草地状况迅速恶化，最终发生"公地悲剧"。

当所有个体未经协调的自私决策缺乏效率（帕累托劣解）时，将发生此类"悲剧"，导致社会福利的浪费。这主要是产权分配的结果，即个体可以完全自由地选择是否参与以及在何种程度上参与生产过程。一方面，它体现了集体理性（帕累托最优）与个人理性（个人权利的自由行使）之间最简单、最普遍的冲突，例如著名的囚徒困境；另一方面，公地悲剧引出了公平补偿的问题，这是实现效率的一种重要手段。"公地悲剧"问题与共同成本/收益分配不同的是，前者不同个体消费的是同质资源，对于总成本的责任相等，但是个体的支付意愿不同；后者个体对总成本或收益的贡献是异质的，因此可以按照奖励原则来分配。

例 5.12 垃圾处理 个体可以选择将垃圾留在公共区域或在适当的垃圾场处理。选择使用垃圾场个体需要支付成本 a，$a > 0$；丢弃在公共区域将对所有个体产生负效用 b，$b > 0$。共有 n 个个体，假设 $\frac{1}{n}a < b < a$。对于个体 i 而

言，如果选择使用垃圾场，其他的个体中如果有 q 个选择扔在公共区域，则 i 的总效用为 $-bq-a$；反之，如果 i 也选择扔在公共区域，则总效用为 $-bq-b$。由于 $b<a$，因此 i 会选择将垃圾扔在公共区域。

这是囚徒困境在 n 人情景下的典型例子，每个人最终都会选择乱扔垃圾，个体总效用均为 $-nb$。这种结果不如帕累托的合作结果，即每个人都选择垃圾场处理自己的垃圾，产生个体负效用 $-a$，由成本假设可知 $-nb<-a$。

此例中街道的清洁是公有物品，所有个体都会消费它，该公有物品产生是个体自由选择的结果，a 是提供一个单位公共物品的成本，b 是相应的人均收益。

例 5.13　公共牧场　"公地"是一片对所有村民开放的牧场，有着 2.5 万斤的草料。一头牛可以吃掉 250 斤的草，并以 1 比 10 的比例把草变成收益，即 1 斤草收益为 10 元。每个村民都拥有一头牛，如果选择待在家中可得到 100 斤的草料，收入为 1 000 元；若选择在牧场中放牧，吃掉的草料为 $\min(250, 25\,000/q)$，其中 q 表示在公共牧场上的牛的总数量。整体最优的决策是 100 只牛在公共牧场上吃草，其余的待在家中，这样与全部待在家中相比能从公共牧场获取额外 15 万元收益。

然而在自由进入制度下，当牧场上有 100 头牛时，村民仍然可以从多送一头牛中获得收益，因为 $250\,000/101>1\,000$。只有当 $250\,000/q=1\,000$ 时，村民既不会送牛到牧场去，也不会从牧场撤回牛，达到均衡状态。此时公共牧场可产生的 15 万元收益（剩余）全部消失，村民都不能从公共牧场上受益。

解决这一悲剧的一个简单办法是限制 100 头牛的数量，随机选择 100 名幸运的村民，允许他们使用牧场。在选择之前，每个村民都平等地享有公共牧场中受益的权利。本章将在第 5.4 节中详细讨论随机优先排序。

例 5.14　拥堵外部性　所有个体必须在两种服务中选择一种，共有 n 个个体，选择服务 i 的拥堵成本为 $c_i(q_i)$，其中 q_i 表示选择该服务的个体总数量，c_i 表示平均拥堵成本。

假设所有个体都需要从 A 点到 B 点，有两条可选的路径，成本为路程时间。由于拥堵将产生外部性，假设个体路程时间将随着选择该路径个体人数的增加而增加，即 $c_i(q_i)$ 为 q_i 的增函数。最终的道路选择均衡状态为两条道路的路程成本相等，$c_1(q_1)=c_2(q_2)$。该结果是帕累托最优的，因为对于任意的其他选择结果 $c_1(q'_1)>c_2(q'_2)$，都有 $c_1(q'_1)>c_1(q_1)$。因此，在拥堵外部性下，并不存在"公地悲剧"：免费使用公共资源会产生一个有效的结果。

另一种情况是，成本会随着选择人数的增加而减少，即 $c_i(q_i)$ 为 q_i 的减函数，例如大部分体现规模效应的情景。假设一种服务的成本较低，对于任意的 q 都有 $c_1(q) < c_2(q)$，如图 5-5 所示。由于 $c_1(1) > c_2(n)$，$c_2(1) > c_1(n)$，最终可得的两个均衡分别为 $q_1 = n$，$q_2 = 0$ 或 $q'_1 = 0$，$q'_2 = n$，其中后者帕累托优于前者。因此，本例中"悲剧"的解决方案是由集中决策者提供的一种协调机制，激励个体选择更优的均衡，而不需限制个体的自由进入。

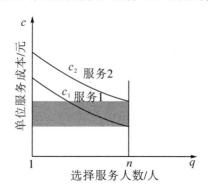

图 5-5　两种服务成本对比

综上，在消费公用物品时，不同的情境下个体自由选择导致的结果可能是无效的，也可能是帕累托有效的。当发生无效的"公地悲剧"时，可以通过限制进入或激励机制使系统实现效率，这两种方式都需要对部分个体进行一定的补偿。下一节将给出公平补偿问题的三种解决方案。

5.4　补偿原则视角：公平补偿方法

在探讨解决公共物品分配出现"公地悲剧"时的补偿方式时，首先给出不考虑外部性和"公地悲剧"情况下的基准模型，然后分别探讨在回报（边际成本或收益）随着规模增加而递增和递减情况下的解决方案。

5.4.1　基准模型

采用成本分摊的情景建立基准模型，其中资源的使用成本是恒定的，即边际成本为常数。生产过程没有外部性，个体消费服务的成本不受其他个体消费的影响，因此自由进入制度不会导致"公地悲剧"，得到的均衡是有效的，从洛克的自由理论来看，该结果也是公平的。

个体希望得到单位数量的商品或服务，且个体对该商品有一定的估价/支付意愿（与 5.1 节和 5.2 节探讨的问题不同），不同的个体支付意愿可能不同。在经典微观经济学中，支付意愿由倾斜向下的需求曲线 d 表示，愿意在价格 p 下购买服务的个体总数由 $D(p)$ 表示。为了简化模型，将需求曲线看作连续的，且 $D(p)$ 为整数值。假设生产单位服务的边际成本恒定且为 γ，$\gamma > 0$，有 $c(q) = \gamma q$，表示生产 q 单位的总成本。支付意愿 p 大于或等于 γ 的个体均可购买服务，获得的剩余为 $(p - \gamma)_+ = \max\{p - \gamma, 0\}$，有 $D\{\gamma\}$ 的产品被生产消费，这也是达到供需均衡时效率所要求的生产水平。此时，最优的生产量和总剩余为 $q_e = D(\gamma)$（如图 5-6 阴影部分），$\delta_e = \int_{\gamma}^{P} D(x)\,\mathrm{d}x = \int_{0}^{q_e}(D^{-1}(y) - \gamma)\,\mathrm{d}y$。其中 $P = \max\limits_{i}(p_i)$ 为所有个体中的最高支付价格，高于该价格时需求为 0。

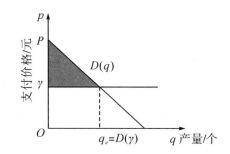

图 5-6　边际成本恒定时的均衡产量与总剩余

由于回报（边际成本或收益）是恒定的，个体的收益不会受到其他个体的影响，获得 q 单位服务，产生的效用即为 γq。因此，每个个体可以独立地使用资源，得到的标准结果可称为恒定回报问题的独立解决方案。

然而在"公地悲剧"问题中，由于其他个体的参与将会改变回报，例如在牧场问题中，随着放牧的人增多，牧场上每头牛的收益将会下降。在本节的基准模型上，将进一步探讨回报随着规模增加而递减的情景。

5.4.2　三种公平补偿方法

本节将通过几个例子说明在存在"公地悲剧"情况下如何决定公平的补偿方案以改变个体自私选择的无效结果。

例 5.15　免费商品　考虑边际成本递增的情况。假设有 100 个个体，支付意愿在（0，100）均匀分布，有需求函数 $d(p) = 100 - p$，表示支付意愿大于或等于 p 的个体数量。要在 100 个个体中分配 40 个免费产品，即对于前 40 个单位产品边际成本为 0，任意额外数量的商品边际成本大于 100。现实中一个简单的例子是热门赛事或演唱会的门票分配：俱乐部的 100 名成员分配 40 张免费门票，与其随机分发，不如将它们交给估值最高的 40 个成员（那些愿意支付 60 元或更高价格的个体），前提是其他成员得到公平的补偿。除此之外还有很多例子，如超售的飞机票、无线电频段分配等。该问题与第 2 章中的公平分配问题相似，即将有限的资源分配给对资源"要求"不同的个体，二者的区别在于第 2 章中的"要求"体现为对资源的申明数量，本章中则是支付意愿。若 A 的支付意愿高于 B，则将资源分配给 A 是更有效的，因为产生的剩余更多，但是由于 B 对资源的主张是相同的，因此需要得到公平补偿。下面将重点讨论三种公平补偿方法。

5.4.2.1 竞争均衡补偿

竞争均衡补偿思路基于无妒（no envy）的思想，即所有个体按照自身偏好获得最满意的分配（资源或补偿），不愿意将自己的获得与他人交换。

首先，根据资源数量 m 与个体支付意愿 β 可确定获得资源的个体范围，即支付意愿位于前 m 位的个体可获得公共资源，对应的第 m 个体支付意愿为均衡价格 β_e。由于 $\beta \sim [\underline{\beta}, \overline{\beta}]$ 服从均匀分布，因此有 $\beta_e = \overline{\beta} - \dfrac{\overline{\beta} - \underline{\beta}}{n} m$。获得资源的个体集合为 N_1，$N_1 = \{i \mid \beta_i \geqslant \beta_e\}$；未获得的为 N_2，$N_2 = \{i \mid \beta_i < \beta_e\}$。根据个体的支付意愿需要确定 N_1 中个体支付的实际价格以及 N_2 中个体获得的补偿。

竞争均衡下的分配基于无妒思想，因此对于所有获得资源的个体支付价格 c 应当相同，所有未获得资源的个体得到的补偿均为 ρ，且满足 $\beta_e - c = \rho$，即 N_1 与 N_2 中的个体不存在嫉妒。则竞争均衡下的实际价格 c 与补偿 ρ 满足：

$$\beta_e - c = \rho \tag{5-5}$$

$$\sum_{i \in N_1} d_i c = \sum_{i \in N_2} d_i \rho \tag{5-6}$$

式（5-5）表示 N_1 与 N_2 中的个体不存在嫉妒，式（5-6）为预算约束，表示由 N_1 中个体支付的费用等于 N_2 中个体获得的补偿。

竞争均衡补偿的思想如图 5-7 所示，其中 v_1 表示 N_1 中所有个体的支付，v_2 表示 N_2 中所有个体获得的补偿，$v_1 = v_2$。

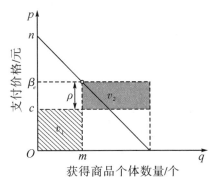

图 5-7 竞争均衡补偿方法

$(\beta \sim [0, n] , d_i = 1)$

在此例中，支付意愿大于 60 元的个体将得到商品并支付价格 c，由于商品边际成本为 0 元，总支付将全部用于补偿其他未得到商品的个体；支付意愿小于 60 元的个体不得到商品，但得到 ρ 的补偿。根据"无妒"思想，有 $60 - c \geqslant \beta$ 且 $\beta \geqslant 60 - c$，有 $c + \rho = 60$(元)，预算平衡为 $40c = 60\rho$，可得 $c = 36$(元)，$\rho = 24$(元)。该方案可等价理解为，获得商品的个体应支付的均衡价格 $\beta_e = 60$(元)，均衡状态下的支付为 $\alpha = \beta_e q_e = 2\,400$(元)，将其平均分配给所有个体则 $r = 2\,400/100 = 24$(元)，因此未得到商品的个体获得补偿 $\beta = r$，获得商品的个体支付价格为均衡价格减去补偿即 $c = \beta_e - r = 36$(元)。

5.4.2.2 均等价格补偿

在竞争均衡补偿下，未得到资源个体获得的补偿相同，没有考虑个体偏好的高低。均等价格补偿下 N_2 中的个体考虑个体支付意愿，意愿越高获得的补偿也应越高。因此，设定一个均等价格为 c_v，偏好小于 c_v 的个体既不获得资源也不获得补偿，$i \in N_2' = \{i \mid \beta_i < c_v\}$；偏好大于 c_v 且小于 p_e 的个体未获得资源，但按获得资源下可得到的收益获得补偿 ρ_i，$i \in N_2 = \{i \mid c_v \leqslant \beta_i < \beta_e\}$；偏好大于 β_e 的个体获得资源支付价格 c_v，$i \in N_1 = \{i \mid \beta_i \geqslant \beta_e\}$。同样，$\beta_e = \bar{\beta} - \dfrac{\bar{\beta} - \underline{\beta}}{n}m$。

则均等价格 c_v 与个体补偿 ρ_i 满足：

$$\sum\nolimits_{i \in N_1} d_i c_v = \sum\nolimits_{i \in N_2} \rho_i \tag{5-7}$$

$$\rho_i = (\beta_i - c_v) d_i \tag{5-8}$$

式（5-7）表示由 N_1 中个体支付的费用等于 N_2 中个体获得的补偿。式（5-8）表示个体获得的补偿为获得资源情况下的消费者剩余。同样地，$N_1 =$

$\{i \mid \beta_i < \beta_e\}$，$N_2 = \{i \mid \beta_i \geqslant \beta_e\}$。均等价格补偿的思想如图 5-8 所示。

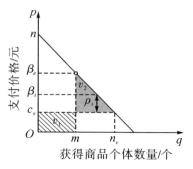

图 5-8　均等价格补偿方法

$(\beta \sim [0,\ n]\ ,\ d_i = 1)$

此例中，$\beta_e = 60$（元），$m = 40$（个），由 $v_1 = v_2$ 可得 $40c_v = \int_{40}^{100-c_v} (100 - x - c_v)\,\mathrm{d}x$，解得 $c_v = 20$（元）。因此，支付意愿高于 60 元的个体为产品支付 20 元；支付意愿在 20~60 元的个体得到个性化的补偿，补偿额 β_i = 20（元）；支付意愿低于 20 元的个体，即不得到服务，也不得到补偿。

5.4.2.3　Shapley 值

Shapley 值通过定义个体的边际贡献实现分配（见 5.2 节）。个体的集合为 $N = \{1,\ 2,\ \cdots,\ n\}$，对于任意可能组成的联盟 S，S 为 N 的非空子集，联盟使用资源的成本为 $C(S)$。则联盟 S 中包含的个体 i，对联盟的边际贡献为 $C(S) - C(S_{-i})$。个体分摊的成本或收益 x_i 为其参与的联盟的边际贡献期望值。

$$\varphi_i = \sum_{S \subseteq N} w(S) \left[C(S) - C(S_{-i}) \right] \tag{5-9}$$

其中 $w(S) = (s-1)!\,(n-s)!\,/n!$，$s$ 为联盟 S 中个体的数量。

当联盟中个体数量 $s < m$ 时，个体 i 加入联盟时所有个体仍能获得资源，因此增加的边际贡献为 $\beta_i d_i$，这类联盟出现的累积概率为 m/n。当联盟中 S 中个体数量 $m \leqslant s \leqslant n$ 时，第 m 位个体的偏好 $\beta_m = \bar{\beta} - (\bar{\beta} - \underline{\beta})\,m/(n\lambda)$，其中 $\lambda = n/s$。若加入联盟的个体 i 偏好 $\beta_i \geqslant \beta_m$，则个体 i 获得资源而原 m 位个体不再获得，因此增加的边际贡献为 $(\beta_i - \beta_m)\,d_i$，此类联盟 S 出现的概率 $W(S) = \lambda$。若加入联盟的个体偏好 $0 \leqslant \beta_i < \beta_m$，只有当 $\beta_i \geqslant \beta_m$，即 $\lambda \leqslant \dfrac{(\bar{\beta} - \underline{\beta})\,m}{(\bar{\beta} - \beta_i)\,n}$ 时，个体边际贡献为 $(\beta_i - \beta_m)\,d_i$。

因此个体 i 的期望贡献为

$$\varphi(p_i) = \begin{cases} \beta_i d_i m/n + \int_{m/n}^1 \left(\beta_i - \bar{\beta} + (\bar{\beta} - \underline{\beta})\, m/(n\lambda)\right) d_i \mathrm{d}\lambda & \text{if } \beta_e \leq \beta_i \\[2ex] \beta_i d_i m/n + \int_{m/n}^{\frac{<\bar{\beta}-\underline{\beta}>}{<\bar{\beta}-\beta_i>}\frac{m}{n}} \left(\beta_i - \bar{\beta} + (\bar{\beta} - \underline{\beta})\, m/(n\lambda)\right) d_i \mathrm{d}\lambda & \text{if } 0 \leq \beta_i < \beta_e \end{cases}$$

由此可得

$$\varphi(\beta_i) = \begin{cases} \beta_i d_i - d_i \left[\dfrac{(n-m)\bar{\beta}}{n} - \dfrac{m(\bar{\beta}-\underline{\beta})\ln(n/m)}{n} \right] & \text{if } \beta_e \leq \beta_i \\[3ex] \dfrac{md_i\underline{\beta}}{n} + \dfrac{m(\bar{\beta}-\underline{\beta})\,d_i}{n}\ln\left((\bar{\beta}-\underline{\beta})/(\bar{\beta}-\beta_i)\right) & \text{if } 0 \leq \beta_i < \beta_e \end{cases}$$

即获得资源的个体支付价格 c 与未获得资源个体的补偿 ρ_i 为

$$c = \frac{(n-m)\bar{\beta}}{n} - \frac{m(\bar{\beta}-\underline{\beta})\ln(n/m)}{n} \tag{5-10}$$

$$\rho_i = \frac{m\underline{\beta}}{n} + \frac{m(\bar{\beta}-\underline{\beta})}{n}\ln\left((\bar{\beta}-\underline{\beta})/(\bar{\beta}-\beta_i)\right) \tag{5-11}$$

此例中，有个体剩余

$$\varphi(\beta_i) = \begin{cases} 0.4\beta_i + \int_{0.4}^1 \left(\beta_i - 100 + \dfrac{40}{\lambda}\right)\mathrm{d}\lambda = \beta_i - 23.4 & \forall\, 60 \leq \beta_i \leq 100 \\[3ex] 0.4\beta_i + \int_{0.4}^{40/(100-\beta_i)}\left(\beta_i - 100 + \dfrac{40}{\lambda}\right)\mathrm{d}\lambda = 40\log\left(\dfrac{100}{100-\beta_i}\right) & \forall\, 0 \leq \beta_i < 60 \end{cases}$$

支付意愿超过 60 元的个体支付价格为 23.4 元，小于 60 元的个体获得补偿 $40\log\left(\dfrac{100}{100-\beta_i}\right)$ 元。

三种公平补偿方法下不同支付意愿个体获得的剩余 ϕ_1（均等价格）、ϕ_2（竞争均衡）、ϕ_3（Shapley 值）如图 5-9 所示。

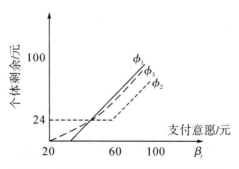

图 5-9　三种公平补偿方法下的个体剩余

竞争均衡补偿至少可以满足个体的公平份额，即享有同等获得服务的概率，此例中为100个中选40个，公平份额为$0.4p$。因为有对于高支付意愿的个体$\beta_i \geq 60 \Rightarrow \beta_i - 36 \geq 0.4\beta_i$，低支付意愿个体$\beta_i \leq 60 \Rightarrow 24 \geq 0.4\beta_i$。均衡价格补偿则无法保证达到公平份额，因为对于支付意愿$0 < \beta_i < 33.3$的个体，有$(\beta_i - 20)_+ < 0.4\beta_i$。Shapley值结果是前两种方法的折中方案，将剩余全部分配给个体，并且可以保证个体至少获得公平份额$0.4\beta_i$。

例5.16 公共牧场Ⅱ 在例5.13中考虑的个体需求为同质的，因此最终没有前往公共牧场的村民获得的补偿应当相同。此处考虑个体异质的需求，假设有300名村民，将牛送往公共牧场的机会成本不同，假设机会成本ρ_i服从0到3000的均匀分布，有$0 \leq \rho \leq 3000$。因此有供给曲线和收益曲线如图5-10所示。根据效率要求，应该由机会成本最小的村民将奶牛送到公共牧场，产生的总剩余为200 000元，如图中区域$oabc$所示。然而在自由进入制度下，设q为进入牧场的奶牛总数量，当$q \leq 100$时每头奶牛收益为2 500元，当$q > 100$时有收益$250\,000/q$，有供给曲线可知当回报为x时，选择进入牧场的个体总数$q = x/10$，因此有自由进入制度下的均衡数量$10q^* = \dfrac{250\,000}{q^*}$，有$q^* = 158$，相较于效率最优解，将产生58%的拥堵，且牧场产生的总收益由20万元下降为12.5万元。

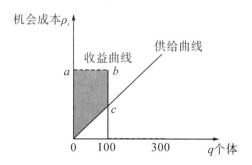

图5-10 供给与收益曲线

按照竞争均衡补偿方法，要达到效率要求，使100只奶牛进入牧场，即机会成本低于1 000的村民获得进入机会，则竞争价格$\rho_e = 2\,500 - 1\,000 = 1\,500$（元），总收益$r_e = 1\,500 \times 100 = 150\,000$（元）。将总收益平均分配给所有村民，可得进入牧场的村民最终支付价格$c = 1\,500 - 500 = 1\,000$（元），未进入牧场村民获得补偿$\rho = 500$（元）。采用该方法的一个显著优点是，在信息分散情况下仍然可以做出决策。决策者仅需要知道每个独立个体的支付意愿，报价高者可进入公共牧场。由于个体相互之间不知道彼此的支付意愿，可以避免策略性竞争，虚报自身支付意愿。同时，个体的竞价策略很简单，报价 b_i 与自身的机会成本相关 $b_i = 2\,500 - \rho_i$。

按照均等价格补偿方法，机会成本为 ρ_i 的个体获得的剩余为 $\max(2\,500 - c_v - \rho_i, 0)$，虚拟价格 c_v 满足 $\int_0^{3\,000} (2\,500 - c_v - x)_+ \, \mathrm{d}x = 200\,000$（元），解得 $c_v = 500$（元）。因此机会成本满足 $0 \leqslant \rho_i \leqslant 1\,000$ 的个体进入牧场，且获得剩余 $2\,500 - 500 = 2\,000$（元）；$1\,000 \leqslant \rho_i \leqslant 2\,000$ 的个体不进入牧场，但获得 $2\,000 - \rho_i$ 的补偿；$\rho_i > 2\,000$ 的个体既不进入牧场也得不到补偿。在此例中，按照洛克的自由理论，个体应享有的公平为随机选择 100 名村民，即每人都有 33.3% 的机会被选择，获得的最低公平分配为 $(2\,500 - \rho_i)_+/3$。对于均等价格方案，当个体机会成本 $1\,750 < \rho_i < 2\,500$ 时，有 $(2\,000 - \rho_i)_+ < \dfrac{(2\,500 - \rho_i)_+}{3}$，这部分个体获得的补偿低于最低公平分配。

按照 Shapley 值方法，给定机会成本为 ρ_i 的个体，设 λ 表示该个体之前、顺序随机的联盟中包含的个体数量占总数量的比例，即 $\lambda = \dfrac{|s|}{n}$。由大数定理可得，该联盟中个体的机会成本分布与原分布 $\rho \sim [0, 3\,000]$ 保持一致，因此该联盟中个体数量 $s_\lambda(\rho) = \lambda\rho/10$。当 $\lambda < 0.4$ 时，在 ρ_i 之前使用公共牧场的个体少于 100，即 $s_\lambda(2\,500) < 100$，此时个体获得剩余为 $\max(2\,500 - \rho_i, 0)$。当 $\lambda \geqslant 0.4$ 时，在该个体之前的其他村民已经完全占用了牧场，且最高的机会成本为 $1\,000/\lambda$，因为 $s_\lambda(1\,000/\lambda) = 100$，此时该个体的边际贡献为 $\max(100/\lambda - \rho_i, 0)$。由于 λ 服从 $[0, 1]$ 的均匀分布，有个体剩余为

$$\sigma_s(\rho_i) =$$

$$\begin{cases} \displaystyle\int_0^{0.4} (2\,500 - \rho_i)\, \mathrm{d}\lambda + \int_{0.4}^1 \left(\frac{1\,000}{\lambda} - \rho_i\right) \mathrm{d}\lambda = 1\,916 - \rho_i & if\ 0 \leqslant \rho_i \leqslant 1\,000 \\[2mm] \displaystyle\int_0^{0.4} (2\,500 - \rho_i)\, \mathrm{d}\lambda + \int_{0.4}^{1\,000/\rho_i} \left(\frac{1\,000}{\lambda} - \rho_i\right) \mathrm{d}\lambda = 1\,000\log\left(\frac{2\,500}{\rho_i}\right) & if\ 1\,000 \leqslant \rho_i \leqslant 2\,500 \\[2mm] \qquad\qquad\qquad 0 & if\ \rho_i > 2\,500 \end{cases}$$

此时当机会成本，个体获得的补偿将从 916 元逐步降低到 0 元，但总是高于其洛克自由理论下的公平分配 $(2\,500 - \rho_i)/3$。该方案下进入牧场的个体（$\rho_i \leqslant 1\,000$）将获得 1\,916 元的收益，或者说将支付 $2\,500 - 1\,916 = 584$（元）的

费用，这比均等价格下的 500 元略高，但又远低于竞争均衡下的 1 000 元；机会成本 1 520 $\leqslant \rho_i \leqslant$ 2 500 的个体，收益由高到低的方案为竞争均衡（500 元）、Shapley 值（1 000log(2 500/ρ_i) 元）、均等价格（(200 − ρ_i)$_+$ 元）；2 500 $\leqslant$ $\rho_i \leqslant$ 3 000 的个体在竞争均衡方案中获得 500 元补偿，而在均等价格和 Shapley 值下收益为 0 元。

5.5　本章小结

本章主要研究成本分摊和"公地悲剧"两种情况下的公有物品公平分配问题。针对成本分摊问题，给出了 Shapley 值解决方法，按照个体对成本或收益的平均边际贡献进行分摊。为满足公平的基本要求，个体及联盟的成本分摊方向应与总成本变化方向保持一致，即满足独立成本检验，并验证了 Shapley 值总是满足个体独立成本检验。Shapley 值是唯一满足对称性、哑参与人、可加性公理或对称性、边际公理的合作博弈解。根据上述公理，在个体规模较大时，可以简化 Shapley 值计算。针对"公地悲剧"和带有支付意愿的分配问题，随着参与个体规模的增加导致边际收益递减，提出了控制个体参与规模的三种补偿方法，包括竞争均衡、均等价格和 Shapley 值法，三种方法中竞争均衡有利于低支付意愿个体，均等价格有利于高支付意愿个体，Shapley 值介于二者之间。

第二篇

应用篇

6　两类社会福利函数构造

本章将探讨基数效用下的社会福利函数构造问题，提出基于变权和分类的社会福利函数构造形式，给出通过公平参数选择实现效率与公平权衡的方法。同时，研究企业、政府两类不同的决策主体偏好下的社会福利函数形式，对比分析两者的决策差异。

6.1　基于变权的公平分配方法

第 2 章总结了现有研究中体现公平的主要方法包括追求最大最小公平、构造效率与公平的多目标模型以及最小公平约束三种。然而现有公平分配方法还存在一定局限性。最大最小公平容易导致效率过多的损失，决策者无法选择实现公平的程度；构造多目标模型时公平测度指标对结果影响较大，要求决策者选择合适的指标；最小公平约束只能保证最低的服务水平，不能有效地缩小个体间差异。本书认为变权的思想可以用于资源分配问题中，使效用较小的个体在决策中的重要性提升，从而增加其获得的资源量或提升服务水平。本节通过构造变权函数为个体赋予变权，变权值由个体效用决定，避免公平测度指标选择对结果的影响，同时通过变权参数的调节，可以实现不同程度的公平，帮助决策者实现适度公平下的资源分配。

6.1.1　变权与常权

分配决策为 X，可以是直接的资源分配量，也可以是选址、排序、路径等决策结果。个体 i 在资源分配决策 x_i 下产生的效用为 $u_i = g_i(x_i)$。总效用是个体效用的函数 $W = f(u_i)$。个体在规模、分布等特征上的差异导致边际效益不同，主要体现在个体的效用函数中，而个体在决策中的重要性主要表现为个体的权重。一般的资源分配问题可描述为在 n 个个体间分配 m 的资源，且个体对单位资源投入的产出效用不同，即个体效用函数不同，资源分配的目标是使总效用最大。

$$\max W = \sum_{i=1}^{n} \beta_i u_i \qquad (6\text{-}1)$$

约束条件为

$$u_i = c_i x_i^p, \ 0 < p < 1 \qquad (6\text{-}2)$$

$$\sum_{i=1}^{n} x_i = m \qquad (6\text{-}3)$$

其中，β_i 表示个体在决策中的权重，u_i 表示个体效用，c_i 表示个体对资源投入的产出效率，x_i 表示个体获得的资源量，p 为边际效用递减参数。

结论 1：个体资源分配量与个体权重、个体产出效率呈正相关，最优资源分配决策为 $x_i = m \times (\beta_i c_i)^{\frac{1}{1-p}} \times \left(\sum_{j=1}^{n} (\beta_j c_j)^{\frac{1}{1-p}} \right)^{-1}$。

证明：采用拉格朗日乘子法构造以下函数：

$$F = \sum_{i=1}^{n} \beta_i c_i x_i^p + \lambda \left(m - \sum_{i=1}^{n} x_i \right) \qquad (6\text{-}4)$$

当资源分配达到最优时，满足 $\dfrac{\partial F}{\partial x_i} = 0$，即

$$p\beta_i c_i x_i^{p-1} - \lambda = 0 \qquad (6\text{-}5)$$

由此可得

$$\frac{\beta_1 c_1}{x_1^{1-p}} = \frac{\beta_2 c_2}{x_2^{1-p}} = \cdots = \frac{\beta_n c_n}{x_n^{1-p}} = \frac{\lambda}{p} \qquad (6\text{-}6)$$

因此：

$$x_j = \left(\frac{\beta_j c_j}{\beta_i c_i} \right)^{\frac{1}{1-p}} x_i \qquad (6\text{-}7)$$

代入式（6-3），可证。

在此基础上研究常权和变权下个体权重及产出效率对分配结果的影响。

6.1.1.1 常权下的资源分配

常权是指在决策中个体的权重保持不变，主要表现为均等常权和不等常权。

1. 均等常权

均等常权是指个体的权重不变且相等，总效用等于个体效用的直接加总，是现有资源分配研究中主要采用的个体权重形式。

$$\beta_1 = \beta_2 = \cdots = \beta_n = 1/n$$

结论 2：均等常权下，个体获得的资源量由产出效率决定，产出效率越大

的个体获得的资源越多，导致分配结果不公平。

证明：个体权重相等时，总效用等于个体效用直接加总 $W_1 = \sum_{i=1}^{n} u_i$，由式（6-6）可得 $\dfrac{c_1}{x_1^{1-p}} = \dfrac{c_2}{x_2^{1-p}} = \cdots = \dfrac{c_n}{x_n^{1-p}}$，$c_i$ 越大则 x_i 越大，得证。

这与现实中分配决策结果相吻合，如公共设施选址靠近需求规模更大且更集聚的需求点，物资首先分配给距配送设施较近的客户等。

2. 不等常权

根据决策者对个体的重视程度，个体权重有时也不完全相等，通常产出效率更大的个体，权重更大，如航空公司的常客等。

结论3：不等常权下，产出效率更大的个体，权重更大，个体间分配差异进一步加大，分配结果更加不公平。

证明：若个体 j 的产出效率大于个体 i，有 $c_j > c_i$，则 $\beta_j > \beta_i$，由式（6-7）可得 $x_j = \left(\dfrac{\beta_j c_j}{\beta_i c_i}\right)^{\frac{1}{1-p}} x_i > \left(\dfrac{c_j}{c_i}\right)^{\frac{1}{1-p}} x_i > x_i$，说明不等常权下的分配较均等常权下差异更大，得证。

6.1.1.2 变权下的资源分配

由变权理论可知，个体变权 v_i 为

$$v_i(X) = \frac{\beta_i \times s_i(X)}{\sum_{j=1}^{n} \beta_j \times s_j(X)} \tag{6-8}$$

其中，β_i 为常权，X 为个体获得的资源量或服务水平，$s_i(X)$ 为状态变权向量。

几类常见的状态变权向量包括：

$$s_i(X) = \prod_n x_j \, (i = 1, 2, \cdots, n) \tag{6-9}$$

$$s_i(X) = x_i^{-\alpha} \, (\alpha \geq 0, \ i = 1, 2, \cdots, n) \tag{6-10}$$

$$s_i(X) = e^{-\alpha x_i} \, (\alpha \geq 0, \ i = 1, 2, \cdots, n) \tag{6-11}$$

x_i 越小，个体 i 的权重越大。

图 6-1 表现了三个个体在不同分配方案 [1, 2, 7]、[2, 3, 5]、[2, 4, 4] 下的个体权重值及总效用。变权采用式（6-10）的变权形式，α 取 0.5。结果表明，在变权下资源分配越少的个体，权重越大。均等常权三个分配方案总效用相等，无法体现公平的要求；不等常权下方案 1 的总效用最大，该方案下个体分配差异更大；变权下分配方案 3 的总效用最大，决策者选择该方案使个体获得资源更加公平。

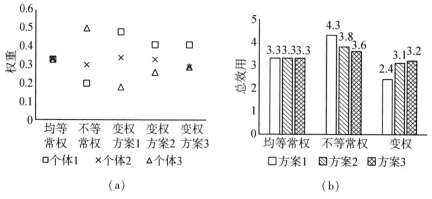

图 6-1 不同权重形式下的个体权重值与总效用

6.1.2 基于变权的公平分配模型

6.1.2.1 变权函数构造

由于变权可以增加较弱个体获得的资源量,实现兼顾公平的目标。因此基于变权提出资源公平分配的方法,其思路为:计算所有分配可行解下个体的效用→根据变权函数计算变权值→计算所有可行解的加权总效用→比较可行解→得到最优分配决策。

该方法的核心是构造变权函数,首先需要确定状态变权 $s_i(X)$ 的形式,然后针对具体的问题确定个体效用 X,以及常权 W_i。

1. 确定状态变权形式

当 $s_i(X) = \prod_n x_j$ 或 $s_i(X) = x_i^{\beta}$ ($\beta < 0$) 时,如果状态值极度不均衡,则变权近于取小算子。当 $s_i(U) = e^{-\beta u_i}$ ($\beta > 0$) 时,均衡力随着 β 的取值变化,当 $\beta = 0$,变权退化为常权,当 $\beta \to +\infty$ 时,变权相当于取小算子。

因此可采用状态变权函数:

$$s_i(U) = e^{-\beta u_i} \tag{6-12}$$

权重值随着状态值减小而增大,反之亦然。也可以采取其他形式的状态变权函数,需满足以下两个条件:①若目标函数追求最小则选择激励型变权,若目标函数追求最大则选择惩罚型变权;②均衡力随变权参数变化而变化。

2. 确定个体效用

个体效用表现了资源分配决策对个体的影响,例如选址决策对个体获得服务的时间、成本、距离的影响,物资分配决策对个体满意度的影响等。追求公平就是要实现个体效用间的均等,而当个体需求量不同时,采用总需求时间、距离等是没有意义的，也不可能实现均等，此时应当剔除需求量的影响，将单位需求的时间、成本等作为个体效用。

3. 确定常权

当不涉及需求量问题时，个体的常权为均等权，即 $w_i = 1/n$。当个体的需求量不同时，往往需求量大的个体，常权更大，个体常权为需求占比 $w_i = d_i / \sum_{j=1}^{n} d_j$。如设施选址问题中，需求规模大的点，常权更大。

4. 确定变权函数

由此变权函数形式为

$$v_i = \frac{w_i \times e^{-\beta x_i}}{\sum_{j=1}^{n} w_j \times e^{-\beta x_j}} \qquad (6-13)$$

其中，β 为变权参数，决定了权重调节的水平，是权衡公平与效率的重要参数。当 $\beta = 0$ 时，所有个体权重等于常权，相当于加总效用，即追求效率（efficiency）最大；当 β 足够大时，变权为取小算子，即效用最小的个体权重为1，相当于追求最大最小公平（max-min fairness）；其他取值则是实现一定程度的公平（β-fairness）。

6.1.2.2 变权参数的确定

不同的变权参数 β 可以实现不同程度的公平。本部分从效率损失和公平损失两个角度刻画决策者的效率与公平偏好，对变权参数进行选择。

计算不同变权参数 β_k 下的效率指标 E_k 以及公平指标 F_k。常见的公平指标包括基尼系数、最小效用、极差等。所有方案中效率指标数值最小的为效率最优方案，记为 PE 方案。公平指标数值最小的为公平最优方案，记为 PF 方案。由此可计算 β_k 下的效率和公平损失。

效率损失：

$$DE_k = 1 - \frac{E_k}{E_{PE}} \qquad (6-14)$$

公平损失：

$$DF_k = 1 - \frac{F_k}{F_{PF}} \qquad (6-15)$$

其中，DE 表示效率损失，DF 表示公平损失。

决策者可以从以下两个角度选择公平参数：

1. 最大可容忍损失

决策者在可容忍的公平损失范围内，追求效率最优，变权参数 β_k 满足：

$$\max E_k$$

约束条件为

$$DF_k \leqslant a$$

其中，a 表示决策者能容忍的最大公平损失。

同样地，在一定的效率损失范围内追求公平最优，则选择的变权参数 β_k' 满足：

$$\max F_k$$

约束条件为

$$DE_k \leqslant b$$

其中，b 表示决策者能容忍的最大效率损失。

以变权参数为横坐标，以损失为纵坐标，分别刻画公平损失和效率损失曲线，通过决策者的最大容忍损失可选择变权参数。

2. 效率与公平损失比

随着 β 的增加，公平损失与效率损失呈现悖反关系，公平与效率损失比为

$$\delta = \frac{F_k}{E_k}$$

β 从 0 增加到 ∞ 的过程中，δ 取值从 ∞ 减小到 0。以变权参数为横坐标，公平与效率损失比值为纵坐标，刻画损失比值曲线。决策者可根据对公平和效率相对损失的预期以及边际损失变化情况选择变权参数。

6.1.3 公平分配问题应用

以应急物资 β 的分配问题为例，说明变权在公平分配中的应用。应急物资的分配一方面需要使总的需求满意度最大，另一方面也需要兼顾受灾点的服务均衡，是应急领域一类重要的分配问题。

6.1.3.1 物资分配模型

首先确定状态变权形式，如式（6-12）所示。

然后确定个体效用，在应急物资分配问题中，分配决策对客户的影响主要体现在客户满意度上，因此个体效用函数为

$$u_i = \frac{1}{d_i} x_i^p$$

其中，$1/d_i$ 表示资源分配产出系数，表示分配相同的资源时，需求量 d_i 更低的个体满意度更高；p 表示资源边际效用递减，个体常权为均等常权 $w_i = 1/n$。

可得基于变权的应急物资分配目标函数为

$$\max \sum_{i=1}^{n} \left(\frac{e^{-\frac{p x_i}{d_i}}}{\sum_{j=1}^{n} e^{-\frac{}{}}} \times \left(\frac{x_i^p}{d_i} \right) \right) \tag{6-16}$$

约束条件为资源总量约束：

$$\sum_{i=1}^{n} x_i \leqslant m \tag{6-17}$$

6.1.3.2　案例分析

1. 案例描述

四川雅安"4·20"地震发生后，应急药品从雅安市雨城区的物资仓库向各主要受灾点进行分配，雅安市两区六县以及周边邛崃、蒲江共 $n=10$ 个需求点对药品的需求如表6-1所示。药品储备中心可用药品总量为 $m=160$（个），占需求量的51%，边际效用参数取 $p=0.8$。

表6-1　应急物资需求量

编号	地区	需求量/个	编号	地区	需求量/个
1	邛崃市	41	6	石棉县	4
2	蒲江县	46	7	荥经县	14
3	汉源县	6	8	宝兴县	27
4	天全县	46	9	名山区	48
5	雨城区	32	10	芦山县	49

2. 案例计算分析

根据基于变权的应急物资分配模型，采用 MATLAB 的 fmincon 函数求解不同变权参数下的最优分配，个体效用的基尼系数表示分配公平程度，平均个体效用表示效率，结果如图6-2所示。

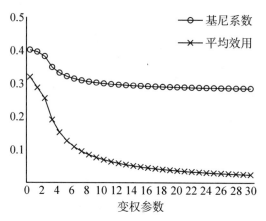

图6-2　不同变权参数下最优分配的基尼系数与平均效用

根据变化趋势分别选择 $\beta = 0$、$\beta = 5$ 以及基尼系数接近 0 时（$\beta = 1\,000$）的情况进行比较，个体效用、权重以及总体的基尼系数 G 和平均效用 U 结果如图 6-3 所示。

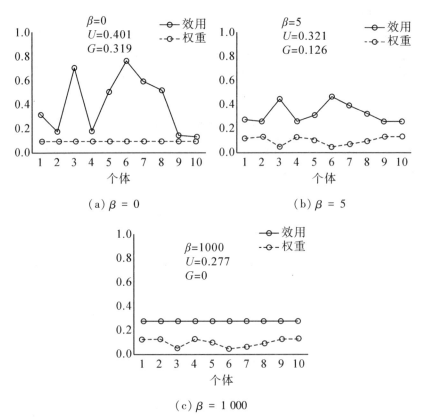

图 6-3　不同变权参数取值下的最优分配

（1）β 对个体效用、权重值的影响。当 $\beta = 0$ 时，最优分配下的个体效用差异较大，具有较小 d_i 的个体效用较高，如第 3、6 个需求点。随着 β 的增加，效用值之间的差异减小。当 β 足够大时，个体效用趋于相等。当 $\beta = 0$ 时，个体权重相等；随着 β 增加，个体效用较大的个体权重减少，反之权重增加。为了进一步说明变权对常权的调节程度，由调权水平计算公式可得

$$D = \sqrt{\dfrac{\displaystyle\sum_i \left(\alpha_i - w_i\right)^2}{n}}$$

图 6-4 所示为调权水平变化情况，当 $\beta \leqslant 2$ 时，调权水平随 β 增加而增加，当 $\beta \geqslant 2$ 后，调权水平变化不大，趋于平缓。

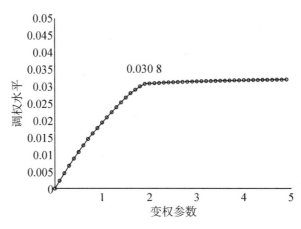

图 6-4　变权参数对调权水平的影响

（2）β 对效率、公平的影响。当 $\beta = 0$ 时，分配的平均效用 U 最大，基尼系数 G 也最大，说明该情况下效率最高，但最不公平。随着 β 的增加，平均效用减少，基尼系数也减少，说明效率有所降低，但分配结果更加公平。当 β 足够大时，基尼系数近乎于 0，分配结果最公平。

3. β 的选择

采用平均效用作为效率指标，当 $\beta = 0$ 时，取到最大值，记为 u_e。采用基尼系数作为公平指标，当 $\beta = + \infty$ 时，基尼系数取最小为 0，记为 u_f。根据式（6-14）、（6-15）计算不同 β 下效率与公平的损失。

图 6-5 所示为不同变权参数下的效率与公平损失。根据决策者最大可容忍损失选择变权参数。决策者可以根据自身公平偏好选择最优的 β 取值，进而决定最优的分配方案。例如，决策者只能容忍 10% 的效率损失，则应当选择 β_1，此时的公平损失为 22%；如果决策者只能容忍 10% 的基尼系数损失，则应当选择 β_2，此时的效率损失为 24%。

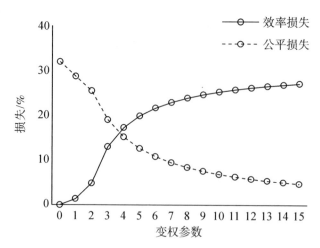

图 6-5　不同变权参数下效率与公平损失

图 6-6 所示为效率-公平损失曲线,图 6-7 所示为不同变权参数下效率与公平损失比。根据效率与公平损失比选择变权参数。若是完全公平偏好的决策者,应当选择 β 趋于无穷;若是完全效率偏好的决策者,应当选择 $\beta = 0$;若决策者希望在效率与公平间选择合适的平衡点,则建议选择 $\beta \in [3,4]$。因为当 $0 \leqslant \beta \leqslant 3$ 时,公平损失大于效率损失,且 β 每增加 1 单位导致效率损失的增加要远远小于公平损失的降低,也就是说较小的效率损失即可换取较大的公平提升,此时宜选择 $\beta = 3$;当 $3 < \beta < 4$ 时,公平损失与效率损失相当;当 $\beta \geqslant 4$ 时,效率损失大于公平损失,边际损失比较小且逐渐接近于 t,也就是说增加效率损失并不能显著地提高公平,此时宜选择 $\beta = 4$。

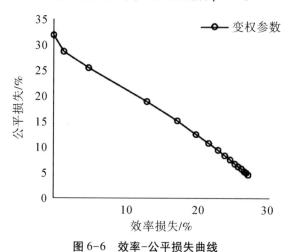

图 6-6　效率-公平损失曲线

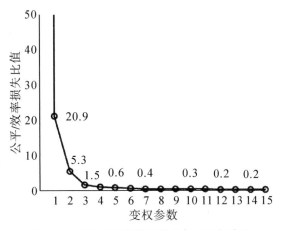

图6-7 不同变权参数下效率与公平损失比

6.1.3.3 其他资源分配问题应用

基于变权的资源分配决策方法还可进一步推广应用到其他分配问题中,包括设施选址问题及路径优化问题等。

1. 设施选址问题

在经典的 p 中位模型中,分配决策为 p 个设施点的选址以及需求点向设施点的分配。个体效用表现为到设施点的距离:

$$u_i = \sum_{j=1}^{m} h_{ij} x_{ij}$$

其中,h_{ij} 为需求点 i 到设施点 j 的距离,x_{ij} 为 0-1 变量,表示需求点是否由设施点 j 服务。

个体常权为需求占比 $w_i = d_i / \sum_{j=1}^{n} d_j$。

可得 p 中位选址问题的目标函数为

$$\min \sum_i \left(\frac{e^{\beta \sum_j h_{ij} x_{ij}} \times d_i}{\sum_t (e^{\beta \sum_j h_{tj} x_{tj}} \times d_t)} \times \left(\sum_j h_{ij} x_{ij} \right) \right)$$

2. 路径优化问题

路径优化问题事实上也是一种资源分配问题,通过车辆的行驶路径对客户进行服务的分配。在 VRP 问题[①]中,分配决策为每辆车的配送路径,考虑车辆间的负荷平等,个体效用表现为每辆车的运输成本、时间、距离等,有

---

① VRP（vehicle routing problem）问题,即车辆路径规划问题。

$$u_k = \sum_i \sum_j c_{ij} x_{ijk}$$

其中，c_{ij} 为点 i 到点 j 的距离，x_{ijk} 为 0-1 变量，表示车辆 k 是否经过路径 ij。

个体常权为均等常权 $w_i = 1/n$。

可得路径优化问题的目标函数为

$$\min \sum_{k=1}^{v} \left(\frac{e^{\beta \sum_i \sum_j c_{ij} x_{ijk}}}{\sum_{m=1}^{v} e^{\beta \sum_i \sum_j c_{ij} x_{ijm}}} \times \left(\sum_i \sum_j c_{ij} x_{ijk} \right) \right)$$

该方法还可拓展应用到通信、交通、医疗、公共服务等其他多个领域。

6.2 基于分类的资源公平分配方法

本节在分析个体边际效用对资源分配结果影响的基础上，提出一种基于分类的资源公平分配决策方法。首先根据个体效用函数构建 0-1 整数规划模型，对所有个体进行分类，分类的目标是使类间的边际效用差异最小；其次为每类分配均等的资源；最后每类中的个体按效率最大模型进行分配。通过算例比较了该方法与效率最大和完全均等分配在效率、公平上的表现，证明该方法可以兼顾公平，且不需要设置公平测度和多目标权重参数，更加简单易行。

6.2.1 资源分配基本原理

6.2.1.1 效率最优分配

资源分配问题可描述为一个中心决策者需要将 m 的资源分配到 n 个个体中，x_i 表示第 i 个体获得的资源量，u_i 表示个体效用，为个体获得资源量的函数 $u_i = g_i(x_i)$，分配的目标通常是使加总效用最大，有

$$\max \sum_{i=1}^{n} u_i$$

$$\sum_{i=1}^{n} x_i = m$$

$$x_i \geqslant 0$$

结论 1：分配同等资源时边际效用更高的个体，在最优分配下获得的资源量更多。

证明：引入拉格朗日乘子构造函数 $F = \sum_{i=1}^{n} u_i + \lambda \left(m - \sum_{i=1}^{n} x_i \right)$，当资源分配达到最优时满足 $\dfrac{\partial F}{\partial x_i} = 0$，即：

$$\frac{\partial u_1}{\partial x_1} = \frac{\partial u_2}{\partial x_2} = \cdots = \frac{\partial u_n}{\partial x_n} = \lambda \qquad (6\text{-}18)$$

边际效用代表个体在分配到多一单位资源时增加的效用，由于个体的效用产出率不同，在分配相同资源时的边际效用也不同。不妨由低到高排序，即对于任意的资源分配量 $\alpha \geqslant 0$ 及 $i = 1, \cdots, n-1$，都有 $u_i(\alpha)' \leqslant u_{i+1}(\alpha)'$。要满足式（6-18），则资源分配应满足 $x_1 \leqslant x_2 \leqslant \cdots \leqslant x_n$，得证。

为了进一步说明资源分配过程，将个体效用函数表示为

$$u_i(x_i) = c_i x_i^p, \ 0 < p < 1$$

其中，c_i 为个体对资源投入的生产效率，p 表示边际效用递减。

结论 2：个体资源分配量与生产效率正相关。

证明：由式（6-18）可得

$$\frac{c_1}{x_1^{1-p}} = \frac{c_2}{x_2^{1-p}} = \cdots = \frac{c_n}{x_n^{1-p}}$$

代入 $\sum_{i=1}^{n} x_i = m$ 可得最优分配下的个体资源量为

$$x_i = c_i^{\frac{1}{1-p}} \Big(\sum_{j=1}^{n} c_j^{\frac{1}{1-p}} \Big)^{-1} m \qquad (6\text{-}19)$$

总效用为

$$U = \Big(\sum_{i=1}^{n} c_i^{\frac{1}{1-p}} \Big)^{1-p} m^p$$

由式（6-19）可知，个体的资源分配量 x_i 与生产效率 c_i 正相关，得证。

图 6-8 表示 $p = 0.5$ 时，$n = 5$ 时的最优资源分配结果，曲线表示个体的效用函数。资源首先分配给边际效用最大的个体，边际效用递减导致资源出现转移，最优分配下个体的边际效用相等，最终生产效率更高的个体获得的资源量更多。

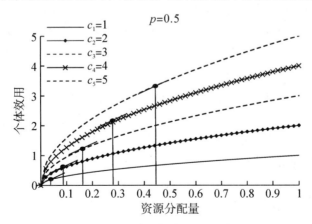

图 6-8　效率最优分配结果

6.2.1.2 公平最优分配

实现公平最优即个体获得资源均等，$x_1 = x_2 = \cdots = x_n = m/n$，总效用为 $n^{-p} \sum_{i=1}^{n} c_i$，分配结果如图 6-9 所示。

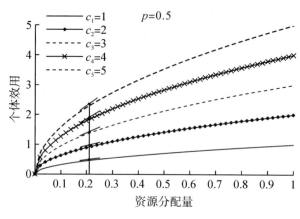

图 6-9 公平最优分配结果

推论 1：当个体的生产效率相等时，效率最优分配即为完全均等分配，此时 $x_i = m/n$。

证明：当 $c_1 = c_2 = \cdots = c_n$ 时，由式（6-18）可得，$x_1 = x_2 = \cdots = x_n$，得证。

6.2.2 基于分类的资源公平分配模型

通过分析个体生产效率对分配结果的影响，发现个体的边际效用差异越小，均等分配与效率最优分配的结果越接近。由于个体的边际效用一定，因此考虑通过分类，使类间的边际效用差距尽可能小，此时类间的均等分配实现效率最高，而每类中不同个体仍按效率最优进行分配。按"分类→类间完全均等分配→类中效率分配"的决策思路，当分类数 $k = 1$ 时，个体按效率模型进行分配，实现效率最优；当 $k = n$ 时，个体各为一类，此时为完全均等分配，实现公平最优；通过调节分类数的取值可以在效率与公平之间进行权衡。

该方法的创新之处在于：①通过完全均等分配实现类间的分配，体现公平；②通过效率最优模型实现类中的分配，体现效率；③研究了如何分类才能使完全均等分配的效率最大，同时计算了不同分类数下的分配结果，决策者可以通过选择实现公平与效率的权衡；④与原有资源公平分配的多目标方法相比，更便于决策者理解和执行，避免了多目标权重参数等对分配结果的影响。

6.2.2.1 分类模型建立

1. 参数说明

主要参数:

l:第 l 类,$l \in [1, \cdots, k]$;

c_i:第 i 个体的生产效率;

b_l:第 l 类的资源分配量。

决策变量:

d_i^l:$d_i^l = \begin{cases} 1 & \text{第 } i \text{ 个体被分到 } l \text{ 类中} \\ 0 & \text{否则} \end{cases}$;

β_i:第 l 类的边际效用系数;

a_l:第 l 类中的个体数量;

c_i^l:第 i 个体在第 l 类中的生产效率;

x_i^l:第 l 类中第 i 个体的资源分配量。

2. 目标函数

分类的目标是使各类的边际效用差距最小,首先需要确定类的效用函数。类中按效率最优分配模型进行分配,由式(6-19)可得,若类 l 的资源总量为 b_l,则实现效率最大的个体分配量为

$$x_i^l = b_l \, (c_i^l)^{\frac{1}{1-p}} \Big(\sum_{j=1}^{a_l} (c_j^l)^{\frac{1}{1-p}} \Big)^{-1}$$

此时类 l 的总效用为

$$U_l(b_l) = b_l^p \Big(\sum_{j=1}^{a_l} (c_j^l)^{\frac{1}{1-p}} \Big)^{1-p}$$

类的边际效用为

$$U_l(b_l)' = p \Big(\sum_{j=1}^{a_l} (c_j^l)^{\frac{1}{1-p}} \Big)^{1-p} b_l^{p-1}$$

由于类之间按均等分配,有

$$b_1 = b_2 = \cdots = b_k = m/k$$

则类的边际效用为

$$U_l\Big(\frac{m}{k}\Big)' = p \Big(\sum_{j=1}^{a_l} (c_j^l)^{\frac{1}{1-p}} \Big)^{1-p} \Big(\frac{m}{k}\Big)^{p-1}$$

分类的目标函数是使所有类边际效用的极差最大。

3. 数学模型

由此可得,使类间边际效用差异最小的分类模型为

$$\min\beta_{\max} - \beta_{\min} \qquad (6-20)$$

约束条件为

$$\beta_l = \left(\sum_{j=1}^{a_i} \left(c_j^l \right)^{\frac{1}{1-p}} \right)^{1-p} \qquad (6-21)$$

$$c_i^l = d_i^l c_i \qquad (6-22)$$

$$\sum_{l=1}^{k} d_i^l = 1, \quad \forall\, i \in [1, \cdots, n] \qquad (6-23)$$

$$\sum_{i=1}^{n} d_i^l \geqslant 1, \quad \forall\, l \in [1, \cdots, k] \qquad (6-24)$$

$$\beta_{\max} \geqslant \beta_l, \quad \forall\, l \in [1, \cdots, k] \qquad (6-25)$$

$$\beta_{\min} \leqslant \beta_l, \quad \forall\, l \in [1, \cdots, k] \qquad (6-26)$$

$$d_i^l \in [0, 1] \qquad (6-27)$$

目标函数式（6-20）表示类边际效用的极差最小；式（6-21）表示各类的边际效用值；式（6-22）表示只有当个体 i 分到 l 类时 c_i^l 才等于 c_i，否则为0；式（6-23）表示个体只分到一类中；式（6-24）表示每类中的个体数至少为1；式（6-25）、式（6-26）为最大值和最小值约束；式（6-27）为变量约束。

6.2.2.2　资源分配量计算

得到分类结果后，类间均等分配资源，类中按效率最优进行分配。

可得个体的资源分配量为

$$x_i = \sum_{i=1}^{l} \left(\frac{m}{k} \left(c_i^l \right)^{\frac{1}{1-p}} \left(\sum_{j=1}^{a_i} \left(c_j^l \right)^{\frac{1}{1-p}} \right)^{-1} \right) \qquad (6-28)$$

6.2.2.3　分类数量选择

通过计算不同分类数 k 下的资源分配结果，比较效率与公平损失，决策者可根据自身偏好选择合适的分类数量，从而确定最优分配结果。

计算不同分类数 k 下的效率指标 E_k 以及公平指标 F_k。常见的公平指标包括基尼系数、最小效用、极差等。所有方案中效率指标数值最小的为效率最优方案，记为 PE 方案。公平指标数值最小的为公平最优方案，记为 PF 方案。由此可计算 k 下的效率和公平损失。

效率损失：

$$e_k = 1 - \frac{E_k}{E_{\mathrm{PE}}}$$

公平损失：

$$f_k = 1 - \frac{F_k}{F_{\mathrm{PF}}}$$

以分类数量为横坐标，以损失为纵坐标，分别刻画公平和效率损失曲线，可通过决策者的最大容忍损失或效率公平损失比值情况选择合适的分类数量。

6.2.3 公平分配问题应用

6.2.3.1 算例设计

以应急救援中医疗资源的分配为例，"4·20"芦山地震雅安共有 6 个重灾或极重灾受灾区县，可投入医疗人员共 500 余人，不同灾区由于受灾程度 w_i、伤员人数 g_i、救援难易程度 e_i 不同，在获得医疗资源时产生的效用也不同，可得灾区的效率系数 $c_i = w_i'g_i'/e_i'$，其中 w_i'、g_i'、e_i' 表示无量纲化后的结果。受灾程度越高、伤员人数越多、救援越容易的地区获得等量医疗资源的效用越高。灾区情况如表 6-2 所示。

表 6-2　雅安市各灾区受灾情况

受灾点	1	2	3	4	5	6
	芦山县	雨城区	天全县	名山区	荥经县	宝兴县
受灾等级	极重灾区	重灾区	重灾区	重灾区	重灾区	重灾区
伤员人数/人	5 537	1 109	811	607	341	2 500
救援难度系数	1.8	1	1.2	1.3	1.2	1.5

归一化后可得各灾区的效率系数，如表 6-3 所示。

表 6-3　雅安市各灾区效率系数

受灾点	1	2	3	4	5	6
	芦山县	雨城区	天全县	名山区	荥经县	宝兴县
受灾等级	1.5	1	1	1	1	1
伤员人数/人	16	3	2	2	1	7
救援难度系数	1.8	1	1.2	1.3	1.2	1.5
效率系数	13	3	2	2	1	5

当救援人员到达一定数量后，医疗救援的边际效用随人数的增多而减少，取边际递减系数为 0.3，使得未获救援地区的边际效用可以较快地高于已获救援地区，从而保障各灾区的基础医疗救援。

6.2.3.2 结果分析

采用 MATLAB 的 yamlip 工具箱求解不同分类数 k 下结果，如表 6-4 所示。

表6-4 不同 k 下的效率最优分类结果

分类数 k	分类结果	每类获得医疗人员数/人	类间边际效用极差
1	(1,2,3,4,5,6)	500	0.00
2	(1);(1,2,3,4,5)	250	4.53
3	(1);(2,3,4);(5,6)	167	7.92
4	(1);(2,5);(3,4);(6)	125	9.75
5	(1);(2,5);(3);(4);(6)	100	11.00
6	(1);(2);(3);(4);(5);(6)	83	12.00

个体资源分配量、总效用以及分配基尼系数如表6-5所示。

表6-5 不同分类数量下资源分配结果

分类数量	各受灾点获得医疗人员分配结果/人						总效用	分配基尼系数
	1	2	3	4	5	6		
1	324	40	22	22	8	83	8 802	0.43
2	250	57	32	32	12	118	8 719	0.27
3	167	79	44	44	15	151	8 423	0.09
4	125	103	63	63	22	125	8 139	0.08
5	100	83	100	100	17	100	7 844	0.07
6	83	83	83	83	83	83	7 594	0

随着分类数量 k 的增加，类与类之间边际效用差异增大，资源分配结果的变化也较为显著，总效用减少而基尼系数减少，说明分配效率有所降低但公平性增加。为了进一步直观地体现分类对资源分配结果的影响，分析 k 为1、3、5和6时的情况，如图6-10至图6-13所示。

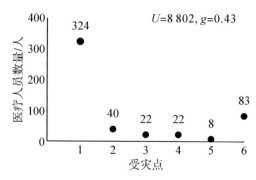

图6-10 k = 1 时的分配结果

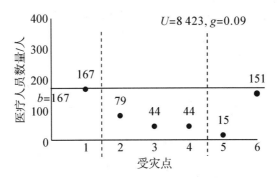

图 6-11 k = 3 时的分配结果

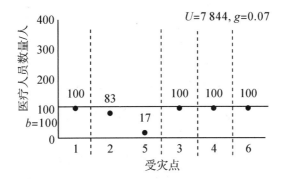

图 6-12 k = 5 时的分配结果

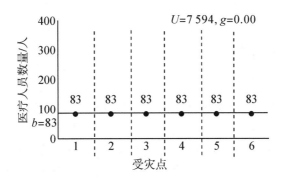

图 6-13 k = 6 时的分配结果

当分类数量为 1 时，所有个体为一类，按效率最优进行分配，此时总效用最大，分配差异也最大；随着 k 的增加，更多的个体被单独划分为一类，由于分类目标是使效率最优，因此生产效率高的个体会优先划分出来；当分类数量为 3 时，每类地区分配总医疗人员数量为 167 人，类间按效率最优分配，如受灾点 2、3、4 归为一类，分配人员量分别为 79、44、44 人；当分类数达到

6时，每个受灾点各为一类，获得均等的资源，此时为完全均等分配，基尼系数为0，总效用最低。

效率与公平损失如图6-14所示。

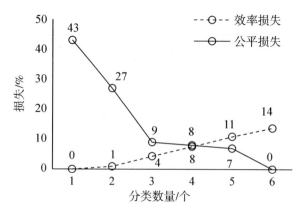

图6-14　效率与公平损失情况

从决策者的损失容忍程度来看，若决策者能容忍的最大效率损失为10%，则当选择分类数为 $k=4$；若决策者能容忍的最大公平损失为10%，则当选择分类数位 $k=3$。从效率与公平损失比来看，当分类数量从1增加到2时，效率损失增加1%，而公平损失降低16%，用较少的效率损失可换得明显的公平提升，因此决策者可选择 $k=2$。

6.3　本章小结

本章提出了基于变权和分类的社会福利函数构造以及效率–公平权衡方法。

通过分析常权和变权下个体权重与产出效率对分配结果的影响，发现常权形式下分配结果由个体产出效率决定，导致分配的不公；变权形式下获得资源越少的个体权重越大，分配结果更加公平。基于变权提出资源公平分配的方法。通过确定状态变权形式、个体效用函数和常权值构造变权函数，建立基于变权的资源分配模型。从效率损失和公平损失两方面刻画了决策者偏好，通过选择变权参数 β 可以实现不同程度的公平，当 $\beta=0$ 时实现效率最优，当 β 足够大时为最大最小公平。该方法具有较强的普适性，可以应用到通信、交通、教育、医疗等多个领域，同时具有较强的便利性和可操作性，决策者不需要选择公平测度指标，且通过调节变权参数，就可以根据决策者偏好实现不同程度的公平。

通过对资源分配过程的分析发现，当个体边际效用相等时，均等分配同时也是效率最优分配。基于此提出"分类→类间完全均等分配→类中效率最优分配"的分配方法，通过分类使类间的边际效用差异最小，此时类间的均等分配实现效率最优，类中个体则按效率最优进行分配。该方法可以实现适度公平下的效率最优，分类数由 1 增加到 n 的过程中，总效用降低但个体间获得资源差异减小，说明公平性有所增加，生产效率越高的个体越早单独划为一类，保证了这些个体获得相对较多的资源，决策者可以选择分类数以实现不同程度的公平。

7 公平分配方法在
资源配置中的应用

本章主要探讨公平分配方法在多主体、多阶段的资源分配问题中的应用，并针对实际的资源配置情况采用公平测度指标进行实证分析。

7.1 多主体资源配置决策

资源配置决策需要对有限资源进行合理安排，广泛涉及医疗、收入分配等制度安排，学校、医院等公共资源，生产设备、工人等企业资源在数量、时间和空间上的配置。效率和公平是资源配置中的两个重要目标。在"经济人"假设下人们总是追求效率的最大化，即强调资源产生的总效用最大。由于个体的资源投入产出比不同，追求效率通常意味着个体获得资源的不均等。Binmore（2005）认为公平是人类天生的追求，不公平将会导致个体效用的降低。大量的行为实验研究也表明，人是具有公平偏好的，存在公平对待他人以及得到公平对待的意愿。

企业与政府都是资源配置的主体，在现实经济活动中，关注公平目标的通常是政府，企业仍以效率为主。例如，2017 年我国城市每千人床位数为 8.29 张，农村仅为 3.73 张，基层医疗机构床位有 98.6% 为公立性质；邮政快递网点行政村覆盖率达 87%，而民营快递企业农村布点仅限于发达乡镇。近年来，关于"企业社会责任"的研究指出，企业行为对社会资源优化配置有决定性的影响，仅追求效率无法实现社会福利最大化（李伟阳，2009）。"公共服务市场化"的相关研究也表明，市场应更多地参与到公共服务资源的配置中（蔡长昆，2016）。政府和企业在资源配置中各自追求的目标是什么？企业会不会考虑公平？二者的决策结果是否有差异？都是值得探讨的问题。

已有文献中企业关注公平更多地集中在供应链领域，以订货批量、定价或协调契约问题为主。Bolton（1991）最早刻画了公平关切形式，认为效用的正负差异都会带来一定的损失。Loch 和 Wu（2008）提出公平关切效用形式，其中 θ_i 为公平关切参数，反映了参考点效用对己方效用的影响。选择的参考点通常包括相对效用、绝对效用、其他均衡状态下的效用等。例如，魏强和李胜（2019）在研究纵向供应链定价问题时，将供应商的相对效用作为零售商公平偏好的参考点。王玉燕和李璟（2018）将制造商效用作为网络平台公平偏好参考点，研究了不同主导模式下 E-闭环供应链的定价与服务水平。张旭和张庆（2017）将纳什讨价还价解中的零售商利润作为参考点，建立 Stackelberg 博弈模型。

部分研究关注了企业资源配置中的公平，大多考虑企业员工的公平感受或设备的负荷均等。Jütte 等（2017）将员工间两两比较的不满意度差值作为公平测度指标，总成本作为效率指标构建了多目标排班模型。Bonald 等（2017）引入公平参数建立效用函数，探讨缓存网络能力的均衡分配问题。仅有较少的研究考虑了下游客户公平感受对企业资源配置决策的影响。例如，Chung 等（2018）构造需求公平约束、流量公平约束，建立了电动车充电站在各区域的数量分配模型。Bertsimas 等（2011）在等待成本函数中增加了航空公司的公平厌恶损失，探讨了机场的跑道时间分配问题。

在政府资源配置研究中，公平是学者广泛关注的目标，研究的内容主要集中于公共资源分配、公共设施选址等方面。在 20 世纪 80 年代，Varian（1973）就提出了效率与公平问题，强调了生产与分配中公平的重要性。在资源分配领域，研究主要包括数量和能力的分配，最早及最广泛的应用为通信带宽分配，后扩展到水资源、医院床位、应急物资、碳排量等。Zhou Liping 等（2017）考虑达到和等待时间的公平性，建立了医院床位分配的公平与收益多目标随机规划模型。Gutjahr 和 Fischer（2018）采用基尼系数衡量损失成本的公平性，研究了人道物流服务能力分配问题。在设施选址领域，学者们通常探讨如医院、学校等公共设施的选址，将到达设施的时间或距离作为影响公平感知的关键因素。Suzuki 和 Drezner（2009）以最大服务距离最小刻画了公共设施选址公平。Batta 等（2014）加入距离设施点的上界约束，建立了 P 中值选址模型。Romero 等（2016）以基尼系数衡量各人口集聚区到设施距离的差异性，建立了危险品存储点选址和路径优化模型。

第 2 章介绍了现有研究中实现公平的主要方法有三种（见 2.1 节）。其中公平测度指标主要从统计学的角度研究了个体效用的差距，并不能很好地反映个体考虑公平的动机。因此 Espejo 和 Puerto（2009）提出了"客户嫉妒"的概念，与供应链公平关切下的参考点依赖类似，通过个体与他人比较产生的嫉妒值衡量资源配置公平性。但其研究仅考虑了公平目标，没有研究同时考虑效率时，嫉妒值如何影响决策者的总效用。现有研究主要存在三方面不足：一是考虑公平的资源配置研究中往往没有界定决策的主体，或者简单地将政府作为单一决策机构，忽略了企业在社会资源配置中的主体作用，也没有比较不同主体的资源配置决策行为是否存在差异；二是企业考虑的公平大多关注供应链上下游或内部资源使用的均衡，较少有研究探讨公平偏好对个体效用（如服务水平、消费者满意度）的影响；三是公平测度指标的选择与目标函数的构建，难以客观反映企业和政府的决策目标与偏好。

因此，本节将从企业和政府两个决策主体出发，探讨"谁在什么情况下会考虑怎样的效率与公平"这一基本问题。与已有研究相比，将单一主体扩展为两个主体，对比分析了二者效率与公平偏好的不同动因与内涵；改进了现有模型，引入"个体变权"和"客户嫉妒"分别构建政府和企业的多目标效用函数，更具针对性地体现了政府对社会总福利的综合考虑、客户公平偏好对企业效用的影响；比较了企业和政府在不同公平偏好情景下的最优资源配置决策，为政府协调与激励政策的制定、"公共服务市场化"由定性到定量的研究提供理论支撑。

7.1.1 企业及政府资源配置决策模型

7.1.1.1 问题描述

企业和政府的资源配置决策为 X，即资源数量分配、设施选址、设备能力配置、排班计划等。个体在资源配置决策 X 下获得效用 $u_i(X)$，$i = 1, 2, \cdots, n$。个体 i 实际需求量为 D_i，接受服务的需求量 d_i 与效用 u_i 正相关，获得效用越高，个体接受服务的需求量越接近实际需求量。个体效用的提高将增加成本投入，k 为提高效用的成本参数，C 为成本投入约束。单位需求获得收益为 p，由于个体区位、交通等条件差异，服务个体时的单位需求成本 c_i 不同。在考虑客户与决策者公平偏好的情况下，企业和政府应如何决定个体获得的效用 u_i，以实现各自的效率与公平目标。

7.1.1.2 个体效用与需求量

由于资源配置涉及分配、选址、排班等广泛的问题，仅用资源数量难以表现配置结果。因此本书将个体效用作为决策变量，以衡量资源配置决策对个体的影响。例如，在应急物资分配决策下各区域获得的资源数或满意度，在公共选址决策下居民到设施点的距离、时间或成本等。

个体对获得的效用通常存在一定要求，效用过低时，资源配置结果低于预期，将导致需求的损失。因此，本书中个体接受服务的需求量 d_i 受本身实际需求量 D_i 及获得效用 u_i 的影响。当获得效用高于特定值 U_{max} 时，d_i 等于实际需求 D_i。否则，将损失部分需求，直到效用低于特定值 U_{min} 时，个体将由于不满退出系统，此时需求量为 0。因此，个体接受服务的需求量为

$$d_i = \begin{cases} D_i, & \text{若 } u_i \geq U_{max} \\ \dfrac{(u_i - U_{min}) \, D_i}{U_{max} - U_{min}}, & \text{若 } U_{min} < u_i < U_{max} \\ 0, & \text{若 } u_i \leq U_{min} \end{cases} \qquad (7\text{-}1)$$

7.1.1.3 效率与公平目标

1. 企业决策中的效率与公平

企业追求的效率通常为成本最低、利润最高或服务质量最优等。以利润最高为效率目标，即服务总收益与总成本的差值最大，可表示为

$$\max z_1 = \sum_{i=1}^{n} (p - c_i) \, d_i \qquad (7\text{-}2)$$

企业考虑公平一方面来自决策者公平对待他人的偏好，另一方面来自客户获得公平对待的要求。客户感知到不公平时，可能出现减少需求、退出系统或其他报复行为，会对企业收益产生较大影响。例如，航空公司在对机场的跑道分配感到不公平时，有可能改变下阶段的航线计划，选择其他的起降机场。零售商对供应商产能分配感到不公平时，可能出现报复行为，减少订购量。因此，相较而言，避免客户公平偏好带来的损失是企业考虑公平更重要的动因。

由于个体的公平感知往往是与他人比较获得的，Espejo 和 Puerto（2009）提出了"客户嫉妒"的概念，与供应链公平关切下的参考点依赖类似，通过比较产生的嫉妒值衡量资源配置公平性。相较于基尼系数、方差等其他统计概念上的常用指标，嫉妒值更加直观地反映了实际生活中个体对公平的感知与判断。但其研究中仅以最小嫉妒值为单一目标，没有研究效率与公平多目标的情况。本书在考虑效率的同时，采用客户需求损失值量化了个体公平偏好对企业效用的影响。

当个体 i 的效用与 j 相比较低时，i 产生嫉妒 g_{ij}，嫉妒值为个体效用差值，反之嫉妒为 0，$g_{ij} = \max(0, u_j - u_i)$。假设所有个体对不公平的厌恶程度相同，即可接受的最大嫉妒值均为 α。当客户感知到嫉妒时，对企业服务产生不满，

导致企业效用的损失；当个体 i 的总嫉妒值超过可接受最大嫉妒值时，个体将退出系统，企业服务个体 i 获得的效用降为 0，即服务利润等于不公平负效用。可计算损失参数为

$$c_i^e = \frac{(p - c_i) d_i}{\alpha + \varepsilon} \tag{7-3}$$

其中，ε 为足够小的数。当 $\alpha \to +\infty$ 时，c_i^e 为 0，不公平带来的损失为 0；当 $\alpha = 0$ 时，$c_i^e \to +\infty$，个体完全不能接受不公平。

因此，企业的公平目标可表示为不公平导致的负效用最小，即：

$$\min z_2 = \sum_{i=1}^{n} \left(\frac{(p - c_i) d_i}{\alpha + \varepsilon} \sum_{j=1}^{n} g_{ij} \right) \tag{7-4}$$

2. 政府决策中的效率与公平

政府考虑的效率与公平的内涵和企业不同。效率方面，政府通常希望更多的个体获得服务，以最大覆盖为目标，追求总实际需求量最大，即：

$$\max z_3 = \sum_{i=1}^{n} d_i \tag{7-5}$$

公平方面，政府决策同样受决策者自身公平偏好，以及社会公众公平偏好的共同影响。由于政府配置的通常为公共服务资源，需要综合考虑社会稳定、经济发展等多方面的因素，因此政府自身的公平偏好往往是资源配置决策的主要动因。政府要尽可能地保障弱者利益，公平目标通常为最小的个体效用最大化，即：

$$\max z_4 = \min u_i, \ i = 1, 2, \cdots, n \tag{7-6}$$

7.1.1.4 企业决策模型

考虑客户公平偏好带来的需求损失，结合式（7-2）、式（7-4）构建企业资源配置决策模型如下：

$$\max z_b = \sum_{i=1}^{n} (p - c_i) d_i - \sum_{i=1}^{n} \left(\frac{(p - c_i) d_i}{\alpha + \varepsilon} \sum_{j=1}^{n} g_{ij} \right) \tag{7-7}$$

约束条件为

$$d_i \leqslant \frac{u_i - U_{\min}}{U_{\max} - U_{\min}} D_i, \ i = 1, 2, \cdots, n \tag{7-8}$$

$$d_i \leqslant D_i, \ i = 1, 2, \cdots, n \tag{7-9}$$

$$\sum_{i=1}^{n} k (u_i - U_{\min})^2 \leqslant C \tag{7-10}$$

$$g_{ij} \geqslant u_j - u_i, \ i, j = 1, 2, \cdots, n \tag{7-11}$$

$$u_i \geqslant L_{\min}, \ d_i \geqslant 0, \ g_{ij} \geqslant 0, \ i, j = 1, 2, \cdots, n \tag{7-12}$$

其中，式（7-7）为目标函数，α取值不同，企业的效率与公平目标不同。当α为足够大的数时，个体对嫉妒的容忍值高，不公平产生的负效用为0，此时为完全效率目标；当$\alpha = 0$时，个体不能容忍嫉妒，此时为完全公平目标；当α取其他值时表示实现一定程度的公平。式（7-8）、式（7-9）表示个体接受服务的需求量约束，式（7-10）表示提高获得效用的总成本约束，式（7-11）表示个体的嫉妒值，式（7-12）为变量的下界约束。

该模型结合了企业利润函数与基于"客户嫉妒"的不公平负效用函数，刻画了客户公平偏好对企业决策的影响机制。

7.1.1.5 政府决策模型

考虑政府自身公平偏好，结合式（7-5）、式（7-6），采用 6.1 节中的变权方法构造政府的资源配置决策模型如下：

$$\max z_g = \sum_{i=1}^{n} v_i u_i \tag{7-13}$$

约束条件为：式（7-8）—式（7-10）、式（7-12），其中，$v_i = \dfrac{w_i e^{-\beta u_i}}{\sum\limits_{i=1}^{n} w_i e^{-\beta u_i}}$

为个体的权重，由初始权重w_i、效用u_i以及变权参数β共同决定。初始权重$w_i = \dfrac{D_i}{\sum\limits_{i}^{n} D_i}$，是个体实际需求量$D_i$的占比。实际需求量越大的个体，随$u_i$增加的需求量$d_i$越大，对总效用的贡献越大。变权参数$\beta$体现了个体权重$v_i$随个体效用$u_i$变化的特征，是实现效率和公平权衡的重要参数。当$\beta = 0$时，目标函数变为$z_g' = \sum_{i=1}^{n} w_i u_i$，等价于式（7-5），最优解为总实际需求量最大，即追求效率最优。当β增大时，u_i较小个体权重相对增加，在决策中的重要性增加，从而保障弱者的利益，实现一定程度的公平。当β足够大时，u_i最小的个体权重趋近为 1，目标函数变为式（7-6），即追求公平最优。该模型利用个体权重体现了政府资源配置中的两层偏好。一方面初始权重的设置可体现政府对不同个体的资源倾斜，如部分欠发达或亟需扶持地区；另一方面公平参数的设置体现了政府对弱势个体的重视程度，即对社会公平的偏好。

7.1.2 公平参数的选择

由于追求公平会导致效率的损失，在实际的资源配置决策中，企业和政府需要决定实现何种程度的公平，即在效率与公平目标中做出权衡。

企业考虑公平主要源于对自身效用损失的规避，因此公平参数体现为客户的公平偏好。在三种场景下客户倾向于拥有较高公平偏好：一是对比可见场景，即客户能快速、清晰地感知到与其他个体效用的区别，如大部分的排队场景；二是重要资源的配置场景，如应急物资的分配中，客户更希望获得公平的对待；三是外生权利场景，即对于教育、医疗、安全等个体应当公平享有的外生权利，资源配置的公平要求更高（Aida，2012）。由于客户的个体公平偏好为外生参数，取值并不由企业自身决定，因此企业可通过市场调查、行为实验等方式获得特定情境下客户服务选择行为结果，以分析其公平偏好。

政府考虑公平主要源于维护社会稳定、促进区域发展的职责需要，因此公平参数体现为决策者自身的公平偏好。本书认为在以下三种情况下，政府通常拥有较高的公平偏好：一是区域发展失衡，需要促进落后地区的发展。例如在城乡资源配置中，农村地区的资源投入产出效率往往偏低，在效率目标下无法保障有效的资源供给，此时政府倾向于向农村地区配置更多的资源。二是社会矛盾突出，需要维护社会稳定。例如在多民族的地区，资源的配置应当更加公平。三是保障公民的基本权利，例如教育、医疗等公共资源的配置。由于政府的公平偏好为内生变量，需要对其进行选择以权衡效率与公平，采用基于损失偏好的效率与公平权衡方法。

与第 6 章效率与公平的权衡方法类似，首先定义政府在公平参数 β 下的最优配置结果 $X_\beta = (l_1^\beta, l_2^\beta, \cdots, l_n^\beta)^\mathrm{T}$ 的效率与公平损失。$X_\beta = \mathop{\arg\max}\limits_{X \in L} z_g(X, \beta)$，$L$ 为所有可行配置集合。X_β 的效率损失 s_β^e 是指与效率最优方案 X_e^* 相比，X_β 在效率目标 z_3 服务总需求量上的损失，得

$$s_\beta^e = \frac{z_3(X_e^*) - z_3(X_\beta)}{z_3(X_e^*)} \tag{7-14}$$

X_β 的公平损失 s_β^f 是指与效率最优方案 X_f^* 相比，X_β 在效率目标 z_4 最小个体效用上的损失，得

$$s_\beta^f = \frac{z_4(X_f^*) - z_4(X_\beta)}{z_4(X_f^*)} \tag{7-15}$$

然后，量化决策者偏好以选择最优的公平参数 β。政府的公平偏好可描述为对效率损失的最大容忍程度 δ_e，最优方案 X^* 即为 s_β^e 小于 δ_e 的所有可行方案中 s_β^f 最小的方案。

7.1.3 变分不等式转化

由于目标函数连续可微，本书利用最优化问题与变分不等式之间的转换关

系，将最优化问题改写成变分不等式形式。

带约束的最优化问题为

$$\min \sum_{i=1}^{n} F_i(x_i) \tag{7-16}$$

约束条件为

$$a_j^T X \leqslant b_j, \ j = 1, \ 2, \ \cdots, \ r \tag{7-17}$$

$$x_i \in K_i, \ i = 1, \ 2, \ \cdots, \ n \tag{7-18}$$

其中，F_i 是连续可微凸函数，α_j 是由第 j 个约束条件的相关系数组成的向量 $X = (x_1, \ x_2, \ \cdots, \ x_n)^T$，可转化为求解 $x_i^* \in K_i$ 和 $\lambda_j^* \geqslant 0$，满足下列不等式：

$$\sum_{i=1}^{n} \left(\frac{\partial F_i(x_i^*)}{\partial x_i} + \sum_{j=1}^{r} \lambda_j^* \alpha_{ji} \right) (x_i - x_i^*) + \sum_{j=1}^{r} (b_j - a_j^T X^*)(\lambda_j - \lambda_j^*) \geqslant 0$$

$$\tag{7-19}$$

令 d, l, g 分别表示决策变量 d_i, l_i, g_{ij} 构成的向量。$\lambda_1 = (\lambda_{11}, \lambda_{12}, \cdots, \lambda_{1n})^T$，$\lambda_2 = (\lambda_{21}, \lambda_{22}, \cdots, \lambda_{2n})^T, \lambda_3 = (\lambda_{31}, \lambda_{32}, \cdots, \lambda_{3n})^T, \cdots, \lambda_5 = (\lambda_{511}, \lambda_{512}, \cdots, \lambda_{5nn})^T$ 分别表示式（7-8）至式（7-12）的 Lagrange 乘子。企业决策模型可转化为变分不等式，即求解 $(d^*, \ l^*, \ g^*, \ \lambda_1^*, \ \lambda_2^*, \ \lambda_3^*, \ \lambda_4^*, \ \lambda_5^*)$，满足下式：

$$\sum_{i=1}^{n} F_i^1(d_i - d_i^*) + \sum_{i=1}^{n} F_i^2(l_i - l_i^*) + \sum_{i=1}^{n} \sum_{j=1}^{n} F_{ij}^3(g_{ij} - g_{ij}^*) + \sum_{i=1}^{n} F_i^4(\lambda_{1i} - \lambda_{1i}^*) +$$

$$\sum_{i=1}^{n} F_i^5(\lambda_{2i} - \lambda_{2i}^*) + \sum_{i=1}^{n} F_i^6(\lambda_{3i} - \lambda_{3i}^*) + F_i^7(\lambda_4 - \lambda_4^*) + \sum_{i=1}^{n} \sum_{j=1}^{n} F_{ij}^8(\lambda_{5ij} - \lambda_{5ij}^*) \geqslant 0$$

$$\tag{7-20}$$

其中：

$$F_i^1 = \left(1 - \sum_{j=1}^{n} \frac{g_{ij}^*}{\alpha + \varepsilon} \right)(c_i - p) + \lambda_{1i}^* + \lambda_{2i}^*$$

$$F_i^2 = -\frac{D_i}{L_{max} - L_{min}} \lambda_{1i}^* - \lambda_{3i}^* + 2k\lambda_4^*(l_i^* - L_{min}) + \sum_{j=1}^{n} (\lambda_{5ij}^* - \lambda_{5ij}^*) -$$

$$\frac{D_i}{L_{max} - L_{min}} \lambda_{1i}^* - \lambda_{3i}^* + 2k\lambda_4^*(l_i^* - L_{min}) + \sum_{j=1}^{n} (\lambda_{5ji}^* - \lambda_{5ij}^*)$$

$$F_{ij}^3 = \frac{(p - c_i) d_i^*}{\alpha + \varepsilon} - \lambda_{5ij}^*$$

$$F_i^4 = \frac{l_i^* - L_{min}}{L_{max} - L_{min}} D_i - d_i^*$$

$$F_i^5 = D_i - d_i^*$$

$$F_i^6 = l_i^* - L_{\min}$$

$$F^7 = C - \sum_{i=1}^{n} k \left(l_i^* - L_{\min} \right)^2$$

$$F_{ij}^8 = g_{ij}^* + l_i^* - l_j^*, \quad i = 1, 2, \cdots, n, \quad j = 1, 2, \cdots, n$$

同理，可将政府决策模型转化为变分不等式形式。

7.1.4 修正投影算法求解

修正投影（modified projection）算法是对投影算法的改进，提出了更一般的下降方向，在每步迭代中增加一个投影步，以克服投影算法对参数估计的依赖。设 t 为迭代数，修正投影算法可描述为

$$X^t = P_K(X^{t-1} - \delta F(\overline{X^{t-1}})) \tag{7-21}$$

其中，$P_K(X)$ 为 X 在 K 上的垂直投影，$\delta \in \left(0, \dfrac{1}{L}\right]$，$\overline{X^{t-1}} = P_K(X^{t-1} - \delta F(X^{t-1}))$，$L$ 为 Lipschitz 常数。

步骤 1 初始化。令 $t = 0$，给出满足约束条件的初始解 $X^0 = (d^0, l^0, e^0, \lambda_1^0, \lambda_2^0, \lambda_3^0, \lambda_4^0, \lambda_5^0)$。

步骤 2 计算 $X^t = \max\{0, X^{t-1} - \delta F(X^{-t-1})\}$。

步骤 3 计算 $X^{t+1} = \max\{0, X^t - \delta F(X^{-t})\}$。

步骤 4 收敛验证。如果 $|x_i^{t+1} - x_i^t| \leq \varepsilon$，$\forall x_i \in X$，$\varepsilon > 0$，则停止迭代，得到最优解，否则 $t = t + 1$，转入步骤 2。

为验证修正投影算法（MP）的有效性，设计 10 组不同规模算例，比较在不同的企业、政府公平参数下 MP 算法与 MATLAB 非线性规划工具箱 Fimincon 的 SQP 算法结果。算法均利用 MATLABR2014a 软件，在 InterCorei3－550@ 3.20 Hz CPU，4.00GB 内存电脑上运算。采用阿里云天池"最后一公里极速配"数据，选取上海的配送点作为需求点，需求点个数 n 取 200、400、600、800、1 000。随机生成每个需求点的日均需求量 $d_i \in [0, 100]$。个体的单位服务成本 c_i，可通过需求点到最近的配送中心距离估算得到。单位需求的收益 $p = 2$，增量服务成本系数 $k = 0.05$。决策变量为个体效用，此处为配送时效，最慢的服务时效为 36 小时，最快服务时效为 6 小时，时效值越低说明个体效用越高。因此，最高个体效用 $U_{\max} = 36$，最低个体效用 $U_{\min} = 6$。α/n 表示客户可容忍个体效用与其他个体平均差值，取 10 和 100 个小时。β 取 0，1 表示政府的公平参数，δ 为修正投影算法计算参数。比较目标函数值和运算时间，如表 7-1 所示。

表 7-1　算法结果比较

编号	n/个	C/元	企业公平-效率模型						β	δ	政府公平-效率模型				
			α/n	δ	目标函数值		运算时间/秒				目标函数值		运算时间/秒		
					MP	SQP	MP	SQP			MP	SQP	MP	SQP	
1	200	5 000	100	0.03	14 695	14 531	3.3	22.5	0	0.010 0	31.5	31.5	0.93	36.0
2			10	0.02	14 020	13 858	4.2	77.3	1	0.001 0	28.5	28.5	0.46	17.8
3	400	10 000	100	0.02	29 321	28 960	5.6	94.7	0	0.005 0	31.3	31.2	1.37	121.9
4			10	0.012	28 042	27 675	11.2	323.7	1	0.000 5	28.5	28.5	1.02	34.9
5	600	15 000	100	0.018	44 200	43 653	7.4	375.8	0	0.003 3	31.3	31.3	1.84	232.6
6			10	0.009	42 093	41 548	32.1	931.2	1	0.000 3	28.5	28.5	1.59	53.6
7	800	20 000	100	0.015	57 944	57 239	11.3	882.3	0	0.002 5	31.3	31.3	2.48	500.9
8			10	0.006	55 226	54 515	51.3	2 146.4	1	0.000 2	28.5	28.5	2.51	76.4s
9	1 000	25 000	100	0.014	71 934	71 078	13.8	1 524.7	0	0.002 0	31.4	31.4	3.32	640.8
10			10	0.005	67 832	66 973	69.7	4 367.6	1	0.000 2	28.5	28.5	3.67	107.5

MP 算法在运算时间上有显著的优越性，计算规模越大，计算时间的差距越明显。在目标函数值上，企业决策模型采用 MP 算法的结果相对优于 SQP 算法，政府决策模型二者结果基本一致。综上，采用变分不等式求解企业与政府的资源配置决策模型，无论是在求解精度还是在求解效率上都具有一定优势，尤其是在大规模计算时，算法优势更加显著。

7.1.5 案例分析

为了更好地分析公平参数对企业和政府决策模型的影响，设计小规模算例 $n = 20$，增量成本约束 $C = 500$，其他参数设置同上，需求分布如表 7-2 所示。将企业、政府的决策模型转化为变分不等式后，通过修正投影算法求解不同公平参数下的最优方案，探讨不同公平偏好对企业和政府决策的影响。

表 7-2 需求点分布与相关参数

需求点名称	经度	纬度	单位需求成本/元	需求数量/个
B5267	121.664 2	31.618 48	0.98	46
B4593	121.596 5	31.280 43	0.28	73
B6241	121.684 3	31.288 19	0.49	26
B1208	121.340 3	31.248 98	0.31	6
B3802	121.423 9	31.113 93	0.10	92
B1258	121.396 5	31.095 28	0.11	57
B8190	121.231 4	31.737 77	1.33	17
B0483	121.518	30.940 62	0.32	87
B7894	121.636 3	31.315 14	0.39	45
B8760	121.284	30.805 68	0.82	96
B1785	121.382 6	31.245	0.27	41
B4710	121.445 9	31.047 15	0.26	91
B6880	121.450 3	31.263 69	0.09	23
B8421	121.396 2	31.314 9	0.25	37
B0276	121.391 4	31.165 02	0.07	79
B7053	121.885 6	30.894 62	0.61	48
B9186	121.458 7	31.277 16	0.07	17
B8920	121.346 2	30.940 26	0.51	50
B6827	121.225 6	31.241 26	0.31	99
B3756	121.517 2	31.101 19	0.32	85

7.1.5.1　企业决策结果

企业决策模型中的公平参数是客户对嫉妒的最大容忍值 α，分别取 $\alpha=$ [0，200，400，600，1 000 000]，当 α 为 0 时客户完全不能容忍不公平，当 α 为 200 时表示客户可容忍服务水平与其他个体平均相差约 10 个小时，α 为 1 000 000 时表示客户不在乎是否公平。

随着客户对公平性要求的提高，不公平带来的损失增大，服务水平两极分化现象反而愈发显著。当 $\alpha=1\ 000\ 000$ 时，客户对公平性不敏感，企业决策结果为效率最优，此时个体的服务水平与可获得最大利润 $\mu_i=(p-c_i)\,D_i$ 呈正相关，即个体的服务成本越低、实际需求越大则获得的服务水平越高。当 $\alpha=0$ 时，客户极端在意公平，企业决策结果为公平最优，此时个体间服务水平极差达到最大，部分需求点服务水平全部为最高 36，其他则全部为最低水平。企业的最优服务水平决策结果如图 7-1 所示。

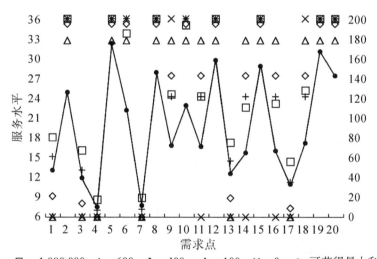

图 7-1　不同公平参数下企业决策的最优服务水平

随着客户不公平容忍程度 α 的降低，服务水平的分化趋势如表 7-3 所示，个体效用两极分化现象反而愈发显著。当 $\alpha=1\ 000\ 000$ 时，客户对公平性不敏感，个体的个体效用与客户价值 $\mu_i=(p-c_i)\,D_i$ 呈正相关，即个体的服务成本越低、实际需求越大，获得的个体效用越高。随着客户不公平容忍程度的降低，企业将优先保障 μ_i 较高的个体获得相近的个体效用，同时牺牲 μ_i 较小个体的利益。当 $\alpha=0$ 时，客户极端在意公平，个体间个体效用极差达到最大，部分需求点个体效用全部为最高，其他则全部为最低。

表 7-3　不同公平参数下企业最优个体效用差异分析

α 取值	个体获得服务水平
$\alpha = 1\ 000\ 000$	$u_{i=4,7} \in [8,9]$，$u_{i=1,3,13,17} \in [14,19]$，$u_{i=9,11,14,16,18} \in [22,26]$，$u_{i=2,5,6,8,10,12,15,19,20} \in [33,36]$
$\alpha = 600$	$u_{i=4,7} \in [7,8]$，$u_{i=1,3,13,17} \in [11,16]$，$u_{i=9,11,14,16,18} = 24.3$，$u_{i=2,5,6,8,10,12,15,19,20} = 36$
$\alpha = 400$	$u_{i=4,7} = 6$，$u_{i=1,3,13,17} \in [7,10]$，$u_{i=9,11,14,16,18} = 27.4$，$u_{i=2,5,6,8,10,12,15,19,20} = 35.2$
$\alpha = 200$	$u_{i=1,3,4,7,13,17} = 6$，$u_{i=2,5,6,8,9,10,11,12,14,15,16,18,19,20} = 32.7$
$\alpha = 0$	$u_{i=1,3,4,7,11,13,14,16,17} = 6$，$u_{i=2,5,6,8,9,10,12,15,18,19,20} = 36$

个体利润与嫉妒值的变化随 μ_i 值由大到小可分为四类，如图 7-2 所示。①μ_i 值极高的个体，利润和嫉妒值基本不变。无论 α 取值如何，此类个体的效率与公平性总是优先得到保障，如需求点 2、5、6 等。②μ_i 值较高的个体，利润增加且嫉妒值减少。此类个体由于不公平带来的损失相对较高，因此获得了与 μ_i 值极高个体一样的个体效用，效率与公平性都有所提升，如需求点 9、18。③μ_i 值较低的个体，利润先增后减，嫉妒值先降后升。此类个体在效用逐渐两极分化的过程中，先是被归为优先保障的个体，之后则被牺牲以换取更高 μ_i 个体的公平性，因此效率与公平的表现呈现先改善后降低的趋势，如需求点 11、14、16。④μ_i 值极低的个体，利润变化不大但嫉妒值增加。此类个体始终维持在较低的个体效用，因此利润变化不大，但由于其他个体的个体效用提升，导致其嫉妒值增加，如需求点 1、3、4 等。

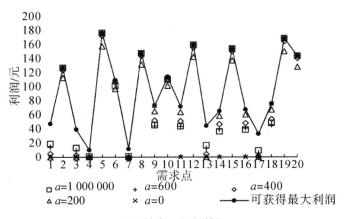

（a）效率：服务利润

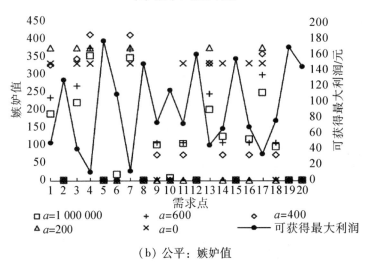

（b）公平：嫉妒值

图 7-2　不同公平参数 α 下企业决策结果

7.1.5.2　政府决策结果

随着政府公平参数 β 的增加，总的实际需求量减少而最低个体效用增加，说明效率降低但公平性增加，如图 7-3（a）所示。当 β = 0 时，总实际需求达到最大 932，最低个体效用最低为 8.4，说明此时决策结果效率最优但公平性较差。当 β ∈ [0，0.2] 时，效率与公平值的变化明显，之后逐渐放缓。β ≥ 1 后效率与公平值基本保持不变。当 β = 2 时总实际需求降低至 835，最低个体效用提高至 27.8。总体来看，较小的效率损失可换得较高的公平损失，如图 7-3（b）所示。当政府偏好于效率，倾向由市场发挥资源配置作用时，可设置较低的效率损失容忍值。如当 δ_e = 3% 时，政府可选择的最优公平参数 β =

0.04，公平损失为52%。当政府偏好于公平，对社会公平和地区平等发展要求更高时，可设置较高的效率损失容忍值。如当$\delta_e = 10\%$时，政府最优公平参数$\beta = 0.8$，此时公平损失降低为5%。

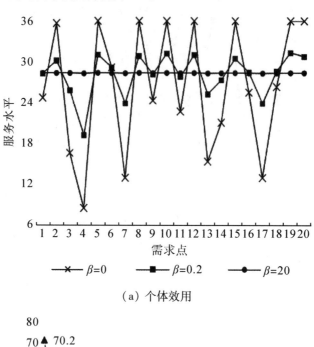

（a）个体效用

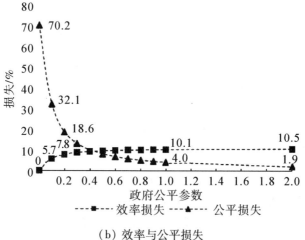

（b）效率与公平损失

图7-3 不同公平参数β下政府决策结果

7.1.5.3 企业与政府决策结果对比

企业和政府的公平目标分别受客户公平偏好α与政府公平偏好β的影响，主要有以下四种偏好组合情景：一是高α、高β的情景S_{hh}，在实际生活中主要体现在教育、医疗、交通等公共资源的配置上，无论是客户还是政府都有较高的公平要求。二是高 α、低 β 的情景 S_{hl}，例如在餐饮、零售等具有排队特征的可见对比场景下，客户对不公平的待遇有非常直接的感受，对公平更加敏感，而政府的公平偏好相对较低。三是低 α、高 β 的情景 S_{lh}，例如金融、科研技术服务、文化体育等社会资源的配置，客户的公平感知相对教育、医疗资源而言并不强烈，但这些资源对地区经济和文化发展至关重要，因此政府可能存在较高的公平偏好。四是低 α、低 β 的情景 S_{ll}，此时客户和政府都认可效率是决定资源配置的关键因素，如高端零售、文娱、旅游等消费市场。

在 S_{hl} 和 S_{lh} 情景下，企业与政府的决策行为具有较大差异是显而易见的，因此主要比较 S_{ll} 和 S_{hh} 情景。公平参数 (α, β) 取值分别为（1 000 000，0）、（0，2）。可知，在 S_{ll} 情景下企业与政府均追求效率最优，二者资源配置结果差异不大。在 S_{hh} 情境下企业与政府均追求公平最优，二者配置结果差异较大，企业呈现显著的两极分化，而政府决策中个体的个体效用基本相同。不同主体决策结果的效率与公平表现，如表 7-4 所示。

表 7-4　企业与政府决策的效率与公平比较

决策偏好	决策主体	决策结果的效率与公平表现			
		总利润/元	总嫉妒值	覆盖需求量/个	最低效用/小时
效率最优	企业	1 546.7	1 822.2	927.6	8.6
	政府	1 540.1	2 045.5	932.4	8.4
公平最优	企业	1 435.2	2 970	854	6
	政府	1 358.8	7.5	831.4	28.3

在总利润和总实际需求两个效率指标上，企业与政府的效率最优决策差异不大，表现较好的为企业的公平最优决策，而效率损失最大的是政府的公平决策。在总嫉妒和最低个体效用指标上，企业追求公平最优时反而公平表现最差，因为此时企业决策中两极分化最为显著，而政府公平最优结果的公平表现非常突出，基本实现了个体效用的均等。

7.2　多阶段数量分配问题

第 2 章数量分配问题提出了比例分配、均等收益和剩余均分三种方法，在现实的资源分配决策中有时还面临多阶段的数量分配问题，例如我国的农村和城市地区，虽然现阶段农村公共资源需求量不大，但未来可能出现极快速的增长，如果过早将有限资源投入需求表现充分的城市地区，则可能失去未来的农村市场，同时拉大城乡差距，不利于资源的均衡配置。同时，如果为未来的农村需求增长预留过多资源，又会导致资源闲置，有损效率，因此需要在二者之间进行权衡。

本节将探讨资源不足情况下的多阶段公共资源配置问题。首先，建立单阶段和多阶段的的字典序最大分配模型。其次，通过改进的 water-filling 算法求解单阶段分配结果，以此确定多阶段下的分配量上下限和资源总量，设计出求解多阶段帕累托解集的算法，并提出根据决策者效率和公平偏好选择最优分配的方法。最后，通过数值分析证明方法的有效性和实用性。

7.2.1 多阶段公共资源配置模型

效率-公平权衡的多阶段公共资源配置问题可以描述为：已知各地区不同阶段对公共资源的需求数量，在资源不足的情况下，如何决定各阶段的公共资源分配，以实现效率和公平目标。本书模型与传统模型的主要区别在于：①传统的公共设施配置模型以效率目标为主，对需求量大的地区分配更多的资源，本书采用 max-min 公平原则，即最小分配最大，兼顾了弱势地区的公共服务需求；②本书通过构建多阶段的分配模型，为未来弱势地区的公共需求发展预留了资源，可根据决策者的效率与公平偏好，在帕累托解集中选择最优方案。

7.2.1.1 模型假设与参数定义

在模型建立前，给出以下假设：各阶段的资源需求为累加需求量，单调非减，且地区间需求量的相对排序不变，如图 7-4 表示了 3 个主体 4 个阶段的需求情况。该假设是合理的，因为弱势地区的需求虽然有较快增长，但是总量上仍将长期小于发达地区。

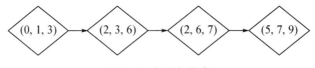

图 7-4 多阶段需求

相关的参数与符号定义如下：

i：需求地区，$i = 1, 2, \cdots, n$；

t：需求阶段，$t = 1, 2, \cdots, k$；

j：分配策略，$j = 1, 2, \cdots, g$；

m：资源总量；

d^t：第 t 阶段的需求量，$d^t = \{d_1^t, d_2^t, \cdots, d_n^t\}$；

D：各阶段需求的集合，$D = \{d_1, d_2, \cdots, d_k\}$；

c^t：第 t 阶段资源分配下限，$c^t = \{c_1^t, c_2^t, \cdots, c_n^t\}$；

p^t：第 t 阶段的分配量，$p_t = \{p_1^t, p_2^t, \cdots, p_n^t\}$；

P：分配策略，是各阶段分配量的集合；

$<_c$：大小排序符号，若 $\forall i$，$p'_i \leqslant p_i$，则 $p' <_c p$；

$<_{Lex}$：字典序排序符号，即按最小数的大小排序，若相同则按第二小数的大小进行排序，以此类推，如 $(2, 2, 5, 5) <_{Lex} (2, 3, 4, 5)$。

7.2.1.2 单阶段设施配置模型

对于所有的分配策略 $P = (p_1, p_2, \cdots, p_n)$，目标是实现 max-min 公平，即字典序最大，模型如下：

$$Lexmax P \tag{7-22}$$

$$\text{s.t. } \sum_{i=1}^n p_i \leqslant m \tag{7-23}$$

$$c_i \leqslant p_i \leqslant d_i, \ i = 1, 2, \cdots, n \tag{7-24}$$

$$p_i \in Z, \ i = 1, 2, \cdots, n \tag{7-25}$$

目标函数（7-22）表示字典序最大，约束条件（7-23）表示分配量不大于资源总量，约束条件（7-24）表示分配量不大于需求量，约束条件（7-25）表示决策变量为整数。

最优分配策略 $p^* = (p_1^*, p_2^*, \cdots, p_n^*)$ 满足以上条件，当且仅当对于 $i = 1, 2, \cdots, n$，满足式（7-23）—式（7-25）：

$$\max p_i \tag{7-26}$$

$$\text{s.t. } (p_1, \cdots, p_{i-1}) = (p_1^*, \cdots, p_{i-1}^*), \ \forall i \geqslant 2 \tag{7-27}$$

目标函数（7-26）和约束条件（7-27）表示在所有的分配决策中，按需求点下标从小到大进行比较，首先比较第 1 个点，选择分配量最大的方案，若分配相同，则比较第 2 个点选择最大的分配，以此类推。

7.2.1.3 多阶段设施配置模型

单阶段的字典序最大分配是唯一的，但是多阶段的分配方案进行比较时，则可能出现多个占优解。

当一个多阶段分配方案 p^* 找不到别的方案 p'，使得对于所有 $t = 1, 2, \cdots, k$，都有 $p^{t*} <_{Lex} p^{t'}$，则称 p^* 为字典序占优方案，所有字典序占优方案称为 Pol（Pareto optimal in lexicographic order）策略。模型如下：

$$Lexmax p \tag{7-28}$$

$$p^{t-1} <_c p^t \qquad (7\text{-}29)$$

$$\sum_{i=1}^{n} p_i^t \leqslant m, \ t = 1, \ 2, \ \cdots, \ k \qquad (7\text{-}30)$$

$$c_i^t \leqslant p_i^t \leqslant d_i^t, \ i = 1, \ 2, \ \cdots, \ n; \ t = 1, \ 2, \ \cdots, \ k \qquad (7\text{-}31)$$

$$p_i^t \in Z, \ i = 1, \ 2, \ \cdots, \ n; \ t = 1, \ 2, \ \cdots, \ k \qquad (7\text{-}32)$$

目标函数（7-28）表示按字典序占优，约束条件（7-29）表示下一个阶段的资源分配量不少于上一阶段的量，约束条件（7-30）为资源约束，约束条件（7-31）表示分配量不大于需求量，约束条件（7-32）表示决策变量为整数。

7.2.2 模型求解

7.2.2.1 单阶段模型求解算法

一般的 max-min 公平分配采用 water-filling 算法，算法的思想是模拟水平面的上升，需求得到满足后获得资源不再增加，直到所有需求被满足或资源被用完，如图 7-5 所示。此处增加了分配最低限制，且分配量为整数，因此需要对传统的 water-filling 算法进行改进。

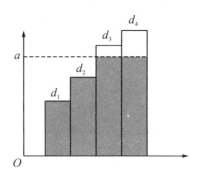

图 7-5　传统 water-filling 算法

定理 1　c, d 为非负整数 n 维向量，且 $c <_c d$，为单阶段分配量的上限和下限约束，资源总量为 m，则字典序最大的分配 $p^* = Lexmax[(c, d), m]$，满足 $\sum p_i^* = \min(m, \sum d_i)$，且存在注水线 $\alpha \in N$，任意的 p_i^* 都可划归到以下四类中的其中一类：

$$i \in E_1 \Rightarrow p_i^* = c_i \qquad (7\text{-}33)$$

$$i \in E_2 \Rightarrow p_i^* = \alpha \qquad (7\text{-}34)$$

$$i \in E_3 \Rightarrow p_i^* = \alpha + 1 \qquad (7\text{-}35)$$

$$i \in E_4 \Rightarrow p_i^* = d_i \qquad (7\text{-}36)$$

证明　式（7-33）和式（7-36）作为分配的上下限，结论明显，不再证明。式（7-34）式（7-35）表明对于分配结果非上下限的个体而言，资源分配相差不超过 2 个单位。令存在 i、i'，满足 $c_i < p_i^* < p_{i'}^* < d_i$，且 $p_i^* \leq p_{i'}^* - 2$，则 $p^* <_{Lex}(\cdots, p_i^* + 1, \cdots, p_{i'}^* - 1, \cdots)$，与假设矛盾，得证。

改进 water-filling 算法首先向下限需求注水，之后注水线开始从未满足的需求部分上升，直到满足所有需求或用完所有资源，排序靠后的部分个体资源量可能超过注水线 1 个单位，如图 7-6 所示。

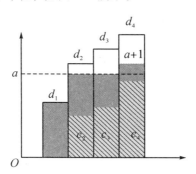

图 7-6　改进 water-filling 算法

算法步骤：①首先满足下限需求，初始分配 $p^0 = c$；②确定初始注水线 $\alpha = 0$；③检查注水线为 α 时，资源分配量是否超过资源总量 m，若无则进入第④步，若超过则进入第⑤步；④ $\alpha = \alpha + 1$，重复第③步；⑤确定注水线最后增加 1 单位时水位开始上升的位置 i，从 开始往后每个个体逐个减少 1 单位，直到分配总量与资源总量相等；⑥确定最终的注水线以及分配结果。

7.2.2.2　多阶段模型求解算法

由单阶段的求解算法可知，分配量上限、下限和资源总量就决定了字典序最大分配。拓展到多阶段，不同的 Pol 策略在某些阶段资源使用量不同，导致分配结果不一样。因此多阶段模型求解的核心问题是要确定各阶段使用资源量的所有情况。首先证明以下定理。

定理 2　Pol 策略中 t 阶段的分配量 p_t，对于 $i = 1, 2, \cdots, n$，满足 $p_i^t = \min(d_i^t, p_i^k)$，即需求量与最末阶段分配量的较小值。

证明　p_t 满足需求和阶段约束，即 $\forall i, p_i^t \leq d_i^t$ 且 $p_i^t \leq p_i^{t+1}$，假设存在 $p_i^t < \min(d_i^t, p_i^{t+1})$，则存在正整数 x_i，使得 $(\cdots, p_i^t, \cdots) <_{Lex}(\cdots, p_i^t + x_i, \cdots)$，与 p_t 为字典序最大分配假设矛盾，因此有 $p_i^t = \min(d_i^t, p_i^{t+1})$，则 $p_i^t = \min(d_i^t, \min(d_i^{t+1}, p_i^{t+2}))$，以此类推可得 $p_i^t = \min(d_i^t, d_i^{t+1}, \cdots, d_i^k, p_i^k)$，又因为 $d_i^t \leq d_i^{t+1}$，得证。

推论 1　若 p 为 Pol 策略，在 t 阶段个体的分配量 $p_i^t < d_i^t$，则之后个体获得资源量不再增加。

证明　由定理 2 可得 $p_i^t = \min(d_i^t, p_i^k)$，由 $p_i^t < d_i^t$ 得 $p_i^t = p_i^k < d_i^t$，个体需求按阶段递增，因此 $\forall t' > t$ 都有 $p_i^k < d_i^t \leqslant d'_i^t$，可得 $p'_i^t = \min(d''_i, p_i^k) = p_i^k = p_i^t$，得证。

定理 3　P 为在 $t-1$ 阶段分配量为 p^{t-1} 的所有 Pol 策略的集合，其中分配 p^* 满足 $p^{k*} = Lex\max[(p^{t-1}, d^k), m]$，则对于 P 中其他所有策略都有 $p_i^t \geqslant p_i^{t*} = \min(d_i^t, p_i^{k*})$。即当 P 中的一个 Pol 策略最末阶段分配为 $Lex\max[(p^{t-1}, d^k), m]$ 时，其对应的第 t 阶段的分配为该阶段 P 中其他所有 Pol 策略的分配下界。

证明　假设一个 Pol 策略 p'，存在 i 满足 $p_i^{t'} < p_i^{t*}$，可得 $p_i^{t'} < p_i^{t*} \leqslant d_i^t$，由定理 2，$p_i^{t'} = \min(d_i^t, p_i^{k'}) = p_i^{k'}$，同理可得 $\forall t$，$p_i^{t'} = p_i^{k'} < p_i^{t*}$。要使 p' 为 Pol 策略，则必须存在一个 $j < i$，使得 $\forall T \geqslant t$，都有 $p_j^{T'} \geqslant p_j^{T*}$ 且至少存在一个 T 满足 $p_j^{T'} > p_j^{T*}$。容易证明至少当 $T = k$ 时应当满足 $p_j^{k'} > p_j^{k*}$，则 $p^{k*} <_{Lex} p^{k'}$，这与 p^{k*} 是字典序最大分配的假设相矛盾，得证。

推论 2　若 p^* 满足 $p^{k*} = Lex\max[(0, d^k), m]$ 且为 Pol 策略，则对于其他所有 Pol 策略都有 $p_i^1 \geqslant p_i^{1*} = \min(d_i^1, p_i^{k*})$，即当一个 Pol 策略最末阶段分配为 $Lex\max[(0, d^k), m]$ 时，其对应的第 1 阶段的分配为该阶段其他所有 Pol 策略的分配下界。

推论 2 是定理 3 在 $t = 1$，且 $P^0 = 0$ 时的特殊情况，证明略。

多阶段资源配置的算法思想：首先根据定理 3 和推论 2 确定每个阶段的分配量上限（需求量）、分配下限（上一阶段分配量）和资源量范围，然后采用改进 water-filling 算法计算对应不同分配上下限和资源量的分配结果，剔除部分不满足推论 1 的分配，最终得到所有的 Pol 策略。

算法步骤：①令 $p^0 = 0$，$t = 1$；②计算分配量下限 $m_{low}^t = \sum_{i=1}^{n} \min(d_i^t,$ $Lex\max[(p^{t-1}, d^k), m]_i)$，上限 $m_{up}^t = \min(\sum_{i=1}^{n} d_i^t, m)$；③令 $R = m_{low}^t$，计算 $p^t = Lex\max[(p^{t-1}, d^t), R]$；④判断 p^t 是否满足推论 1，即 $\forall i$，有 $p_i^{t-1} = d_i^{t-1}$ 或者 $p_i^t = p_i^{t-1}$，若满足则保留，否则去掉；⑤ $R = R + 1$，若 $R \leqslant m_{up}^t$，返回第③步，否则转到第⑥步；⑥ $t = t + 1$，若 $t \leqslant k$，返回第②步，否则结束。

7.2.2.3　帕累托解的选择

多阶段的帕累托解考虑了每个阶段的效率和公平情况，但在实际决策中，决策者往往是通过各阶段效率和公平指标的聚合函数来进行判断，例如所有阶段的平均效率或公平程度等。因此本书采用多阶段聚合的效率和公平指标，计算出效率损失和公平损失，并根据决策者偏好进行帕累托解的选择。

采用总未满足需求时间作为效率指标，即需求满足度越高，满足时间越快越好。公平指标则采用各阶段分配的平均基尼系数，因为基尼系数满足标度不变性和转移原则，是较为常用的资源分配公平指标。

效率指标：

$$E_j = \sum_{t=1}^{k} \sum_{i=1}^{n} t \times (d_i^t - p_i^t)$$

公平指标：

$$F_j = \frac{\sum_{t=1}^{k} \left(1 - \frac{1}{n}\left(2\sum_{i=1}^{n} w_i^t + 1\right)\right)}{k}$$

其中，$w_i^t = \dfrac{\sum_{j=1}^{i} p_j^t}{\sum_{j=1}^{n} p_j^t}$，表示从第 1 个到第 i 个累计分配资源占全部分配资源的比重。

所有方案中效率指标数值最小的为效率最优方案，记为 PE 方案。公平指标数值最小的为公平最优方案，记为 PF 方案。由此可计算第 j 个分配方案的效率和公平损失。

效率损失：

$$DE_j = 1 - \frac{E_{PE}}{E_j}$$

公平损失：

$$DF_j = 1 - \frac{F_{PF}}{F_j}$$

决策者可根据自身对效率和公平损失的容忍程度或二者权衡来选择最优分配。

7.2.3 案例分析

7.2.3.1 背景描述

在成都及周边地区进行邮政网点的布局，考虑地区批发零售总额、未来农村发展潜力，结合现有网点数量及运营情况，预测未来 5 年中心城市、区县中心地区以及周边乡镇的邮政服务需求量，如表 7-5 所示。考虑政府短期内的预算约束，假设可投入设施资源量 $m = 150$。

表 7-5 各区域资源需求数量

区域	现状	预测需求数量/个				
		$t = 1$	$t = 2$	$t = 3$	$t = 4$	$t = 5$
乡镇	5	5	16	27	32	35
区县中心	47	50	63	64	64	68
中心城区	63	65	69	72	77	81
合计	115	120	148	163	173	184

7.2.3.2 分配策略计算

通过多阶段资源分配模型及算法计算出所有的帕累托解，共 73 个 Pol 分配策略，部分策略如图 7-7 所示。

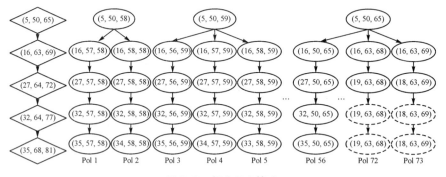

图 7-7 部分 Pol 策略

在 $t = 5$ 时，下限为 0，上限为（35，68，81）的 max-min 公平分配结果为（35，57，58），对应 $t = 1$ 时分配（5，50，58）为第 1 阶段分配资源量的下界，因此 m 的取值范围为［113，115］，对应不同的 m 值，以 0 为下限，需求量为上限可计算出在 $t = 1$ 时的所有分配。同理，在 $t = 2$ 时，对应上接分配（5，50，58），末端分配（35，57，58）的分配为（16，57，58），是具有相同上接分配的所有 Pol 策略的下界，因此 m 的取值范围为［131，148］，对应不同 m 值，以上接分配为下限，该阶段需求量为上限可以计算出 $t = 2$ 时所有（5，50，58）下的分配，并根据推论 1 进行筛选，得到 Pol1 和 Pol2。以此类推，可得到所有 Pol 策略。前期使用资源越少的策略，最后的分配结果越公平，因为将预留的资源在后期分配给了需求更小的个体。

进一步比较不同资源总量下的 Pol 策略数量，如图 7-8 所示。随着资源总量的增加，Pol 策略数量变化呈倒"U"形。前期资源超过分配下限量越多，可在个体间移动的资源越多，Pol 策略数量增加；到达一定程度后，资源量靠近需求上限量，此时中间阶段的分配量大多等于需求量，Pol 策略数量减少；当资源量等于或超过需求量时，分配策略唯一，且等于需求量。

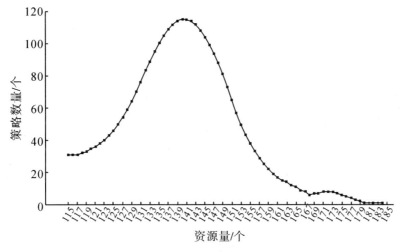

图 7-8　不同资源量下的分配策略数量

7.2.3.3　帕累托解的选择

计算不同分配策略的效率、公平损失情况，如图 7-9 所示。

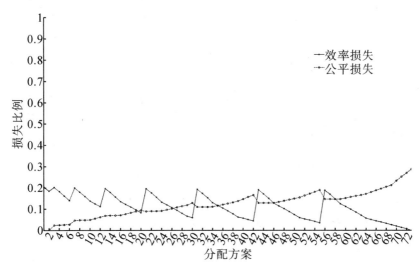

图 7-9　所有 Pol 策略的效率与公平损失情况

效率损失呈现锯齿形下降，在一段损失递减后会出现一个陡增，之后再递减，公平损失则相反。处于一段效率损失递减（公平损失递增）中的方案都具有相同的第 1 阶段分配 p^1，如图 7-7 中的 Pol3、Pol4 和 Pol5，效率损失递减是因为各阶段分配的资源总量 m 不变或递增，公平损失递增是因为前期随着 m 的增加更多的资源向需求量大的个体分配，造成个体间差异增大。出现陡增（陡降）则是由于 p^1 发生变化，如 Pol2 和 Pol3，Pol2 是第一阶段分配 $m^1 = 143$ 下的最后一个方案，即效率最高方案，Pol3 是 $m^1 = 144$ 下的第一个方案，即公平最高方案。二者进行比较，除了第 1 阶段外，各阶段 Pol3 的资源量都小于或等于 Pol2，因此效率损失有所增加，但是个体间的分配更加公平。

决策者可根据自身对效率和公平损失的忍受程度选择最佳的方案。若决策者最多能接受 10% 的效率损失，那么在效率损失低于 10% 的方案中选择公平损失最小的，结果为第 19 个分配方案。若决策者最多接受 10% 的公平损失，则在公平损失低于 10% 的方案中选择效率损失最小的方案，结果为第 20 个方案。决策者偏好与方案选择如表 7-6 所示。

表 7-6　决策者偏好与方案选择

决策者偏好		选择方案	实际损失	
			公平损失/%	效率损失/%
公平损失	5%	Pol 10	4.9	13.7
	10%	Pol 20	9.4	8.2
	15%	Pol 40	14.6	5.6
	20%	Pol 55	19.0	3.5
	25%	Pol 70	23.3	2.0
效率损失	5%	Pol 42	16.5	4.4
	10%	Pol 19	8.8	9.6
	15%	Pol 6	2.7	14.0
	20%	Pol 2	0.1	18.4

决策者也可根据效率-公平损失情况选择方案，如图 7-10 所示。由于指标是各阶段值的聚合函数，因此对于多阶段的帕累托最优分配，其指标的结果未必也是帕累托最优，剔除次优解可得帕累托前沿如图 7-11 所示。

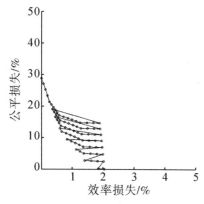
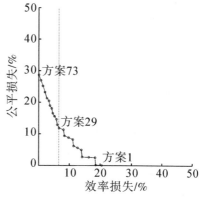

图 7-10　所有 Pol 策略的效率-公平损失　　图 7-11　效率-公平损失帕累托前沿

从方案 1 到方案 29，可以用相对较少的公平损失换取效率的提高，而从方案 73 到方案 29，可以用相对较少的效率损失换取公平的提高。因此，如果决策者偏好高公平，可选择帕累托前沿上靠近方案 1（公平损失 0，效率损失 20%）的分配策略，若偏好高效率则选择靠近方案 73（效率损失 0，公平损失 29%）的策略，若希望效率和公平损失折中，则选择靠近方案 29（效率损失 6%，公平损失 12%）的分配。

7.3　区域资源配置的公平性与影响因素研究

物流作为生产性服务业，对社会经济发展和居民生活消费都起着至关重要的作用。据统计，2019 年全国社会物流总额 298.0 万亿元，同比增长 5.9%，物流业总收入 10.3 万亿元，同比增长 9.0%，物流业发展势头良好。与此同时，我国物流产业发展格局呈现明显的差异化特征，一方面东部沿海等经济发达地区的物流发展水平明显高于中、西部地区，另一方面城市地区物流水平明显高于农村地区。在我国"创新、协调、绿色、开放、共享"新发展理念要求下，区域公平协调发展成为决策中越来越受关注的目标。物流资源作为物流服务的基础，很大程度上决定了地区物流发展水平，以往物流资源配置决策以需求为导向、以效益最大化为目标，经济发达、人口集聚的地区往往获得更多的资源，导致区域物流差异进一步拉大。我国"供给侧改革"提出通过改善供给拉动需求的资源配置决策思路。物流供需平衡理论也表明物流供给将促进需求的增长。因此从供给的角度出发，对物流资源进行公平的配置将有助于欠发达地区的物流产业发展，缩小区域物流差距，推动区域产业和经济的协调与共享发展。

目前，国内外学者围绕区域物流资源的分布格局、差异化特征和影响因素等开展了许多研究。Van 等以荷兰北布拉班特省为例，分析了物流设施、物流企业的空间聚集特征与区位变化规律。部分国外学者认为物流资源的分布呈现先集聚后扩散的态势，主要是受到集聚导致的交通拥堵、土地利用效率降低、运输成本增加等问题的影响。国内学者王成金、韩增林等重点研究了我国物流企业及物流园区的空间组织、分布格局与区位选择。金凤花等运用 Theil 指数对 2001—2011 年统计数据进行了实证分析，研究了区域物流发展的差异化程度。张晶等引入碳排放 Theil 指数及区域分离系数，对我国物流业碳排放的地区差异进行了测度和分解。在众多的公平性指标中变异系数、基尼系数、Theil 指数和阿特金森指数是较为合适的公平测度指标。

已有研究主要集中在物流产业的空间格局、发展趋势和影响因素等上，对于区域物流资源配置的公平性研究还较少，难以科学衡量区域物流资源配置现状，无法指导公平的物流资源配置决策。因此，本节以物流资源为例，构建资源配置指标体系，结合公平测度指标 Theil 指数对区域内及区域间的公平进行评价，以四川省为例从区县、地级行政区和物流增长极三个层面，分析区域的资源配置公平性，并运用回归分析研究了资源配置的影响因素。

7.3.1 公平测度方法与数据来源

7.3.1.1 指标选取

1. 区域物流资源配置指标

本着指标可量化、可获取的原则，从物流节点、物流通道、物流企业方面构建物流资源配置的指标体系，如表 7-7 所示。

表 7-7 区域物流资源配置关联指标体系

物流资源		关联指标 x_j
节点资源指数	x_1	物流园区占地面积/亩
	x_2	场站处理能力/万吨·年
通道资源指数	x_3	各运输方式总里程/千米
	x_4	路网密度/千米·平方千米
	x_5	交通基础设施投资额/亿元
企业资源指数	x_6	主要物流企业数量/个

2. 区域物流资源配置公平性影响因素指标

参考已有研究，探讨区域社会经济因素对物流资源配置公平性的影响。影响因素如表7-8所示。

表7-8 区域物流资源配置影响因素指标

影响因素		具体指标
人口集聚程度	y_1	人口密度/人·平方千米
经济水平	y_2	人均地区生产总值/万元
消费能力	y_3	人均社会消费品零售总额/元·人
	y_4	城镇居民可支配收入/元
	y_5	农村居民纯收入/元
城镇化水平	y_6	城镇化率/%
工业发展水平	y_7	工业增加值/亿元

7.3.1.2 公平测度方法

各区域每类资源配置指数通过各子指标的无量纲化和加权加总得到。通过资源指数计算物流节点、通道、企业以及所有资源的 Theil 指数，作为衡量公平的指标。

1. 指标无量纲化

为消除子系统指标数据量纲影响，使其具有可比性，首先对数据指标进行极差标准化处理。由于所有指标都是正向指标，因此计算公式如下：

$$x'_{ij} = [x_{ij} - \min(X_j)] / [\max(X_j) - \min(X_j)] \tag{7-37}$$

其中，x'_{ij} 表示 i 区域指标 j 无量纲化后的值，x_{ij} 表示指标原始值，X_j 表示各区域指标 j 的值的集合，$X_j = \{x_{1j}, x_{2j}, \cdots, x_{nj}\}$（$n$ 表示区域个数量）。

2. 物流资源配置指数

物流节点、通道和企业资源配置指数分别通过关联指标加权加总得到，权重的计算采用均方差决策法，第 k 类物流资源下关联指标 j 的权重 w_j^k 计算如下：

$$\delta_j = \sqrt{\sum_{i=1}^{n} \left(x_{ij} - \frac{1}{n}\sum_{i=1}^{n} x_{ij}\right)^2} \tag{7-38}$$

$$w_j^k = \frac{\delta_j}{\sum_{x_j \in E_k} \delta_j}, \ x_j \in E_k \tag{7-39}$$

其中，δ_j 表示各区域指标 j 值的均方差，w_j^k 表示 k 类物流资源下指标 j 的权重，E_k 表示 k 类资源下的关联指标集合。式（7-39）表示同一类物流资源下各关联指标的权重相加为 1。

由此可得

$$C_{ik} = \sum_{x_j \in E_k} w_j^k x'_{ij} \tag{7-40}$$

其中，C_{ik} 表示 i 区域的 k 类物流资源配置指数。

区域的总资源配置指数为各类物流资源指数的加权加总，权重采用等权重的形式，计算公式如下。资源指数体现了不同区域资源配置的相对情况。

$$C_i = \frac{1}{q} \sum_{k=1}^{q} C_{ik} \tag{7-41}$$

其中，C_i 表示 i 区域的总资源配置指数，$0 \le C_i \le 1$，q 表示资源指数类别数量。

3. 物流资源配置公平性

采用 Theil 指数衡量区域物流资源配置公平性，该方法的优点在于可以将总体差异细分为组内差异和组间差异两部分，Theil 指数值越小，说明地区资源配置越公平；数值越大，说明地区差异越大。Theil 指数考虑了资源占比与人口占比间的关系，实际衡量的是人均资源的拥有量。Theil 指数计算公式为

$$T_{Bk} = \sum_i \left(\left(\frac{C_{ik}}{C_k} \right) \ln \left(\frac{C_{ik}/C_k}{P_i/P} \right) \right) \tag{7-42}$$

$$T_{Wk} = \sum_i \left(\frac{C_{ik}}{C_k} \right) T_{wi} = \sum_i \left(\frac{C_{ik}}{C_k} \right) \left(\frac{C_{ii'k}}{C_{ik}} \right) \ln \left(\frac{C_{ii'k}/C_{ik}}{P_{ii'}/P_i} \right) \tag{7-43}$$

$$T_k = T_{Wk} + T_{Bk} \tag{7-44}$$

其中，T_{Bk} 表示 k 类物流资源的区域间差异，C_{ik} 表示 i 区域的 k 类物流资源指数，C_k 表示所有区域 k 类物流资源指数加总，P_i 表示 i 区域的人口，P 表示总人口，T_{Wk} 表示 k 类物流资源的区域内差异，T_{wi} 表示 k 类物流资源在区域 i 内的差异，$C_{ii'k}$ 表示 i 区域内地区 i' 的 k 类物流资源配置指数，$P_{ii'}$ 表示 i 区域内地区 i' 的人口。式（7-42）计算的是不同区域间物流资源配置指数的公平性，式（7-43）计算的是区域内的物流资源配置公平性，式（7-44）计算的是物流资源配置的总公平指数。

4. 影响因素分析

通过多元回归模型分析社会经济因素对物流资源配置的影响，采用最小二乘法进行计量分析，研究影响因素与物流资源指数之间的关系。

7.3.1.3 数据来源

2015 年，四川地区生产总值超过 4.6 万亿元，经济总量在中、西部地区位列第一，产业、交通等发展位于中、西部前列。与此同时，以地区生产总值计算的"两城市指数"，成都以 6.4 的首位度居全国第一，超过排名第二的武

汉近一倍，说明成都市在四川省的优势明显，产业和经济发展呈现过于集聚的态势。从地理环境来看，四川省既有有利于经济发展的平原地区，同时也有交通不便的山地、丘陵地区，导致区域经济发展不均分化现象显著。因此，以四川省为例对区域物流资源配置的公平性进行研究，一方面对于物流发展较为落后的中、西部地区有较强的代表性，另一方面四川省经济发展的不均衡也使物流资源配置不均衡现象更加显著，有利于研究公平性表现及影响因素。

物流园区及物流企业数据来自四川省物流公共信息平台数据，其中物流园区为主要已建或近期规划建设的园区，物流企业为 2018 年四川省物流重点联系企业；场站能力数据来源于铁路局、港口及机场运营企业；物流通道数据与社会经济数据来源于各地区统计公报与年鉴，其中交通基础设施投资额大部分区县一级的数据难以获取，因此在该指标计量分析时以地级行政区为主。除物流企业外其余数据年限均为 2017 年。

从区县、地级行政区、增长极三个层面分析四川省物流资源的配置情况，覆盖四川省 21 个地级行政区的 183 个区县，合并各地级行政区市辖区后共 168 个区县。根据《四川省物流业发展中长期规划（2015—2020 年）》将四川省划分为"一核多级"。"一核"是指成都市；"川北增长极"包括广元、绵阳、德阳；"川东北增长极"包括巴中、南充、达州、广安；"川中增长极"包括遂宁、资阳、内江、自贡；"沿江增长极"包括泸州、宜宾、乐山；"攀西增长极"包括凉山州和攀枝花；以及"其他"地区包括雅安、眉山、甘孜藏族自治州（以下简称"甘孜州"）和阿坝藏族羌族自治州（以下简称"阿坝州"）。

2015 年四川省各区域物流资源配置基础数据如表 7-9 所示。

表 7-9　2015 年四川省各区域物流资源配置数据

增长极	地级行政区	园区面积/亩	场站能力/万吨·年⁻¹	运输方式总里程/千米	路网密度/千米·平方千米⁻¹	重点企业数量/家	交通投资额/亿元
一核	成都	19 440	4 381	22 789	1.88	54	548.9
沿江增长极	泸州	7 036	6 500	13 516	1.10	12	88.2
	宜宾	90	4 400	18 537	1.40	13	85.6
	乐山	0	5 000	11 613	0.91	4	139.6
川北增长极	德阳	462	1 000	8 467	1.42	4	66.3
	绵阳	6 122	287	19 888	0.98	9	133.4
	广元	520	256	19 520	1.20	4	65.0

表7-9(续)

增长极	地级行政区	园区面积/亩	场站能力/万吨·年$^{-1}$	运输方式总里程/千米	路网密度/千米·平方千米$^{-1}$	重点企业数量/家	交通投资额/亿元
川东北增长极	达州	11 250	171	19 512	1.18	10	75.0
	南充	1 100	0	22 427	1.78	8	140.4
	广安	15 000	0	13 228	2.09	9	80.0
	巴中	5 800	0	16 715	1.36	1	173.7
攀西增长极	攀枝花	0	1 730	4 713	0.63	8	57.1
	凉山州	0	0	27 933	0.46	6	75.0
川中增长极	遂宁	30 939	500	8 790	1.65	15	43.9
	内江	3 998	0	10 146	1.89	3	53.4
	自贡	0	500	6 457	1.48	5	48.0
	资阳	0	0	14 588	1.83	6	133.5
其他	雅安	1 050	0	5 421	0.35	7	41.3
	眉山	0	200	7 401	1.04	3	88.0
	甘孜州	0	0	29 599	0.19	0	65.8
	阿坝州	0	0	14 705	0.17	0	71.9

7.3.2 四川省物流资源配置情况

区县、地级行政区和增长极的物流节点、物流通道、物流企业以及总物流资源指数如表 7-10 至表 7-12 所示。

7.3.2.1 区域物流资源配置情况

从区县层面来看，资源指数较高的区县集中于川中与川东地区，川西地区的资源指数较低，但各地级行政区中行政中心的指数都相对较高。从前五位的情况来看，遂宁市市辖区三类资源指数均处于较高水平；成都市市辖区重点物流企业数量最多，且物流通道条件良好；泸州市市辖区拥有四川主要的港口群，临港物流发展良好，节点与企业指数较高；成都市青白江区依托大弯货站与集装箱中心站建设两大物流园区，聚集了大批的物流企业；广安市市辖区的通道与企业指数较高。

从地级行政区层面来看，成都资源指数为 0.84，明显高于其他地区，之后依次为泸州 0.40、遂宁 0.38、宜宾 0.36 和广安 0.30。泸州和宜宾主要依托航运优势，发展港口与临港物流，在节点和企业指数上较为突出。遂宁市将物流作为重点产业，具有较好的政策环境，西部现代物流港的集聚作用显著，物流产业链初具规模。广安的物流通道条件较好，路网密度与交通投资额较高。

资源指数较低的城市为眉山 0.10、雅安 0.06 和阿坝州 0.05。

从增长极层面来看，成都市"一核"地位突出，资源指数较其他增长极仍然处于领先地位。其次为川东北增长极，广安、达州、南充的资源指数在地级行政区中排名 5~7 位，贡献突出。川中与沿江增长极指数相近。攀西增长极指数最低。

7.3.2.2 分类别物流资源配置情况

从节点资源指数来看，两级分化情况较为显著，排名前五的地级行政区依次为成都、泸州、遂宁、乐山和宜宾。物流园区占地面积最广的为遂宁市，包括西部现代物流港在内的三个主要物流园区总面积超过 3 万亩[①]；场站处理能力最高的为泸州市，泸州港五大港区年处理能力达 6 500 万吨。

从通道资源指数来看，交通作为公共基础设施，其建设投入主要由政府承担，与节点相比，各地的通道资源指数差异明显缩小。排名前五的依次为成都、南充、广安、资阳和巴中市，可见川东北地区近年来交通基础设施不断完善，成为四川连接中西部的枢纽。运输方式总里程最高的为甘孜州，总里程近 3 万千米，主要是由于甘孜州地域面积广阔，但在路网密度上并不突出，仅为 0.19 千米/平米。路网密度最高的为广安市，达到 2.09 千米/平米。交通投资额最高的为成都市，总投资将近 550 亿元，远高于排名第二的巴中市 173.7 亿元。

从企业指数来看，成都市远高于其他地区，重点联系物流企业共 54 家。四川其他城市的企业指数相对均衡，较高的为泸州、宜宾、乐山和达州，企业数量在 10~15 家。

表 7-10　四川省区县物流资源指数

序号	县区	物流节点指数	物流通道指数	物流企业指数	总指数	序号	县区	物流节点指数	物流通道指数	物流企业指数	总指数
1	遂宁市市辖区	0.51	0.42	0.71	0.55	16	资阳市雁江区	0.00	0.47	0.18	0.22
2	成都市市辖区	0.00	0.62	1.00	0.54	17	南充市南部县	0.00	0.57	0.06	0.21
3	泸州市市辖区	0.64	0.32	0.47	0.48	18	成都市彭州市	0.00	0.62	0.00	0.21
4	成都市青白江区	0.41	0.24	0.76	0.47	19	广元市苍溪县	0.00	0.60	0.00	0.20
5	广安市市辖区	0.18	0.45	0.35	0.33	20	成都市双流区	0.12	0.24	0.24	0.20
6	绵阳市市辖区	0.13	0.38	0.47	0.33	21	南充市仪陇县	0.00	0.45	0.12	0.19
7	达州市达川区	0.17	0.38	0.35	0.30	22	南充市市辖区	0.03	0.33	0.18	0.18
8	成都市龙泉驿区	0.00	0.34	0.53	0.29	23	内江市市中区	0.06	0.40	0.06	0.17

①　1 亩 ≈ 666.67 平方米。

表7-10(续)

序号	县区	物流节点指数	物流通道指数	物流企业指数	总指数	序号	县区	物流节点指数	物流通道指数	物流企业指数	总指数
9	宜宾市翠屏区	0.24	0.28	0.35	0.29	24	泸州市泸县	0.13	0.32	0.06	0.17
10	德阳市旌阳区	0.13	0.52	0.18	0.27	25	内江市东兴区	0.00	0.43	0.06	0.16
11	成都市新都区	0.09	0.27	0.35	0.24	26	达州市宣汉县	0.00	0.48	0.00	0.16
12	广元市旺苍县	0.00	0.71	0.00	0.24	27	广元市利州区	0.04	0.20	0.24	0.16
13	攀枝花市市辖区	0.21	0.15	0.35	0.24	28	乐山市市中区	0.18	0.11	0.18	0.16
14	巴中市市辖区	0.09	0.53	0.06	0.23	29	广安市岳池县	0.00	0.41	0.06	0.16
15	资阳市安岳县	0.00	0.61	0.06	0.22	30	甘孜州九龙县	0.00	0.47	0.00	0.16

注：因区县数量较多，此处列出总物流资源指数排列前三十位的区县情况。

表 7-11　四川省地级行政区物流资源指数

序号	地级行政区	物流节点指数	物流通道指数	物流企业指数	总指数	序号	地级行政区	物流节点指数	物流通道指数	物流企业指数	总指数
1	成都	0.65	0.86	1.00	0.84	12	攀枝花	0.14	0.10	0.15	0.13
2	泸州	0.65	0.33	0.22	0.40	13	凉山州	0.00	0.41	0.11	0.17
3	宜宾	0.37	0.46	0.24	0.36	14	遂宁	0.50	0.35	0.28	0.38
4	乐山	0.42	0.30	0.07	0.26	15	内江	0.06	0.42	0.06	0.18
5	德阳	0.09	0.31	0.07	0.16	16	自贡	0.04	0.29	0.09	0.14
6	绵阳	0.11	0.43	0.17	0.24	17	资阳	0.00	0.52	0.11	0.21
7	广元	0.03	0.43	0.07	0.18	18	雅安	0.02	0.05	0.13	0.06
8	达州	0.18	0.43	0.19	0.27	19	眉山	0.00	0.23	0.06	0.10
9	南充	0.02	0.62	0.15	0.26	20	甘孜州	0.00	0.38	0.00	0.13
10	广安	0.22	0.52	0.17	0.30	21	阿坝州	0.00	0.16	0.00	0.05
11	巴中	0.09	0.48	0.02	0.19						

表 7-12　四川省物流增长极物流资源指数

序号	物流增长极	物流节点指数	物流通道指数	物流企业指数	总指数
1	成都	0.42	0.68	1.00	0.70
2	沿江增长极	0.57	0.47	0.43	0.49
3	川北增长极	0.15	0.46	0.16	0.26
4	川东北增长极	0.51	0.86	0.41	0.59
5	攀西增长极	0.05	0.12	0.09	0.09
6	川中增长极	0.56	0.55	0.43	0.52
7	其他	0.02	0.33	0.00	0.11

7.3.3 四川省物流资源配置公平性

通过 Theil 指数分析各地区内部以及之间的资源配置公平性，结果如表 7-13、表 7-14 所示。

7.3.3.1 地级行政区内与地级行政区之间差异性

地级行政区层面，四川省总差异为 0.20。地级行政区内与地级行政区间差异分别为 0.14、0.06，对总差异的贡献率分别为 70%、30%。可以认为四川省物流资源配置不均衡主要表现为地级行政区内部的配置差异。

从各地级行政区内部的区县差异来看，物流资源配置不公平现象最为显著的为广元，其次为雅安、甘孜州、阿坝州和成都。其中广元和成都地区总体资源指数较高，但市中心区域的资源配置相对高于其他区县，且资源占比远高于人口占比；甘孜州和阿坝州地区总资源配置较少且集中，行政中心外的区域几乎没有配置物流资源。配置较为均衡的为巴中、攀枝花和德阳，区县资源指数占比与人口占比较为一致。

从对总差异的贡献率来看，成都市贡献率 19% 为最高，其次为泸州 7.1%、遂宁 6.7%、达州 5.6% 和广元 5.5%。一方面这些城市的 Theil 指数较高，在 0.2~0.3，另一方面它们的资源指数占比较高，成都为 16%，其他地区在 5%~8%。

7.3.3.2 物流增长极内与增长极之间差异性

增长极层面，四川省总差异为 0.12。增长极内与增长极间差异分别为 0.04、0.08，对总差异的贡献率分别为 33%、67%，增长极间的差异高于增长极内部差异。与地级行政区层面的差异相比，增长极内部的 Theil 指数较小，说明差异不显著。

从各增长极内部的地级行政区差异来看，Theil 指数最大的为攀西增长极 0.17，其次为川中增长极 0.08 和川东北增长极 0.03。虽然攀西增长极中攀枝花和凉山州的总资源指数相差不大，但人口占比分别为 1.2%、5.6%，说明攀枝花人均资源拥有量远高于凉山州。物流资源配置较为公平的为川北增长极和沿江增长极。

从对总差异的贡献率来看，川中增长极贡献率 13% 为最高，其次为川东北增长极 5.9% 和攀西增长极 4.6%。

表 7-13　四川省地级行政区内部物流资源配置差异

地级行政区	各类物流资源分布的 Theil 指数			
	物流节点	物流通道	物流企业	总资源
成都	2.03	0.14	0.72	0.23
泸州	0.70	0.01	0.61	0.18
宜宾	0.86	0.06	0.71	0.04
乐山	0.90	0.22	1.30	0.14
德阳	0.58	0.04	0.59	0.00
绵阳	1.46	0.12	1.16	0.12
广元	1.84	0.36	1.84	0.31
达州	1.48	0.16	1.12	0.22
南充	1.37	0.04	0.43	0.02
广安	0.89	0.01	0.75	0.05
巴中	0.98	0.02	0.98	0.01
攀枝花	0.37	0.28	0.01	0.01
凉山州	0.08	0.15	1.19	0.12
遂宁	0.84	0.02	0.36	0.18
内江	2.07	0.13	0.51	0.15
自贡	1.47	0.27	0.73	0.12
资阳	0.03	0.05	0.53	0.08
雅安	1.09	0.24	0.56	0.25
眉山	1.39	0.11	1.41	0.12
甘孜州	0.08	0.25	0.08	0.25
阿坝州	0.08	0.25	0.08	0.25

表 7-14　四川省增长极内部物流资源配置差异

增长极	各类物流资源分布的 Theil 指数			
	物流节点	物流通道	物流企业	总资源
成都	0.00	0.00	0.00	0.00
沿江增长极	0.04	0.01	0.04	0.003
川北增长极	0.05	0.03	0.02	0.01
川东北增长极	0.33	0.03	0.11	0.03
攀西增长极	1.73	0.00	0.39	0.17
川中增长极	0.89	0.00	0.21	0.08
其他	0.40	0.35	0.66	0.16

7.3.4　资源配置影响因素分析

通过回归分析研究地级行政区的社会经济指标与物流资源指数间的关系，结果如表 7-15 所示。

表 7-15　四川省物流资源配置影响因素分析

影响因素	R^2	P	常数	系数
人口密度	0.68	0.005	0.091	3.42E-04
地区生产总值	0.74	0.000	0.136	7.15E-05
消费品零售总额	0.73	0.000	0.149	1.57E-04
农村居民纯收入	0.38	0.003	-0.325	5.98E-05
城镇居民可支配收入	0.29	0.011	-0.589	3.40E-05
城镇化率	0.33	0.006	-0.195	1.01E+00
工业增加值	0.74	0.000	0.117	1.87E-04

农村居民纯收入、城镇居民可支配收入和城镇化率指标虽然都通过了 0.05 的统计检验，但是从效应量 R^2 来看，这些指标下拟合曲线的解释力度不大，无法有力地说明物流资源指数与这些影响因素间的正相关关系。人口密度、地区生产总值、消费品零售总额与工业增加值的 R^2 在 0.7 左右且 P 值均小于 0.01，系数为正，可见这些指标与物流资源指数间存在明显的正相关性，是物流资源配置的重要影响因素。

这说明现有物流资源配置与人口密度和经济发展水平密切相关，体现了物流资源配置效率目标，同时也导致了物流资源向人口集聚、经济发达的地区集聚，使区域间物流资源配置不公平加剧，制约了欠发达地区的产业与经济发展。

通过构建物流资源指数指标体系，结合 Theil 指数与回归分析，研究四川省物流资源配置的公平性与影响因素，结论如下：①四川省物流资源配置呈现"单点多级"格局，成都市核心地位突出，多极发展的格局初步形成。四川省物流资源指数呈现空间集聚，东西差异明显，高值区集中在成都、川东北、川中和沿江增长极。②分类资源指数空间分布存在差异，节点和企业指数分化显著，通道指数相对均衡，说明三类指标中物流节点和物流企业资源配置较为不均。③区域间差异区县>增长极>地级行政区，说明从区县一级来看，全省的物流资源配置最不公平；区域内差异地级行政区>增长极，说明与地级行政区相比，增长极之间物流资源配置较为均衡，四川省物流资源配置不均衡主要表现为地级行政区内的配置不公平。④人口密度、地区生产总值、消费品零售总额和工业增加值是物流资源配置的重要影响因素，与物流资源指数间存在明显的正相关。

为缩小四川省地区间发展差异，四川省物流资源配置应在考虑效率的同时兼顾公平，各相关部门在物流产业规划、政策支持等方面应当将满足欠发达地区的物流需求作为决策目标之一，通过改善物流供给推动欠发达地区经济和产业发展，重点关注甘孜州、阿坝州和攀西地区。相对于地级行政区间差距，应当首先缩小各地级行政区内部的差异，重点关注成都、泸州、遂宁等地内部的物流协调发展。

7.4 本章小结

本章针对多主体问题，从企业和政府两个决策主体出发，分别构建效率与公平权衡的资源配置决策模型。将客户的公平偏好作为企业考虑公平的主要动因，通过计算基于客户嫉妒的不公平损失，结合利润目标构建企业多目标模型。将维护社会公平与稳定作为政府考虑公平的主要动因，以个体最小效用最大化为公平目标，服务覆盖最大为效率目标，引入变权方法构建政府决策模型。研究结果表明，随着客户公平偏好的增加，企业将优先保障高价值个体间的公平，牺牲低价值个体的利益，资源配置的分化特征愈发显著。随着政府决策者公平偏好的增加，效用越低个体在决策中的权重越大，所有个体间的资源配置结果越均等。可见，企业与政府决策行为存在较大差异，在此基础上可拓展公共资源配置中政府对企业的补贴政策研究。

针对多阶段问题，以 max-min 公平原则对单阶段进行分配，并设计算法求解多阶段下的帕累托解，最后计算不同方案的效率与公平损失，根据决策者偏好选择方案，有以下主要结论：①在单阶段的分配中，采用 max-min 公平原则进行分配，更加兼顾弱者利益。在多阶段的分配中，前期为需求量小的个体预留了部分资源，可使最终的分配结果更加公平。②帕累托策略的数量随着资源量增加而增加，达到一定程度后逐渐减小，当资源量大于或等于需求量时，得到唯一的分配方案。帕累托策略中具有相同上接分配的方案，随着前期资源分配总量的增加，效率损失递减而公平损失递增；当上接分配发生变化时，效率（公平）损失出现陡增（陡降）。③决策者可以根据对效率或公平损失的忍受程度，以及二者的帕累托前沿对帕累托策略进行选择。

8　公平分配方法
　　在设施选址中的应用

公共设施选址的优势很大程度上决定了服务效率及需求点间的差异。因此，本节将首先结合公共设施需求与供给特性，通过服务满意度函数刻画需求差异，结合排队论构建不同主体的效率与公平目标下多类型设施的选址模型，设计禁忌搜索算法求解。其次，考虑具有双向流动特征的一类公共服务设施，建立以政府为上层、企业为下层的选址双层规划模型，设计遗传算法求解。

8.1　考虑供需差异的公共设施公平选址问题

一般的选址问题中，p-中位、集合覆盖和最大覆盖模型为效率模型，分别以总需求距离最小、配送中心建设成本最小和覆盖需求量最大为目标，没有考虑需求点间服务水平的差异。p-中心模型为公平模型，以最大距离最小为目标，体现了最大最小公平的思想。在公平选址方面，Chanta（2014）以最小化客户嫉妒为目标构建了救援选址模型。Burkey（2012）采用基尼系数作为公平测度指标，研究了覆盖度、距离和公平多目标下设施选址。由于需求和服务具有随机性，也有研究将排队理论引入选址问题。Larson（1974）将紧急服务系统看作 M/M/p 的排队系统，建立了超立方模型（hypercube model）解决救援车辆选址问题；Silva 等（2008）将 M/M/1 排队模型应用于竞争选址中，以运输和排队等待时间最小为目标；Berman 等（2007）研究了在流失顾客不超过某预定值的条件下的集合覆盖问题；胡丹丹等（2010）以响应时间约束内完成服务的需求量最大为目标，求解设施选址和服务台分配策略。

公共设施选址问题可描述为已知 n 个需求点的位置与需求量，m 个备选设施点的位置，考虑需求差异、设施能力差异以及需求到达随机的情况，应当如何选择 p 个设施点，实现公平和效率目标。需求差异主要体现在不同地区对服务水平要求也不同，例如城市地区高于农村地区。设施能力差异体现在公共设施服务涉及的不同类型设施，在规模、处理能力等方面的差异，在实际运营中还需考虑客户需求到达随机与排队现象。公共设施选址问题如图 8-1 所示。

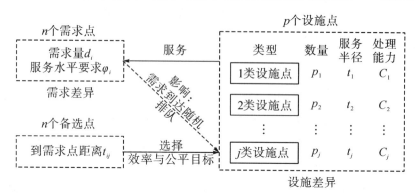

图 8-1　公共设施选址问题

8.1.1　不同主体选址模型

模型主要假设如下：①客户满意度与送达时间有关，一些地区的居民要求相对较高，例如城市居民的时间要求比农村居民高；②需求到达与节点服务时间服从泊松分布；③不同规模的设施点，覆盖半径不同，处理能力也不同；④设施点可能处于繁忙状态，此时排队规则为需求向次优设施点转移，因此一个需求点按一定概率由 p 个优选设施点服务。

模型中主要参数如下：

i：需求点，$i \in [1, \cdots, n]$ ；

l：备选点，$l \in [1, \cdots, m]$ ；

j：设施点类型，$j \in [1, \cdots, g]$ ；

P_j：拟建第 j 类设施点数量；

k：设施点服务于需求点时按满意度排序的优先级，$k \in [1, \cdots, P]$ ，$P = \sum_{j=1}^{g} P_j$ ；

C_j：第 j 类设施点处理能力上限；

θ：满意度随时间变化参数；

$[L_i, U_i]$：需求点 i 的服务水平要求参数；

ρ：排队系统负荷；

λ：单位时间到达的需求量；

$1/\mu$：单位需求的平均服务时间；

p_k：第 k 个优选设施点可用的概率；

d_i：点 i 的需求量；

w_i：点 i 需求量占比，$w_i = \dfrac{d_i}{\sum_{i=1}^{n} d_i}$；

t_{il}：点 i 到 l 的距离；

ε_{il}：点 i 由 l 服务时获得的服务水平；

s_{il}：点 i 由 l 服务的满意度；

S_i：点 i 的期望服务满意度；

t_j：第 j 类设施点的服务半径。

模型中主要决策变量如下：

$$x_{lj} = \begin{cases} 1 & \text{在点 } l \text{ 上建设第 } j \text{ 类配送中心} \\ 0 & \text{否则} \end{cases};$$

$$y_{il}^k = \begin{cases} 1 & \text{配送中心 } l \text{ 作为第 } k \text{ 个优选中心服务于点 } i \\ 0 & \text{否则} \end{cases};$$

$e_{ii'}^k$：点 i 与点 i' 相比，由于各自第 k 个优选设施点服务的服务满意度存在差异，i 所产生的嫉妒；

α：企业公平参数，表示企业决策中公平目标的权重；

β：政府公平参数，决定政府决策中个体权重的变化。

8.1.1.1 满意度函数

考虑居民对到设施点的服务要求存在差异，采用客户满意度替代时间、成本等作为个体效用的衡量标准。满意度为个体获得服务水平的函数，服务水平具体可表现为服务的时间、成本、距离和便利性等单一或综合因素，且服务水平越高越好。当 $L_i < \varepsilon_{il} < U_i$ 时个体满意度与获得的服务水平呈正相关，当服务水平低于 L_i 时满意度为 0，超过 U_i 时满意度为 1。s_{il} 如下：

$$s_{il} = \begin{cases} 1 & \varepsilon_{il} \geqslant U_i \\ \left(\dfrac{\varepsilon_{il} - L_i}{U_i - L_i}\right)^{\theta} & L_i < \varepsilon_{il} < U_i \\ 0 & \varepsilon_{il} \leqslant L_i \end{cases} \tag{8-1}$$

其中，θ 为客户敏感系数，$\theta > 0$。

城市地区居民服务水平要求 $[L_c, U_c]$ 比农村地区 $[L_u, U_u]$ 更高，即 $[L_c, U_c] \geqslant [L_u, U_u]$。

8.1.1.2 设施点可用概率

当服务满意度最高的设施点繁忙时，为避免用户等待和流失情况的发生，需求可以向次优的设施点转移，若次优也繁忙则向第三个优选设施点继续转移，以此类推。若所有设施点均繁忙，则损失需求。客户与设施点组成 M/M/K 排队系统，系统负荷水平 $\rho = \lambda/(p \times \mu)$，由超立方体模型可得系统空闲概率

$$P_0 = \left(\frac{(P\rho)^p}{p!\,(1-\rho)} + \sum_{r=0}^{p-1} \frac{p^r \rho^r}{r!} \right)^{-1}$$

为放松"设施点之间是否繁忙相互独立"这一假设，引入修正系数：

$$\delta(P, \rho, r) = \sum_{k=r}^{p-1} \frac{(P-r-1)!\,(P-k)\,P^k \rho^{k-r} P_0}{(k-r)!\,P!\,(1-\rho)}$$

$$r = 0, \cdots, P-1$$

则第 k 个优选设施点可用概率为

$$p_k = \delta(P, \rho, k-1)(1-\rho)(\rho^{k-1}), \quad k = 1, \cdots, P$$

8.1.1.3 企业选址模型

构建企业效率与公平的多目标函数，其中企业为尽可能地获得更多收益，效率目标为覆盖需求量最大，公平目标为客户嫉妒值最小。

企业效率目标函数为

$$\max z_1^e = \sum_{i=1}^{n} \sum_{l=1}^{m} \sum_{k=1}^{P} d_i p_k y_{il}^k$$

企业公平目标函数为

$$\min Z_1^f = \sum_{k=1}^{P} \sum_{i=1}^{n} \sum_{i'=1}^{n} p_k w_i e_{ii'}^k$$

其中，$e_{ii'}^k$ 表示个体嫉妒值，直观反映了实际生活中客户对公平的判断。当点 i 由第 k 个优选设施点服务的服务满意度与 i' 相比较低时，i 产生嫉妒，嫉妒值为满意度差值，反之嫉妒为 0。

$$e_{ii'}^k = \max\left\{ 0, \ \sum_{l=1}^{m} s_{i'l} y_{i'l}^k - \sum_{l=1}^{m} s_{il} y_{il}^k \right\}$$

由此，可构建企业的效率与公平多目标选址模型如下：

$$\max \frac{z_1^e}{z_1^{e*}} + \alpha \frac{z_1^{f*}}{z_1^f} \tag{8-2}$$

约束条件为

$$e_{ii'}^k \geqslant \sum_{l=1}^{m} s_{i'l} y_{i'l}^k - \sum_{l=1}^{m} s_{il} y_{il}^k \tag{8-3}$$

$$i, i' = 1, \cdots, n; \ i \neq i'; \ k = 1, \cdots, P$$

$$e_{ii'}^{k} \geqslant 0, \; i, \; i' = 1, \; \cdots, \; n; \; k = 1, \; \cdots, \; P \qquad (8\text{-}4)$$

$$\sum_{l=1}^{m} x_{lj} = p_j \qquad (8\text{-}5)$$

$$\sum_{l=1}^{m} y_{il}^{k} = 1, \; i = 1, \; \cdots, \; n; \; k = 1, \; \cdots, \; P \qquad (8\text{-}6)$$

$$\sum_{k=1}^{P} y_{il}^{k} \leqslant 1, \; i = 1, \; \cdots, \; n; \; l = 1, \; \cdots, \; m \qquad (8\text{-}7)$$

$$\sum_{k=1}^{P} y_{il}^{k} t_{il} \leqslant t_j x_{lj}, \; i = 1, \; \cdots, \; n; \; j = 1, \; \cdots, \; g; \; l = 1, \; \cdots, \; m \quad (8\text{-}8)$$

$$\sum_{k=1}^{P} \sum_{i=1}^{n} y_{il}^{k} d_i x_{lj} \leqslant C_j, \; j = 1, \; \cdots, \; g; \; l = 1, \; \cdots, \; m \qquad (8\text{-}9)$$

$$y_{il}^{k} \leqslant \sum_{j=1}^{g} x_{lj}, \; i = 1, \; \cdots, \; n; \; l = 1, \; \cdots, \; m; \; k = 1, \; \cdots, \; P \quad (8\text{-}10)$$

$$s_{il} y_{il}^{k} \geqslant s_{il'} y_{il'}^{k} y_{il}^{k+1}$$
$$i = 1, \; \cdots, \; n; \; l, \; l' = 1, \; \cdots, \; m; \; k = 1, \; \cdots, \; P - 1 \qquad (8\text{-}11)$$

式（8-2）表示效率与公平的多目标函数，其中 $z_1^{e\,*}$ 为效率目标下的最优函数值，$z_1^{f\,*}$ 为公平目标下的最优函数值。式（8-3）、式（8-4）表示需求点产生的嫉妒，若差值为正则嫉妒值等于差值，若差值为负则嫉妒值为0。式（8-5）表示设施点数量限制。式（8-6）表示需求点 i 的第 k 个优选设施只有一个。式（8-7）表示设施点 l 服务于需求点 i 时只能有一个优先级。式（8-8）表示只有当需求点在设施点 l 的服务半径内时才能被服务。式（8-9）为设施点处理能力约束。式（8-10）表示只有当设施点建立时才能服务需求点。式（8-11）表示对于可服务于同个需求点的不同设施点，客户服务满意度越高的获得优先级越高。

通过调节企业公平参数可得到不同效率与公平目标下的选址结果，当企业效率最优时实现需求覆盖最大（MC）目标，当公平最优时实现客户嫉妒最小（p-envy）目标，其他参数取值则实现一定程度效率与公平权衡（α-fairness）目标。

8.1.1.4 政府选址模型

为使设施点的选址尽可能符合地区公共服务需求，政府的效率目标是总需求满意度最大，公平目标是使服务满意度的字典序最大。

政府效率目标函数：

$$\max Z_2^e = \sum_{i=1}^{n} w_i S_i$$

其中，S_i 为需求点 i 的期望服务满意度，是所有设施以一定概率服务点 i 的满意度加权加总。有

$$S_i = \sum_{l=1}^{m} \sum_{k=1}^{P} p_k s_{il} y_{il}^{k}$$

政府公平目标函数：

$$LexmaxZ_2^f = [S_1, \; S_2 \cdots, \; S_n]$$

根据第 6 章变权函数构造方法，可得政府选址模型如下：

$$maxZ_2 = \sum_{i=1}^{n} \left(w_i e^{-\beta S_i} / \left(\sum_{i=1}^{n} w_i e^{-\beta S_i} \right) \times S_i \right) \tag{8-12}$$

约束条件为

$$S_i = \sum_{l=1}^{m} \sum_{k=1}^{P} p_k s_{il} y_{il}^k, \; i = 1, \; \cdots, \; n \tag{8-13}$$

$$\sum_{l=1}^{m} x_{lj} = p_j \tag{8-14}$$

$$\sum_{l=1}^{m} y_{il}^k = 1, \; i = 1, \; \cdots, \; n; \; k = 1, \; \cdots, \; P \tag{8-15}$$

$$\sum_{k=1}^{P} y_{il}^k \leqslant 1, \; i = 1, \; \cdots, \; n; \; l = 1, \; \cdots, \; m \tag{8-16}$$

$$\sum_{k=1}^{P} y_{il}^k t_{il} \leqslant t_j x_{lj}, \; i = 1, \; \cdots, \; n; \; j = 1, \; \cdots, \; g; \; l = 1, \; \cdots, \; m \tag{8-17}$$

$$\sum_{k=1}^{P} \sum_{i=1}^{n} y_{il}^k d_i x_{lj} \leqslant C_j, \; j = 1, \; \cdots, \; g; \; l = 1, \; \cdots, \; m \tag{8-18}$$

$$y_{il}^k \leqslant \sum_{j=1}^{g} x_{lj}, \; i = 1, \; \cdots, \; n; \; l = 1, \; \cdots, \; m; \; k = 1, \; \cdots, \; P \tag{8-19}$$

$$s_{il} y_{il}^k \geqslant s_{il'} y_{il'}^k y_{il}^{k+1} \tag{8-20}$$

$$i = 1, \; \cdots, \; n; \; l, \; l' = 1, \; \cdots, \; m; \; k = 1, \; \cdots, \; P - 1$$

式（8-12）为政府目标，表示加权需求满意度最大。式（8-13）表示个体的期望服务满意度，约束条件式（8-14）—式（8-20）同企业模型下各约束条件。

通过调节政府公平参数可得到不同效率与公平目标下的选址结果，当政府效率最优时实现需求满意度最大（p-median）目标，当公平最优时实现满意度字典序（Lexmax）最大目标，其他参数取值则实现一定程度的效率与公平权衡（β-fairness）目标。

8.1.2 禁忌搜索算法求解

禁忌搜索算法是 Fred Glover 提出的一种元启发式算法，通过引入存储结构与相应的禁忌准则避免了迂回搜索，同时通过特赦准则赦免一些被禁忌的优良状态，保证了搜索的有效性和多样性。该算法在求解组合优化问题和全局优化问题方面显示了良好的性能，Rolland 等将此算法应用于选址问题，获得了很好的结果。因此，本书采用禁忌搜索求解选址问题。

步骤 1：在 m 个备选点中随机选择 p_1 个作为第 1 类设施，在剩下的备选点中选择 p_2 个作为第 2 类设施，以此类推，共选择 $p = p_1 + p_2 + \cdots + p_g$ 个设施形成初始解。若满足处理能力约束则按照目标函数计算初始目标值，否则，当目标值取最小值时，初始目标为足够大的数，反之为足够小的数。

步骤 2：适应度函数。采用目标函数为适应度函数，企业模型下为覆盖需求与客户嫉妒的多目标函数，政府模型下为加权服务满意度。

步骤 3：邻域结构。随机选择当前解中的一个设施 i，将 i 替换为所有未选择的备选点 i'，生成 $(m - p)$ 个邻域解。

步骤 4：禁忌表。禁忌对象为交换的 (i, i') 与 (i', i) 点对，禁忌表为 $m \times m$ 的矩阵。采用静态的禁忌长度，任期为 $3 \times p$。禁忌表中禁忌对象的替换，采用先进先出的方式。

步骤 5：候选解的选择。邻域解共有 $(m - p)$ 个，判断是否可行，若可行则作为候选解。最佳候选解为满足特赦准则或非禁忌的最优状态。

步骤 6：特赦准则。采用基于适应度的原则，当某个禁忌候选解的适应度优于 "best so far" 状态的禁忌候选解，则解禁此候选解作为当前状态和新的 "best so far" 状态。

步骤 7：终止准则。给定最大迭代步数为 $100 \times p$。

8.1.3 案例分析

在四川省雅安市的邮政网点建设中，决策者在规划了各区县的网点数量后，需要决定在区县内网点的具体位置。以雨城区为例，雨城区中心城区共有 4 个街道办与 6 个中心乡镇，周边有 11 个其他乡镇，因此有城市需求点为 1~10，农村需求点为 11~22，需求点情况如表 8-1 所示。

表 8-1　雅安市雨城区邮政服务需求分布

编号	乡镇/街道办	人口/人	配送网点数/个	需求量/件·天$^{-1}$
1	北郊镇	24 117	3	144
2	草坝镇	17 646	2	105
3	合江镇	9 754	1	58
4	大兴镇	16 488	2	98
5	对岩镇	16 846	2	101

表8-1(续)

编号	乡镇/街道办	人口/人	配送网点数/个	需求量/件·天$^{-1}$
6	沙坪镇	7 695	1	46
7	中里镇	13 933	2	83
8	上里镇	12 620	2	75
9	严桥镇	11 637	2	70
10	晏场镇	10 763	1	64
11	多营镇	9 226	1	55
12	碧峰峡镇	15 259	2	91
13	南郊乡	19 745	2	118
14	八步乡	10 868	2	65
15	观化乡	6 564	0	39
16	孔坪乡	6 074	0	36
17	凤鸣乡	8 909	1	53
18	望鱼乡	2 995	0	18
19	东城街道办	67 273	8	402
20	西城街道办	29 808	3	178
21	河北街道办	38 213	5	228
22	青江街道办	9 968	1	60

在"十四五"期间要新建若干网点，考虑到邮政网点的差异性，末端网点分为邮政服务站和邮政服务点两类。网点主要用于快递收寄、农产品和电商产品的代销代购以及展示交易等。在接受快递或电商货物后，由服务站和服务点分拣送货或由客户自提。因此设施对客户的服务水平主要表现为到客户的距离既影响配送时间，又影响客户自提的便利性。

城市需求点距离参数 $[L_c, U_c] = [3, 10]$，农村需求点距离参数 $[L_u, U_u] = [8, 20]$，θ 取 1.5，客户距离满意度函数如图8-2所示。日均到达的配送需求为943件，$\lambda = 67$（件/小时），单位需求平均服务时间 $1/\mu = 0.03$（小时）。拟建设 1~2 个邮政服务站与若干个服务点，日均负荷分别为 $C_1 = 600$（件）、$C_2 = 200$（件），服务半径为 $t_1 = 20$（小时），$t_2 = 10$（小时）。所有需求点均为设施备选点，即 $n = 22$，$m = 22$。

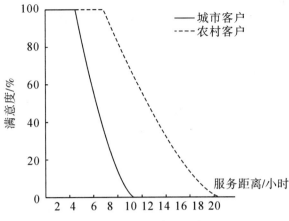

图 8-2 城市与农村客户距离满意度函数

根据超立方模型可得不同 p 下的设施可用概率，如表 8-2 所示。p 越小，系统负荷越大，设施可用概率越低，客户需求损失的概率也就越大。

表 8-2 设施可用概率

设施数量 /个	各设施可用概率						合计/%	损失概率 /%
	设施1/%	设施2/%	设施3/%	设施4/%	设施5/%	设施6/%		
3	66	18	6	—	—	—	90	9.5
4	75	17	5	2	—	—	98	2.2
5	80	15	3	1	0	—	100	0.4
6	83	14	3	1	0	0	100	0.1

8.1.3.1 企业选址结果

首先计算当设施点数量为 P 时的企业单目标最优函数值，以 $P = (1，2)$ 为例，可得最大覆盖需求 $z_1^{e*} = 508$，最小需求嫉妒 $z_1^f = 0.134$。然后，根据多目标函数求解不同公平参数 α 下的企业最优选址结果，如表 8-3 所示。

表 8-3 不同公平参数 α 下企业最优选址结果（$p_1 = 1$，$p_2 = 2$）

公平参数 α 取值	最优选址结果	覆盖需求量/个	需求加权嫉妒值
$\alpha = 0$	[10，4，1]	508.02	0.92
$\alpha \in (0，0.12]$	[1，7，17]	506.19	0.59
$\alpha \in (0.12，0.38]$	[7，13，1]	505.01	0.55
$\alpha \in (0.38，0.5]$	[1，13，22]	443.16	0.24
$\alpha \in (0.5，1]$	[1，14，22]	341.11	0.13

不同的企业公平参数取值对应 5 种选址方案，比较各方案的效率（覆盖需求量）与公平（客户嫉妒值）指标，计算不同公平参数下选址结果的效率与公平损失，结果如图 8-3 所示。

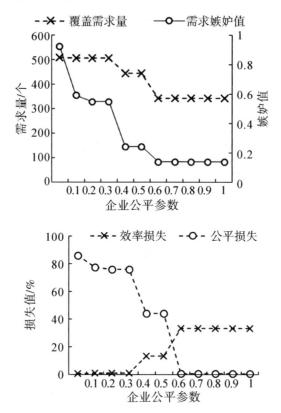

图 8-3 不同公平参数下企业选址结果的效率与公平

随着企业公平参数 α 的增加，最优选址结果的覆盖需求量减少，但需求嫉妒值也有所降低，说明选址结果的效率降低但公平性提升。从效率与公平的损失来看，当 $\alpha = 0$ 时效率损失为 0，为效率最优结果；当 $\alpha \in (0.5, 1]$ 时公平损失为 0，为公平最优结果；当 $\alpha \in (0.38, 0.5]$ 效率与公平折中，此时效率损失为 13%，公平损失为 43%。

比较企业效率最优（$\alpha = 0$）、公平最优（$\alpha = 1$）以及折中方案（$\alpha = 0.5$）下的个体期望服务满意度，如图 8-4 所示。

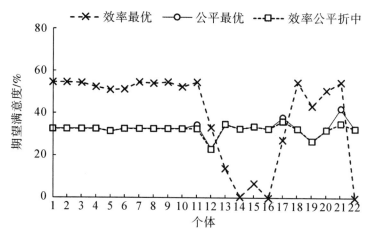

图 8-4 不同企业选址方案下城乡客户期望满意度

在企业效率最优的选址方案下，城市需求点下获得的期望满意度明显高于农村地区，尤其是农村需求点 14、16、22 期望满意度为 0，说明选址结果无法满足农村地区的需要。在公平最优及折中方案下，城市与农村地区的期望满意度差距显著缩小，且两种方案结果较为接近。

8.1.3.2 政府选址结果

计算 $P = (1, 2)$ 时不同政府公平参数 β 下的最优选址结果，选址方案的效率指标为需求量加权期望满意度，公平指标为最小期望满意度，由于当 $\beta \leq 4$ 时选址结果的最小期望满意度均为 0，因此进一步计算个体期望满意度的基尼系数，结果如表 8-4 所示。

表 8-4 不同公平参数下政府最优选址结果（$p_1 = 1$，$p_2 = 2$）

公平参数 β 取值	最优选址结果	需求满意度/%	最小满意度/%	基尼系数
$\beta = 0$	[1,3,7]	48.7	0	0.276
$\beta = [1,2]$	[5,7,10]	48.5	0	0.256
$\beta = 3$	[7,10,13]	43.9	0	0.187
$\beta = 4$	[1,10,13]	43.8	0	0.186
$\beta = [5,6]$	[1,15,21]	39.1	5.4	0.122
$\beta = [7,8,9,10]$	[1,13,15]	33.2	29.8	0.122

不同的政府公平参数对应 6 种选址方案，各方案的效率与公平表现，以及效率与公平损失情况如图 8-5 所示。

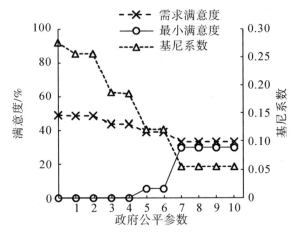

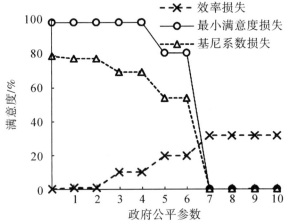

图8-5 不同公平参数下政府选址结果的效率与公平

随着政府公平参数 β 的增加，最优选址结果的需求满意度减少，但最小满意度有所增加，且基尼系数不断降低，说明选址结果的效率降低但公平性提升。从效率与公平的损失来看，当 $\beta = 0$ 时需求满意度达到最大，为效率最优结果；当 $\beta \geq 7$ 时基尼系数最低且最小满意度最大，为公平最优结果；当 $\beta = [5, 6]$ 效率与公平相对折中时，效率损失为 19.8%，公平损失（基尼系数）为 54%。

比较政府效率最优（$\beta = 0$）、公平最优（$\beta = 10$）以及折中方案（$\beta = 5$）下的个体期望服务满意度，如图8-6所示。

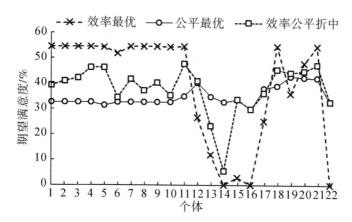

图 8-6　不同政府选址方案下城乡客户期望满意度

在政府效率最优的选址方案下，城市需求点下获得的期望满意度同样显著高于农村地区，在折中方案与公平最优方案下，城市与农村需求点期望服务满意度差距逐步缩小。政府选址方案中个体期望满意度总体高于企业选址方案。

8.1.3.3　选址对比分析

计算不同节点数量 P 下政府与企业选址结果，比较企业效率目标（MC）、企业公平目标（p-envy）、政府效率目标（p-median）、政府公平目标（$Lexmax$）下的节点选址分布、期望满意度分布以及效率与公平表现。

1. 选址节点分布

比较不同 p_1 与 p_2 组合下的各目标选址结果，如表 8-5 所示。

表 8-5　选址结果

目标	设施数量组合				
	$p=(1,2)$	$p=(1,3)$	$p=(2,2)$	$p=(1,4)$	$p=(2,4)$
MC	$[1,4,10]$	$[1,4,6,20]$	$[2,8,5,6]$	$[7,2,4,5,20]$	$[5,6,1,4,12,21]$
p-envy	$[1,14,22]$	$[7,1,14,22]$	$[7,1,14,22]$	$[7,1,14,15,16]$	$[7,1,13,14,15,16]$
p-median	$[1,3,7]$	$[7,1,5,10]$	$[10,1,5,7]$	$[7,1,4,10,13]$	$[15,1,5,7,10,13]$
$Lexmax$	$[1,13,15]$	$[1,6,13,22]$	$[5,13,18,22]$	$[7,13,20,21,22]$	$[7,8,13,16,17,22]$

从选址结果与需求点分布来看，效率目标（MC、p-median）下的选址集中在需求规模集聚的区域，公平目标（p-envy、$Lexmax$）下选址分布较为均匀，可以兼顾周边农村地区需求，P 越小该分布特征越明显。MC 目标下选址结果大部分位于中心城区，即使在 $p=(2,4)$ 时也仅有 1 个点位于中心城区之外。p-median 目标下在 $P\le 4$ 时选择的点均位于中心城区，在 $p=(1,4)$ 时开

始在北部选择更为靠近中心城区的点 13，在 $p = (2，4)$ 时才在南部选择点 15。p-envy、$Lexmax$ 目标在 $P = 3$ 时就选择了 13、15 等距中心城区较远且需求量较小的地区，较为均衡地照顾了各区域的需求；随着 P 的增大，选择了需求量小且与市中心相对较远的点 14、16 和 22 等，兼顾到了南部与北部的农村地区。

2. 满意度分布

不同 p 下的满意度分布结果如图 8-7 所示，公平目标下的客户满意度分布更为集中，在最高区间和最低区间上的客户数都较少，说明个体间服务满意度差异更小。$P = (1，2)$ 时，效率目标下的客户满意度集中分布在 60% ~ 80%，但在最低区间 0~20% 以及最高区间 80% ~ 90% 均有分布；$P = (1，3)$ 时，公平目标结果集中分布区间为 80% ~ 90%，效率目标结果集中分布于 80% ~ 100%，但仍有部分位于低区间；$P = (1，4)$ 时，满意度集中在 90% ~ 100%，但 p-median 目标下仍有客户满意度低于 30%。

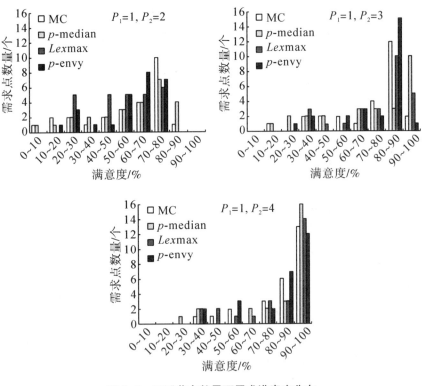

图 8-7　不同节点数量下需求满意度分布

3. 效率与公平表现

比较不同目标下选址结果的效率表现，如图 8-8 所示。政府与企业效率目标在需求满意度上差异不大，但当节点数量较小时，企业效率最优目标下的覆盖量较为显著地高于政府效率目标。企业公平目标较政府公平目标下选址结果的效率表现更优。需求满意度指标上，各目标差异不大，最优的为 p-median 目标下的选址方案，企业与政府公平目标在不同 P 下优劣排序不同；覆盖需求量上，目标间差异较大，优劣排序为 MC>p-median>p-envy>Lexmax。

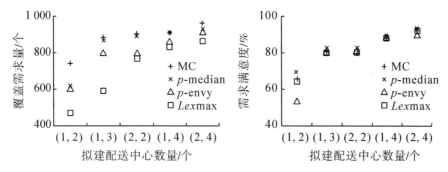

图 8-8　不同目标下选址结果的效率表现

比较不同目标下选址结果的公平表现，如图 8-9 所示。企业与政府的公平目标下选址结果的公平表现相差不大，政府效率目标下公平表现高于企业效率目标。需求嫉妒指标上，目标由优到劣为 p-envy>Lexmax>MC≈p-median；基尼系数指标上，目标优劣排序为 Lexmax>p-envy>p-median>MC。

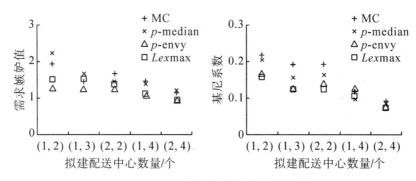

图 8-9　不同目标下选址结果的公平表现

8.1.3.4　决策建议

综上，对于雅安市雨城区的邮政网点建设有以下决策建议：

（1）不同地区需求与供给存在差异，因此在选址问题中决策者应充分考虑居民对公共服务要求的差异，以及设施点类型与能力的差异。设施点在实际的运作中存在客户需求到达随机与排队的情况，也是选址决策要考虑的重要因素，以便更好地服务城乡居民。

（2）对于政府而言，邮政网点选址要与区域发展要求相适应，在效率方面应尽可能地提高区域需求满意度，在公平方面应尽量提高最差的服务满意度，缩小城市与农村地区服务满意度的差距。若政府偏好效率，则可选择点（1，3，7）；若偏好公平，则可选择点（1，13，15）；若希望效率与公平折中，则可选择点（1，15，21）。

（3）对于企业而言，设施选址应当尽可能服务更多的客户，以提高企业获得的收益。当客户具有公平偏好，希望获得与其他人相同的服务水平时，企业应尽量减少客户的感知嫉妒值，以避免不公平带来的客户损失。若企业偏好效率，则可选择点（10，1，4）；若企业偏好公平，则可选择点（1，14，22）；若希望效率与公平折中，则可选择点（1，13，22）。

8.2 考虑双向流通的公共设施公平选址问题

在当前电商行业快速发展的态势下，有一类具有"工业品下乡、农产品进城"功能的服务网点设施对提升农村和偏远地区产业和经济发展具有重要的意义。因此本节在该情境下，探讨了一类在交通物流领域具有双向流通特征的配送设施公平选址问题，由于其服务带有强的正向外部性，将其作为一类特殊的公共服务设施。

由于城乡配送节点往往存在工业品和农产品的双向流通，如图8-10所示。因此需要考虑不同品类不同方向上的运输、分拣特性以及时效要求，构建配送中心→配送站→需求点的多级城乡配送体系。政府和企业都是城乡配送节点的建设主体，政府通常决定了配送中心的位置，而企业主要建设配送站并决定配送路线。二者的目标也存在差异，政府更加注重公平，而企业更加关注效率。

考虑双向流通的选址问题可描述为已知 n 个需求点的位置、工业品与农产品分方向的需求量，m_1 个备选配送中心的位置，m_2 个备选配送站的位置。考虑不同品类不同方向的运输成本、处理时间和时效要求差异，配送站中心与配送站的处理能力，采用双层规划模型描述不同主体的决策行为与目标。上层决策者为政府，需要决定配送中心的选址以及需求向配送中心的分配；下层决策者为企业，需要决定建设配送站的类型与位置，以及需求向配送站的分配。上层以物流服务满意度的公平性为目标，即最小个体满意度最大化，下层以企业的总成本最小为目标，主要包括建设成本与运输成本。

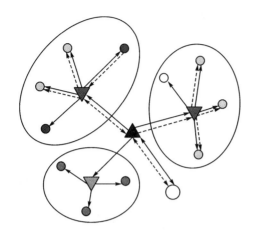

图 例

▲ 配送中心（具有前冷链功能）

▽ 配送点（具有冷链功能）

▽ 配送点（无冷链功能）

◐ 工业品需求点/农产品需求点

● 工业品需求点/农产品供给点

● 工业品需求点

○ 外部供需点

→ 工业品流向

--→ 农产品流向

图 8-10　城乡双向流通网络

8.2.1　双向流通设施双层规划模型

模型主要假设如下：①工业品与农产品由于特性的不同，农产品的单位运输成本高于工业品，农产品在配送站的处理时间也长于工业品；②客户满意度与送达时间有关，城市客户的时间要求比农村客户高；③处理农产品需要冷链设施设备，因此农产品需求只能分配给具备冷链功能的配送站；④由于上行农产品存在采摘和收购的时间要求，因此需要在一定的时间窗内进入配送环节。

模型的主要参数如下：

I：需求点的集合，$I = (1, 2, \cdots, n)$；

DC：备选配送中心集合，$DC = (1, 2, \cdots, m_1)$；

DP：备选配送点集合，$DP = (1, 2, \cdots, m_2)$；

Ar_1：上级从配送中心到配送点的弧集；

Ar_2：下级从配送站到需求点的弧集；

CT：配送物品类型的集合，$CT = (1, 2)$ 分别表示工业品、农产品；

DI：配送方向的集合，$DI = (1, 2)$ 分别表示下行配送、上行配送；

i：需求点，$i \in I$；

j：配送中心，$j \in DC$；

k：配送站，$k \in DP$；

c：配送物品类型，$c \in CT$；

g：配送方向，$g \in DI$；

C_α：建设具备冷链服务功能的配送站固定成本；

C_β：建设不具备冷链服务功能的配送站固定成本；

q_i^{cg}：需求点 i 的第 c 类物品在 g 方向上配送需求量；

λ_1：配送中心的最大处理能力；

λ_2：配送站的最大处理能力；

t_{jk}：配送中心 j 与配送站 k 间的行驶时间；

t_{ik}：配送站 k 与需求点 i 间的行驶时间；

f_i^{cg}：需求点 i 对 c 类物品在 g 方向上配送时间的满意度函数；

L_i^{cg}：需求点 i 对 c 类物品在 g 方向上配送及时性感到非常满意所能接受的最长等待时间；

U_i^{cg}：需求点 i 对 c 类物品在 g 方向上配送及时性感到非常不满意所能接受的最短等待时间；

p_1：选择配送中心的数量；

p_2：选择配送站的数量；

tw_{cg}：在 g 方向上的第 c 类物品在配送站的处理时间，$c \in C$；

T_j^0：下行货物从配送中心 j 发出的时刻；

$[\mathrm{Tl}_i, \mathrm{Tu}_i]$：需求点 i 的上行货物计划发出时间窗，$i \in \{i \mid s_i \neq 0, i \in I\}$；

t_i^{cg}：需求点 i 第 c 类物品在 g 方向上的配送时间；

s_{JK}^c：第 c 类物品在配送中心和配送站之间运输单位时间成本，$s_{\mathrm{JK}}^1 < s_{\mathrm{JK}}^2$；

s_{IK}^c：第 c 类物品在配送站和需求点间运输的单位时间成本，$s_{\mathrm{IK}}^1 < s_{\mathrm{IK}}^2$。

模型的决策变量如下：

x_j：如果选择备选配送中心 j 则 $x_j = 1$，否则 $x_j = 0$；

y_k：如果选择备选配送点 k 则 $y_k = 1$，否则 $y_k = 0$；

yc_k：若配送点 k 具备冷链服务功能则 $\mathrm{yc}_k = 1$，否则 $\mathrm{yc}_k = 0$；

z_{ij}^{cg}：如果需求点 i 在 g 方向上第 c 类物品需求由配送中心 j 服务，则 $z_{ij}^{cg} = 1$，否则 $z_{ij}^{cg} = 0$；

e_{ik}^{cg}：如果需求点 i 在 g 方向上第 c 类物品需求由配送站 k 服务，则 $e_{ik}^{cg} = 1$，否则 $e_{ik}^{cg} = 0$。

8.2.1.1 上层模型

$$\max z_1 = \min_{i \in I} \frac{\sum_{c \in C} f_i^{cg} d_i^{cg}}{\sum_{c \in C} F_i^c} \tag{8-21}$$

约束条件为

$$\sum_{k \in \mathrm{DP}} \sum_{c \in \mathrm{CT}} \sum_{g \in \mathrm{DI}} \sum_{i \in I} d_i^{cg} z_{ij}^{cg} \leqslant \lambda_1, \quad \forall j \in \mathrm{DC} \tag{8-22}$$

$$t_i^{cg} = \sum_{c \in \mathrm{CT}} \sum_{g \in \mathrm{DI}} \sum_{j \in \mathrm{DC}} \sum_{k \in \mathrm{DP}} t_{jk} z_{ij}^{cg} e_{ik}^{cg} + \sum_{c \in \mathrm{CT}} \sum_{g \in \mathrm{DI}} \sum_{j \in \mathrm{DC}} \sum_{k \in \mathrm{DP}} t_{ki} e_{ik}^{cg} + tw_{cg},$$

$$\forall i \in I, \ c \in \mathrm{CT}, \ g \in \mathrm{DI} \tag{8-23}$$

$$Tl_i \leqslant \sum_{j \in \mathrm{DC}} \sum_{k \in \mathrm{DP}} \sum_{c \in \mathrm{CT}} T_j^0 z_{ij}^{11} + t_i^{11} \leqslant Tu_i, \quad \forall i \in I \tag{8-24}$$

$$z_{ij}^{cg} \leqslant x_j, \quad \forall j \in \mathrm{DC}, \ k \in \mathrm{DP}, \ i \in I, \ c \in \mathrm{CT}, \ g \in \mathrm{DI} \tag{8-25}$$

$$\sum_{j \in \mathrm{DC}} z_{ij}^{cg} = 1, \quad \forall i \in I, \ c \in \mathrm{CT}, \ g \in \mathrm{DI} \tag{8-26}$$

$$\sum_{j \in \mathrm{DC}} x_j = p_1 \tag{8-27}$$

$$x_j = \{0, 1\}, \ z_{ij}^{cg} = \{0, 1\}, \ j \in \mathrm{DC}, \ k \in \mathrm{DP}, \ i \in I, \ c \in \mathrm{CT}, \ g \in \mathrm{DI} \tag{8-28}$$

上层目标式（8-21）表示政府目标，即使最小的单位需求满意度最大。由于城市与农村地区对不同类别不同方向上物品配送的时效要求不同，个体的满意度主要表现为时间的满意度。采用线性时间满意度处理个体对配送服务时间的要求，时间满意度函数如下：

$$f_i^{cg} = \begin{cases} 1, & t_i^{cg} < L_i^{cg} \\ \dfrac{U_i^{cg} - t_i^{cg}}{U_i^{cg} - L_i^{cg}}, & U_i^{cg} \leqslant L_i^{cg} \leqslant t_i^{cg}, \ \forall i \in I, \ c \in \mathrm{CT}, \ g \in \mathrm{DI} \\ 0, & t_i^{cg} > U_i^{cg} \end{cases} \tag{8-29}$$

约束式（8-22）表示配送中心处理量约束，式（8-23）表示需求点 i 在 g 方向上第 c 类物品配送需求的服务时间，式（8-24）表示下行的农产品配送时间满足需求点的时间窗要求，式（8-25）表示只有当配送中心被选择时需求才能分配给该中心，式（8-26）表示一个需求点一个方向上的一种货物只由一个配送中心服务，但不同的方向或货物种类可能由不同配送中心服务，式（8-27）表示配送中心的数量约束，式（8-28）表示变量的0-1约束。

8.2.1.2 下层模型

$$\min z_2 = \sum_{c \in \mathrm{CT}} \sum_{i \in I} \sum_{g \in \mathrm{DI}} \sum_{j \in \mathrm{DC}} s^c (t_{ij}^{cg} z_{ij}^{cg} d_i^{cg} + t_{ik}^{cg} e_{ik}^{cg} d_i^{cg}) + \sum_{k \in \mathrm{DP}} ((y_k - yc_k) C_\beta + yc_k C_\alpha)$$

$$\tag{8-30}$$

约束条件为

$$\sum_{c \in \mathrm{CT}} \sum_{g \in \mathrm{DI}} \sum_{i \in I} d_i^{cg} e_{ik}^{cg} \leqslant \lambda_2, \quad \forall k \in \mathrm{DP} \tag{8-31}$$

$$\sum_{k \in DP} y_k = p_2 \qquad (8\text{-}32)$$

$$e_{ik}^{cg} \leqslant y_k, \quad \forall\, k \in DP,\ i \in I,\ c \in CT,\ g \in DI \qquad (8\text{-}33)$$

$$e_{ik}^{2g} \leqslant yc_k, \quad \forall\, i \in I,\ k \in DP,\ g \in DI \qquad (8\text{-}34)$$

$$\sum_{k \in DP} e_{ik}^{cg} = 1, \quad \forall\, i \in I,\ c \in CT,\ g \in DI \qquad (8\text{-}35)$$

$$yc_k \leqslant y_k \qquad (8\text{-}36)$$

$$y_k = \{0,1\},\ yc_k = \{0,1\},\ e_{ik}^{cg} = \{0,1\},\ \forall\, k \in DP,\ i \in I,\ c \in CT,\ g \in DI$$
$$(8\text{-}37)$$

下层目标式（8-30）表示企业其目标，即总成本最小，包括配送站建设成本与配送成本。约束式（8-31）表示配送站处理能力约束，式（8-32）表示配送站建设数量约束，式（8-33）表示只有选择配送站时需求才能分配给该站，式（8-34）表示只有配送站具备冷链服务功能时，农产品配送需求才能分配给该站，式（8-35）表示一个需求点一个方向上的一种货物需求只由一个配送站服务，式（8-36）表示只有选择配送站时才可能配备冷链设备，式（8-37）为变量的 0-1 约束。

上下层模型的相互关系体现为，上层配送中心的选址与需求分配将影响下层的配送成本，下层配送站的选址与需求分配将影响上层的个体时间满意度。

8.2.2 遗传算法求解

上述模型为 0-1 整数双层规划模型，包括物流节点选址以及需求点向物流节点的分配，并对物流节点数量限制、处理能力限制、时间窗约束、冷链服务约束等进行处理。遗传算法具有多点并行搜索机制，因此设计了遗传算法对模型进行求解。算法整体思路为，首先生成选址与分配方案的初始种群，将配送中心的选址与分配结果作为参数输入下层模型，通过下层模型的遗传操作得到配送站的选址与分配结果，反馈给上层模型计算个体满意度；实施上层模型的遗传操作，生成新得种群，进行新的迭代计算，直至达到最大迭代次数时停止。算法流程如图 8-11 所示。

8.2.2.1 参数初始化

设置遗传算法的种群规模 pops，最大迭代次数 mg，交叉率 P_e 和变异率 P_m。

8.2.2.2 染色体编码

每条染色体包含 7 个子串，前 3 个子串表示上层规划决策变量 x_i 和 z_{ij}^{cg}，后 4 个子串表示下层规划决策变量 y_k、yc_k 和 e_{ik}^{cg}。

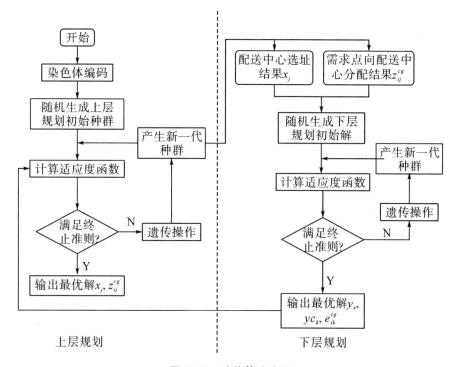

图 8-11 遗传算法流程

上层规划中子串 1 为 0-1 编码，长度为 m_1，子串 1 的第 j（$j = 1$, 2, …，m_1）个基因位表示是否选择第 j 个备选配送中心，选择为 1，否则为 0，编码取值之和等于 p_1。子串 2 为自然数编码，长度为 cn，第 c 个基因段的第 i 个基因位表示下行方向需求点 i 的第 c 类物品分配到配送中心的结果，为 $1 \sim p_1$ 的随机整数。子串 3 为自然数编码，长度为 cn，第 c 个基因段的第 i 个基因位表示上行方向需求点 i 的第 c 类物品分配到配送中心的结果，为 $1 \sim p_1$ 的随机整数。

下层规划中子串 4 为 0-1 编码，长度为 m_2，子串 1 的第 k（$k = 1$, 2, …，m_2）个基因位表示是否选择第 k 个备选配送站，选择为 1，否则为 0，编码取值之和等于 p_2。子串 5 为 0-1 编码，长度为 m_2，第 k（$k = 1$, 2…，m_2）个基因位表示第 k 个配送站是否具备冷链功能，具备为 1，否则为 0，取值小于子串 4 对应 k 位的编码值，且取值之和大于 0。子串 6 与子串 7 为自然数编码，与子串 2、子串 3 类似，表示了下行和上行方向，需求点不同类型物品向配送站分配的结果，长度均为 cn，基因位取值均为 $1 \sim p_2$ 的随机整数。子串 6、子串 7 第 $c = 2$ 基因段中编码取值为集合 YC 中的随机数，其中 YC 为子串

1、子串 2 中编码取值相乘为 1 的基因位 k 的集合，表示具备冷链服务功能的备选配送站。

染色体编码如图 8-12 所示。

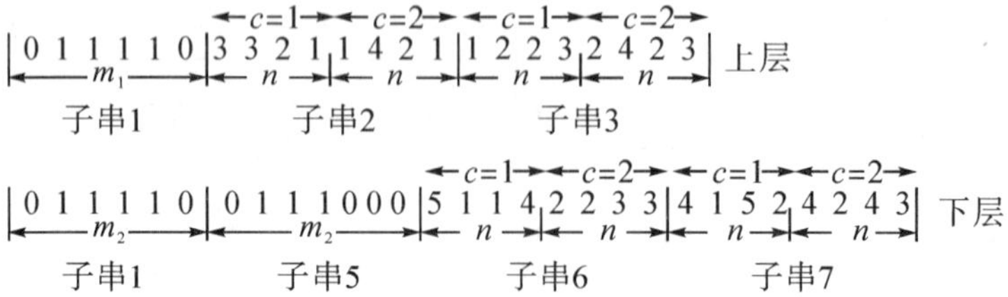

图 8-12 染色体编码

8.2.2.3 初始化种群和适应度计算

根据染色体编码规则与配送中心容量限制随机生成种群规模为 pops 的初始种群。上下层规划适应度函数的计算相互依赖。

首先，通过解码子串 1、子串 2 和子串 3，得到配送中心选址结果 x_i 与需求点向配送中心分配结果 z_{ij}^{cg}，作为下层规划的输入参数。再解码子串 4 至子串 7，得到配送站选择结果 y_k，yc_k 和需求点向配送站分配结果 e_{ik}^{cg}。根据式（8-30）计算下层规划目标值 z_2，将其倒数作为适应度函数值。由于存在配送站服务能力约束，还需进行约束处理。当随机分配的由配送站 k 服务的需求量大于容量时，违反式（8-31），此时将在适应度函数中加上惩罚值 H。

然后，将下层规划通过遗传操作之后计算的最优解 y_k^*，yc_k^* 和 e_{ik}^{cg*} 返回上层规划，根据式（8-23）、式（8-33）计算上层目标函数值。由于存在时间窗和配送中心服务能力约束，还需进行约束处理。当随机分配的由配送中心 j 服务的需求量大于容量时，违反式（8-31），此时将目标函数加上惩罚值 H。计算下行货物达到时间，若违反式（8-24），则将目标函数加上惩罚值 H 作为适应度函数结果。

8.2.2.4 遗传操作

选择策略采用精英选择和轮盘赌选择。

由于各子串的编码规则不同，分别对染色体中的各个子串进行交叉和变异操作。子串 1、子串 4、子串 5 为 0-1 编码，采用均匀交叉和基本位变异。考虑配送中心和配送站的数量约束，当子串 1 编码之和不等于 p_1 时，子串 4 编码之和不等于 p_2 时，随机选择差值个取值为 1（0）的基因位，改变编码。为满足式（8-36）的约束，新生产的子串 5 编码取值大于子串 4 的，编码由 1 变为 0。子串 2、子串 3、子串 6 和子串 7 为自然数编码，采用顺序交叉和逆转变异。但是由于存在冷链服务约束，需要对子串 6、子串 7 的 $c=2$ 的基因段进行调整。若基因段上的编码不在子串 4、子串 5 决定的 YC 集合中，则将不符合的编码随机替换为 YC 中的元素。

8.2.2.5 终止条件

遗传算法迭代 mg 次后结束，输出计算结果。

8.2.3 案例分析

以雨城区为例，22 个需求点位置和下行工业品日均需求量与 8.1.3 节相同，其他类型需求量与备选节点服务能力如表 8-6 所示。备选配送中心与配送站的服务容量 λ_1 和 λ_2 分别为 1 000、500。建设具备冷链功能的配送站固定成本 C_α 为 18 万元，不具备的 C_β 为 15 万元。任意节点间的行驶时间由距离测算，不同方向的不同类型物品在配送站的处理时间 $tw_{11}=0.5$，$tw_{12}=1$，$tw_{21}=1$，$tw_{22}=1.5$ 小时。城区需求点对不同方向不同类型物品时间满意度参数 $L_i^{11}=L_i^{12}=2$，$L_i^{21}=L_i^{22}=3$，$i \in (1, 2, \cdots, 10)$，农村需求点对不同方向不同类型物品的时间满意度参数 $U_i^{11}=U_i^{12}=4$，$U_i^{21}=U_i^{22}=6$，$i \in (1, 2, \cdots, 10)$。工业品和农产品单位数量单位时间运输成本 $s_{JK}^1=0.2$，$s_{JK}^2=0.5$，$s_{IK}^1=0.1$，$s_{IK}^2=0.3$。选择配送中心和配送站数量 $p_1=2$，$p_2=5$。

表 8-6　需求量与备选节点服务能力

区域	编号	名称	需求量/件·天$^{-1}$				上行农产品时间窗
			下行工业品	下行农产品	上行工业品	上行农产品	
中心城区	1	东城街道办	180	61	40	19	[0, 3]
	2	西城街道办	159	27	39	5	[0, 3]
	3	河北街道办	160	34	37	11	[0, 3]
	4	青江街道办	10	9	35	11	[0, 3]
	5	北郊镇	77	22	35	3	[1, 4]
	6	草坝镇	40	16	35	18	[2, 6]
	7	大兴镇	32	15	32	3	[4, 6]
	8	对岩镇	39	15	32	15	[2, 3]
	9	多营镇	10	8	21	10	[4, 5]
	10	南郊乡	69	18	20	18	[3, 7]

表8-6(续)

区域	编号	名称	需求量/件·天⁻¹				上行农产品时间窗
			下行工业品	下行农产品	上行工业品	上行农产品	
周边乡镇	11	合江镇	10	9	18	15	[5, 7]
	12	沙坪镇	10	7	18	6	[5, 7]
	13	中里镇	25	13	17	10	[5, 8]
	14	上里镇	20	11	14	39	[5, 9]
	15	严桥镇	20	11	7	26	[6, 8]
	16	晏场镇	13	10	4	5	[5, 7]
	17	碧峰峡镇	26	14	2	27	[3, 7]
	18	八步乡	16	10	5	5	[2, 6]
	19	观化乡	8	6	1	34	[4, 5]
	20	孔坪乡	7	6	3	16	[4, 6]
	21	凤鸣乡	8	8	4	19	[3, 6]
	22	望鱼乡	4	3	2	9	[6, 8]
合计			929	318	401	300	

8.2.3.1 选址与分配结果

算法参数设置为 pops = 100，最大迭代次数 mg = 300，交叉率 P_c = 0.9 和变异率 P_m = 0.01。算法收敛情况如图8-13所示。

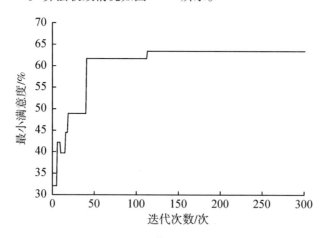

图8-13 算法收敛情况

上层决策结果为选择配送中心 1、5，最小的客户单位需求量的时间满意度为 62.4%。下层决策结果为选择点 7、12 建设具有冷链功能的配送站，选择 6、13、18 为不具冷链功能的配送站，总成本为 1 587 639 元，各需求点分配到配送站和配送中心的情况如表 8-7 所示。由于配送站服务能力的限制，部分上行与下行物品配送需求向配送站的分配结果存在差异，如需求点 20、15 的工业品和需求点 15、16 的农产品。

表 8-7　物流节点选址及工业品与农业品需求分配结果

节点类型	选址点编号	需求点向配送节点分配的结果			
		工业品上行需求点编号	工业品下行需求点编号	农产品上行需求点编号	农产品下行需求点编号
配送中心	1	6、12	6、12	—	—
	5	7、13、18	7、13、18	—	—
配送站（无冷链）	6	11、15、20、21	11、21	—	—
	13	14、17	14、17	—	—
	18	8、9、19、22	8、9、19	—	—
配送站（有冷链）	7	2、3、4	2、3、4	3、4、5、6、11、13、14、17、21、22	3、4、5、6、11、13、14、17、21、22
	12	16、10	10、15、16、20、22	1、2、8、9、10、18、19、22	1、2、8、9、10、18、19、10、22

注：农产品无论上行还是下行都需要冷链设备，因此只分配到具有冷链设备的配送站，即使是配送中心所在地的需求也向冷链配送站分配。

8.2.3.2　个体满意度分布

上层规划的目标是使最小的单位需求客户满意度最大，体现了政府决策的公平性，比较不同需求点的满意度，结果如图 8-14 所示。整体上看，中心城区的个体平均满意度为 80.0%，高于周边乡镇 72.8% 的满意度。被选择为配送中心或配送站的点满意度相对较高，如点 1、5、18 等，较为偏远的地区满意度相对较低，如点 16、22、17 等，点 16 的满意度最低为 62.4%。所有个体间满意度的基尼系数为 0.08，小于 0.2，说明个体间差异不大，上层决策中政府的公平性得到保证。

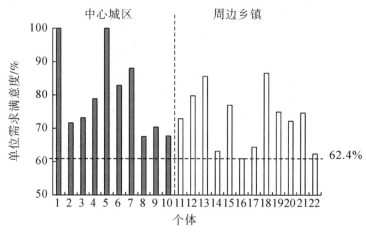

图 8-14　个体满意度分布

8.2.3.3　决策建议

综上，对于雅安市雨城区的城乡配送网点建设有以下决策建议：

（1）城乡配送节点往往承担着"工业品下乡，农产品进城"的双向物流服务功能，且工业品和农产品在运输特性、处理时间和时效要求等方面存在差异，因此在多级城乡配送网点建设中，决策者应当充分考虑不同类别不同方向的配送需求。

（2）对于政府而言，应尽量保证较偏远地区的物流服务质量，因此宜选择点（1，5）建设配送中心，尽可能地提高最小的个体满意度；对于企业而言，配送站的建设成本和运输成本是需要考虑的主要效率因素，因此选择点（6，7，12，13，18）建设配送站，其中（7，12）为具备冷链功能的配送站，在满足时间窗要求的情况下尽可能地降低配备冷链设施的建设成本。需求点向配送站的分配关系到企业的运输成本，基本按照就近的原则，但是由于配送站存在服务能力限制，因此企业需要对部分需求的分配进行优化调整。

8.3　本章小结

本章首先考虑公共服务需求差异、供给差异、需求到达随机与排队现象，结合排队论构建企业与政府公共设施选址模型。将客户与设施点看作 M/M/K 排队系统，运用超立方模型计算需求转移规则下的设施点可用概率，构造客户期望满意度函数衡量选址决策下的个体效用。以覆盖需求最大为效率目标、客户需求嫉妒最小为公平目标构造企业多目标选址模型，以需求满意度最大为效率目标、满意度字典序最大为公平目标构造政府变权选址模型，并设计禁忌搜索算法求解。研究表明：①随着设施点数量的增加，系统负荷水平减小，节点可用概率增加，设施点繁忙导致的需求损失减小；②随着企业与政府公平参数的增加，最优选址结果均呈现效率降低但公平性提升的变化趋势；③在企业与政府的效率最优选址方案下，城市需求点的期望满意度明显高于农村，而在公平最优及折中方案下，城乡期望满意度差异显著缩小；④政府与企业追求的效率最优在效率指标上差异不大，但公平指标上政府优于企业，政府与企业追求的公平最优在公平指标上差异不大，但在效率指标上企业优于政府。

其次，考虑一类交通物流领域具有双向流通特征的配送设施点，以及不同品类不同方向上的运输、分拣特性以及时效要求，在配送中心→配送站→需求点的多级配送体系下，构建政府—企业的双层规划模型。上层以服务满意度的公平性最高为目标，决定配送中心的选址以及需求向配送中心的分配；下层以总成本最小为目标，决定建设配送站的类型与位置，以及需求向配送站的分配。设计遗传算法求解，以四川省雅安市雨城区邮政网点选址为例，验证模型与算法的有效性。研究表明：①当设施点能力存在限制时，同个需求点不同方向或不同品类的配送需求可能分配至不同的设施点处理；②由于上层政府以公平性作为目标，因此该方法下个体间差异较小，资源配置的公平得以保障；同时下层以企业的建设和配送成本最小为目标，兼顾了企业利益。

9 公平分配方法
在应急物资分配中的应用

大规模灾害发生初期，应急物资往往供不应求，决策者在考虑分配方案效率最大化的同时还需兼顾资源分配的公平性，否则容易造成部分受灾地区的人心不稳、秩序动荡，甚至导致死伤人数进一步增加等严重后果。但是，如果过分关注分配的公平性，又往往会以降低效率为代价。本章首先考虑实物分配公平和心理感知公平，建立多目标的应急物资分配模型，并设计改进的 NSGA-II 算法求解。然后，针对震后资源短缺、需求动态变化的应急物资分配问题，建立公平与效率权衡的双目标整数非线性规划模型，将多目标转化为单目标求解。

9.1 考虑心理效用的多目标应急物资分配问题

早期对应急物资分配问题的研究侧重于提高效率，往往以总成本最小、总时间最短或需求满足率最大等为决策目标。随着人道主义物流的提出，学者们开始关注应急资源分配的公平性。关于应急资源分配公平性的研究主要包括最大最小公平、字典序最大公平比例公平及构造体现公平的数学表达式等。最大最小公平是指通过最大化系统内的最差个体表现以实现公平分配。字典序最大公平是最大最小公平的特殊形式。比例公平是指将应急物资按照各受灾点需求量的同一比例进行分配（该比例为总供应量与总需求量之比），例如 Vitoriano 等（2011）通过设置需求点接收物资量和需求量的最小比例来体现应急物资配送过程中的公平；叶永等（2013）按照各受灾点需求量占总需求量的比例进行应急物资分配以体现公平。构造体现公平的数学表达式则是学者根据实践情况，在建立数学模型时，构造体现公平的目标函数或约束条件。公平目标函数方面，王旭坪等（2016）通过量化灾民非理性攀比心理，并构建攀比目标函数以体现公平；Huang 等（2012）通过以需求未满足度的凸函数为目标函数实现公平；Chanta 等（2011）通过构造客户感知嫉妒目标函数体现公平。公平约束方面，陈莹珍和赵秋红（2015）通过设置公平约束条件保证一个地区的物资满足率与其供需比正相关；庞海云等（2012）通过设置最低需求满足度的约束条件以体现应急物资分配决策的公平性。

以上文献虽然考虑了应急资源分配的公平性，但没有对效率与公平之间的关系进行深入研究。Bertisimas（2012）、Hooker（2012）等学者对资源公平分配策略与系统效率损失的关系进行了研究，证明了二者的悖反关系，如何解决应急资源分配问题中公平与效率的矛盾成为应急管理研究面临的新挑战。詹沙磊等（2014）通过构建公平与效率指标实现应急物资配送公平与效率的权衡；Medernach 和 Sanlaville（2012）研究了不同需求情景下的资源公平分配问题，给出了基于字典序的效率与公平帕累托解求解方法；李丹和刘晓（2013）建立了以最小最大不满意度为公平目标、以系统效用最大为效率目标的多目标混合整数规划模型。

目前已有学者开始研究兼顾公平与效率的应急资源分配问题，但成果较少，且大多数学者认为的公平是"实物分配"的均等，少数学者则认为"心理效用"的均等更能体现公平。后者强调公平的主观性，正如《新帕尔格雷夫经济学大辞典》对公平的定义："如果在一种分配中，没有任何一个人嫉妒另外一个人，那么这种分配就称之为公平分配"。笔者认为在应急物资分配决策中既要考虑"实物分配"的均等，又要考虑"心理效用"的均等。因此，本节将以最小嫉妒公平刻画灾民心理效用的均等，以比例公平刻画应急物资实物分配的均等，以总物流成本最小体现效率，建立多目标数学优化模型探讨兼顾公平与效率的应急物资分配问题。

9.1.1 公平指标量化分析

在信息化高度发达的今天，国家应急救援实时公布其过程，灾民和公众会迅速了解灾情以及救援情况等信息，如果应急资源配置不当，容易造成受灾群众的心理恐慌。考虑到人的有限理性，在救灾过程中，除了考虑救援效率，还需关注灾民的心理因素，避免不良的舆论效应以及灾民的非理性行为。灾害初期，应急物资供小于求，灾民的个体需求难以得到满足，再加上各地区物资分配量的差异、灾民认知的偏差，容易导致灾民心理失衡而产生嫉妒心理，甚至出现哄抢物资的非理性行为。嫉妒是人的一种普遍情绪反应，但其并不是在随机或盲目的比较中产生的，而是存在于一些特定的社会比较情境之中，主观上的不公平感是产生嫉妒的主要原因，而追求公平则是安抚嫉妒的主要方法。灾区的灾民处于相似的社会环境中，相互之间更容易由于主观的不公平感而产生嫉妒心理。因此，本研究借鉴心理学里关于"嫉妒"的定义，构建描述灾民嫉妒心理的嫉妒函数。

9.1.1.1 最小嫉妒公平

《心理学大辞典》中将"嫉妒"定义为："某种东西是别人的，自己无法或不可能拥有，然而却想拥有的一种反应。"在大规模灾害中，灾民关注最多的无疑是本地区以及自身所分配到的应急物资数量，又因为在灾害突发初期，首批应急物资相对短缺，往往造成供不应求的局面。因此，当受灾点 i 的需求未满足量与受灾点 k 相比较高时，i 产生嫉妒，反之则没有嫉妒反应，可得嫉妒函数 $e_{ik} = \max\{0, r_i - r_k\}$，$e_{ik}$ 表示受灾点 i 对受灾点 k 的嫉妒值，其中，$r_i = d_i - \sum_{j \in J} x_{ij}$ 表示受灾点 i 的需求未满足量，d_i 和 $\sum_{j \in J} x_{ij}$ 分别表示受灾点 i 的应急物资实际需求量与分配数量。此外，出于对群体效应的考虑，受灾人口越多的地区越容易发生群体事件，其嫉妒函数的权重越大，而受灾点的需求与受灾人口成正比，因此，根据归一化原则，权重 h_i 可用受灾点 i 的需求占总需求的比例表示，即 $h_i = d_i / \sum_{i \in I} d_i$。则整个灾区的总加权嫉妒值可用函数 $f = \sum_{i \in I} \sum_{k \in I} h_i e_{ik}$ 表示，函数值越小，代表灾区之间的嫉妒行为越弱化，灾民的心理效用越均等。

9.1.1.2 比例公平

资源分配公平还是不公平，是一个相对概念，同一种分配方式，在一部分人看来是公平的，在另一部分人看来是不公平的。如果我们只关注"心理效用"均等，势必会造成需求量较小的灾区只能分配到较少的物资甚至完全分配不到物资，这就使我们在追求公平的同时又导致了另一种不公平。为了解决这一矛盾，我们也要适度考虑"实物分配"均等，这里我们借鉴"比例公平"的思想，即给受灾点设置一个最低的需求满足率 λ，$\lambda = \sigma \cdot \sum_{j \in J} s_j / \sum_{i \in I} d_i$，其中，$\sum_{j \in J} s_j / \sum_{i \in I} d_i$ 表示总供应量与总需求量的比值，$\sigma \in [0, 1]$ 表示比例公平的程度，$\sigma \to 0$ 表示比例公平程度越低，当 $\sigma = 0$ 时表示完全按照最小嫉妒公平分配应急物资；$\sigma \to 1$ 表示比例公平程度越高，当 $\sigma = 1$ 时表示完全按照比例公平分配。

9.1.2 应急物资分配模型

9.1.2.1 模型假设

模型假设如下：①大规模灾害导致的受灾点往往不止一个，且灾区急需帐篷、粮食、水等基本生活物资，而这类物资由于需求量大，往往都是单独配送的，因此，本书主要研究的是多需求点、多救援点、单品种的应急物资分配；②由于灾区大多是集中连片的区域，物资到达各灾区的时间不会相差太大，灾民对物资数量的敏感程度远高于物资到达的时间，因此，暂不考虑物资到达时间对灾民心理的影响。

符号说明如下：

I 表示受灾点集合，$I = \{1, 2, \cdots, n\}$，$i, k \in I$；

J 表示救援点集合，$J = \{1, 2, \cdots, m\}$，$j \in J$；

d_i 表示受灾点 i 的应急物资需求量，可根据灾区受灾人口数或房屋倒塌数量进行测算；

s_j 表示救援点 j 的应急物资储备量；

c_{ij} 表示救援点 j 到受灾点 i 单位物资的综合物流成本，包括运输、装卸、搬运等费用；

e_{ik} 表示受灾点 i 对受灾点 k 的嫉妒值；

h_i 表示受灾点 i 嫉妒值的权重；

λ 表示受灾点最低的需求满足率；

x_{ij} 表示救援点 j 配送到受灾点 i 的应急物资数量，为模型的决策变量。

9.1.2.2 模型构建

建立短缺应急物资分配的公平与效率的多目标模型如下：

$$\min \ Z_1 = \sum_{i \in I} \sum_{k \in I} h_i e_{ik} \tag{9-1}$$

$$\min \ Z_2 = \sum_{i \in I} \sum_{j \in J} c_{ij} x_{ij} \tag{9-2}$$

$$\text{s.t.} \quad e_{ik} = \max\{0, \ r_i - r_k\}, \ \forall i, k \in I \tag{9-3}$$

$$\sum_{j \in J} x_{ij} \leqslant d_i, \ \forall i \in I \tag{9-4}$$

$$\sum_{i \in I} x_{ij} = s_j, \ \forall j \in J \tag{9-5}$$

$$\sum_{j \in J} x_{ij} \geqslant \lambda d_i, \ \forall i \in I \tag{9-6}$$

$$\lambda = \sigma \cdot \sum_{j \in J} s_j \Big/ \sum_{i \in I} d_i \tag{9-7}$$

$$x_{ij} \in Z, \ \forall i \in I, j \in J \tag{9-8}$$

目标函数式（9-1）为公平指标，表示最小化受灾点的总加权嫉妒值。目标函数式（9-2）为效率指标，表示最小化总物流成本。约束条件式（9-3）为嫉妒值表达式；式（9-4）表示受灾点获得应急物资的总量不大于其需求；式（9-5）表示救援点应急物资的供应量等于其储备量；式（9-6）表示受灾点的应急物资获得量不小于其最低需求量；式（9-7）为最低需求满足率 λ 的表达式；式（9-8）表示决策变量为非负整数。

9.1.3 求解算法设计

多目标优化问题中各目标往往呈悖反关系，因此一般不存在最优解，只存在非劣解。求解多目标问题的方法大致可分为两类，一类是先验法，即决策者事先就有一定偏好，然后通过线性加权、理想点、分层序列等方法将多目标转化为单目标求解；一类是后验法，即先通过多目标进化算法或其他多目标求解方法求出问题的一组非劣解，然后决策者再根据自己的偏好选择满意方案。灾害救援初期一般可利用的信息较少，决策者没有足够的信息支撑决策，因此比较适合采用后验法。

9.1.3.1 改进的 NSGA-II

NSGA-II 是多目标进化算法中较为成熟的算法之一，因此，本书结合模型的特性，对 NSGA-II 进行改进，设计新的编码方式和遗传操作算子。具体步骤如下：

步骤 1 初始种群产生及编码。为了保证初始种群的优良性，直接采用 Lingo 程序产生 N 个可行解组成初始种群。根据问题特性，采用二维整数编码，即每个染色体 $X = (x_{11}, x_{12}, \cdots, x_{nm})$，其中 $x_i \in Z$，$i = 1, 2, \cdots, n \times m$。矩阵的每一行表示受灾点，每一列表示救援点，矩阵的第 i 行、第 j 列对应的元素表示救援点 j 分配给受灾点 i 的应急物资数量。

步骤 2 适应度计算。直接用目标函数值作为适应度，即 $F_1 = Z_1$，$F_2 = Z_2$。

步骤 3 快速非支配排序。设个体 i 的两个适应度分别为 $F_{i,1}$ 和 $F_{i,2}$。若 $F_{i,1} \leq F_{j,1}$ 且 $F_{i,2} < F_{j,2}$ 或 $F_{i,1} < F_{j,1}$ 且 $F_{i,2} \leq F_{j,2}$，则称个体 i 支配个体 j，如果没有其他个体支配个体 i，则称个体 i 为非劣解。根据此定义，①令 $k = 1$，对当前种群进行非支配排序，将求出的所有非劣解个体划分为同一个等级，这一等级里每一个个体 i 的排名 $\text{rank}_i = k$；②令 $k = k + 1$，从种群中剔除已分配好等级的个体，对剩余个体进行非支配排序，求出非劣解个体划分为同一等级，这一等级里每一个个体 i 的排名 $\text{rank}_i = k$；③重复第②步，直至种群中所有个体被分级完成。

步骤 4 拥挤距离计算。将排序等级相同的个体按照 F_1 和 F_2 的升序排列，对于每个等级排在边缘的个体（第一个和最后一个），为了使其具有选择优势，令它们的拥挤距离为无穷大，而对每个等级排在中间的个体 i，其拥挤距离 c_i 按照式（9-9）计算得到。

$$c_i = \frac{F_{i+1,\,1} - F_{i-1,\,1}}{\max(F_1) - \min(F_1)} + \frac{F_{i+1,\,2} - F_{i-1,\,2}}{\max(F_2) - \min(F_2)} \qquad (9\text{-}9)$$

步骤 5 选择操作。根据个体等级排名和拥挤距离的大小，采用锦标赛选择算子，从种群中选出 $0.5N$ 个个体，组成新种群。具体操作如下：从种群中随机选择两个个体（记为 i 和 j）进行比较，如果 $\mathrm{rank}_i < \mathrm{rank}_j$，或 $\mathrm{rank}_i = \mathrm{rank}_j$ 且 $c_i > c_j$，则选择 i 作为生成下一代的父体，否则选择 j。即优先选择非支配排序小的个体，如果个体等级相同，则选择拥挤距离较大的个体。

步骤 6 交叉操作。以交叉概率 p_c 从步骤 5 产生的新种群中选择参加交叉操作的父代，并将它们随机配对，然后按照式（9-10）对每一对父代进行交叉操作，并产生子代。其中 r 为开区间（0，1）中产生的随机数，(X_i, X_j) 为父代，(X_i', X_j') 为子代。但约束条件（9-5）是强约束，得到的子代往往不满足此约束条件，需要进一步处理。用 $X' = (x_{11}', x_{12}', \cdots, x_{ij}', \cdots, x_{nm}')$ 表示子代的个体，令 $s_j' = \sum\limits_{i \in I} x_{ij}'$，$x_{ij}' \leftarrow \left(x_{ij}' + \dfrac{s_j - s_j'}{n} \right)$，这样产生的子代都满足约束条件（9-5）。最后对子代的可行性进行检验，如可行则用它们替代父代，否则保留其中的可行子代（如果有的话），然后产生新的随机数 r 重新进行交叉操作，直到得到两个可行子代。

$$X_i' = r \cdot X_i + (1 - r) \cdot X_j, \quad X_j' = (1 - r) \cdot X_i + r \cdot X_j \qquad (9\text{-}10)$$

步骤 7 变异操作。以变异概率 p_m 从步骤 6 产生的新种群中选择参加变异操作的个体，用 $X = (x_{11}, x_{12}, \cdots, x_{ij}, \cdots, x_{nm})$ 表示，具体步骤如下：对于 $i = 1$：n，$j = 1$：m，令 $v = \min\{d_i, s_j\}$，$v = \mathrm{random}(0, v)$，$x_{ij} = v$，$d_i \leftarrow (d_i - x_{ij})$，$s_j \leftarrow (s_j - x_{ij})$。用交叉操作类似的方法对变异后的个体进行处理，使之满足约束条件（9-5）。最后对该个体的可行性进行检验，如可行则结束，如不可行则重复以上操作直到产生可行的个体。该操作实质为重新生成一个可行解替换变异个体，以保证种群的多样性。

步骤 8 精英策略。将父代种群 P_{gen} 和子代种群 Q_{gen} 合并，形成临时种群 $R_{\mathrm{gen}} = P_{\mathrm{gen}} \cup Q_{\mathrm{gen}}$，$R_{\mathrm{gen}}$ 的种群规模为 $1.5N$。对临时种群进行非支配排序（步骤 2 至步骤 4），选择前 N 个个体构成新的父代种群 $P_{\mathrm{gen}+1}$。

步骤 9 终止准则。如果 gen $\leq$ maxgen（maxgen 为最大迭代次数），则转入步骤 5，否则算法结束，输出结果。

9.1.3.2 多目标决策策略

上述算法可求解出问题的帕累托前沿，决策者可根据自身偏好选择满意解作为应急物资分配方案。为了保证偏好设置的相对客观，本书提出公平损失和效率损失指标辅助决策者对帕累托前沿进行选择。分别用 LF_i 和 LE_i 表示方案 i 的公平损失和效率损失，计算公式见式（9-11）和（9-12）。

$$LF_i = \frac{\max(Z_1) - Z_{i,1}}{\max(Z_1) - \min(Z_1)} \tag{9-11}$$

$$LE_i = \frac{\max(Z_2) - Z_{i,2}}{\max(Z_2) - \min(Z_2)} \tag{9-12}$$

其中，$\max(Z_1)$、$\max(Z_2)$、$\min(Z_1)$ 和 $\min(Z_2)$ 分别表示所有方案中目标函数 Z_1 和 Z_2 的最大值和最小值；$Z_{i,1}$ 和 $Z_{i,2}$ 分别表示方案 i 目标函数 Z_1 和 Z_2 的值。决策者可根据对公平损失和效率损失容忍程度的权衡来选择满意的应急物资分配方案。

9.1.4 案例分析

9.1.4.1 案例背景

2013 年 4 月 20 日，四川芦山发生 7.0 级地震，震源深度 13 千米，属于浅源地震，因此房屋倒塌非常严重，灾区急需帐篷。民政部 6 个中央救灾物资储备库向灾区调运首批应急物资 5 万顶帐篷，分别为成都、昆明、西安、兰州储备库各 1 万顶，以及武汉、长沙储备库各 0.5 万顶。由于官方并没有公布详细的灾情数据，模型的其他参数通过合理的估计得出（参数的取值并不影响模型的本质），灾区帐篷需求根据受灾人口数和房屋倒塌数估算得出，单位物流成本根据救援点与受灾点之间的距离以及各地区装卸搬运的平均费用估算得出，具体数据见表 9-1。此外，比例公平系数设置为 $\sigma = 0.5$。

表 9-1　应急物资分配原始数据

灾区	物流成本/（百顶·百元$^{-1}$）						需求量/百顶
	成都	昆明	西安	兰州	武汉	长沙	
芦山县	12.3	54.9	50.1	61.2	62.1	63.3	215
雨城区	9.6	31.8	45.6	50.4	42.6	41.1	145
天全县	13.5	49.2	53.1	40.5	53.1	48.6	180
名山区	10.5	39.3	37.5	43.8	38.1	46.2	161
荥经县	14.1	43.8	54.3	55.2	46.2	61.8	123
宝兴县	16.2	62.7	58.8	57.9	57.3	58.5	70
邛崃市	6.3	36.6	30.9	34.5	35.4	32.7	96

9.1.4.2　计算结果分析

根据算法设计，采用 MATLAB M 语言编程，在 Intel Core i7 @ 2.60GHz CPU，8.00GB 的计算机上对案例进行计算。经过多次测试，确定最佳参数为：种群规模 $N = 100$、最大迭代次数 maxgen = 500、交叉概率 $p_c = 0.9$ 和变异概率 $p_m = 0.05$。计算得出由 31 个非劣解（见表 9-2）组成的帕累托前沿（见图 9-1）。可见得到的帕累托前沿分布较为均匀，且总加权嫉妒值 Z_1 和总物流成本 Z_2 存在悖反关系，越靠近 x 轴的解所对应的分配方案越公平（总加权嫉妒值越小），越靠近 y 轴的解所对应的分配方案越有效率（总物流成本越小）。

表 9-2　NSGA-II 得到的帕累托前沿解

序号	总嫉妒值 Z_1	总成本 Z_2/百元	公平损失/%	效率损失/%	序号	总嫉妒值 Z_1	总成本 Z_2/百元	公平损失/%	效率损失/%
#1	141.5	15 605.7	100.0	0.0	#17	56.9	16 566.0	35.2	53.6
#2	132.9	15 662.4	93.4	3.2	#18	52.7	16 625.4	32.0	56.9
#3	123.6	15 726.0	86.3	6.7	#19	48.5	16 685.7	28.7	60.3
#4	115.3	15 784.2	79.9	10.0	#20	44.2	16 746.0	25.5	63.6
#5	109.4	15 846.0	75.4	13.4	#21	39.8	16 804.8	22.1	66.9
#6	104.6	15 906.0	71.8	16.8	#22	35.6	16 865.1	18.8	70.3
#7	99.9	15 966.0	68.1	20.1	#23	31.3	16 925.4	15.6	73.6
#8	95.5	16 025.4	64.7	23.4	#24	27.5	16 984.5	12.7	76.9
#9	91.2	16 086.0	61.5	26.8	#25	24.0	17 043.6	10.0	80.2
#10	86.8	16 145.4	58.1	30.1	#26	21.5	17 103.9	8.1	83.6
#11	82.6	16 205.7	54.9	33.5	#27	18.8	17 156.1	6.0	86.5
#12	78.3	16 266.0	51.6	36.8	#28	15.9	17 226.0	3.8	90.4
#13	73.9	16 324.8	48.2	40.1	#29	13.8	17 280.0	2.2	93.4
#14	69.7	16 385.1	45.0	43.5	#30	11.3	17 343.9	0.3	97.0
#15	65.4	16 445.4	41.7	46.9	#31	10.9	17 397.9	0.0	100.0
#16	61.2	16 505.7	38.5	50.2					

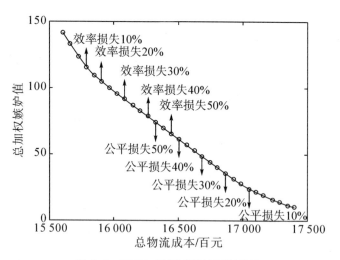

图 9-1　NSGA-II 得到的帕累托前沿

　　为进一步说明模型的有效性，从帕累托前沿中均匀地选择 5 个点，即方案 #1、#8、#16、#24、#31，对其受灾点的需求满足率进行对比分析，见图 9-2。可以看出随着总加权嫉妒值 z_1 的减小，需求量大且离各救援点相对较远的芦山县、天全县和荥经县需求满足率逐渐增加；需求量大但离各救援点相对较近的雨城区和名山区需求满足率先减少后增加；需求量小但离各救援点相对较远的宝兴县需求满足率不变；需求量小且离各救援点相对较近的邛崃市需求满足率逐渐减小。这是由于灾区的需求满足率是由最小嫉妒公平、比例公平及救援效率共同决定的，而救援效率主要取决于受灾点与救援点之间的距离（距离越短，单位物资的物流成本越小）。例如雨城区和名山区需求满足率出现先减少后增加的现象是由于当总加权嫉妒值 z_1 较大时，效率占主导，其离救援点较近，因此需求满足率较大；随着 z_1 的减小，比例公平占主导，因此其需求满足率逐渐减小；随着 z_1 继续减小，最小嫉妒公平占主导，其需求量大，因此需求满足率又逐渐增大。可见本书构建的模型能够兼顾公平与效率，公平主要体现在通过最小嫉妒公平追求"心理效用"均等，通过比例公平追求"实物分配"均等。

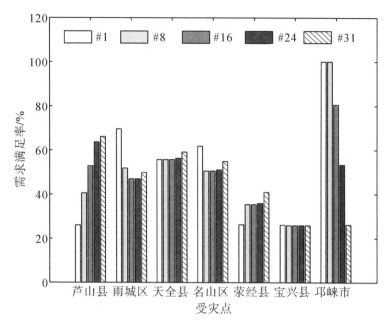

图9-2 不同方案下受灾点的需求满足率对比

9.1.4.3 帕累托前沿的选择

决策者可根据自身对公平损失和效率损失的忍受程度选择满意的方案（见图9-1和表9-3），各方案中灾区的需求满足率见表9-4。若决策者最多能接受10%的公平损失，那么在公平损失小于等于10%的方案中选择效率损失最小的方案，结果为方案#25，由表9-4可知该方案保护了需求量大的灾区，芦山县、天全县和名山区的需求满足率都超过了50%。若决策者最多能接受10%的效率损失，那么在效率损失小于等于10%的方案中选择公平损失最小的方案，结果为方案#4，由表9-4可知该方案优选满足了离救援点较近的邛崃市和雨城区。其他方案分析同理，不再赘述。

表9-3 决策者偏好与方案选择

决策者偏好	选择方案	实际损失	
		公平损失/%	效率损失/%
	10	#25	10.0	80.2
	20	#22	18.8	70.3
公平损失/%	30	#19	28.7	60.3
	40	#16	38.5	50.2
	50	#13	48.2	40.1

表9-3(续)

决策者偏好	选择方案	实际损失	
		公平损失/%	效率损失/%
	10	#4	79.9	10.0
	20	#6	71.8	16.8
效率 损失/%	30	#9	61.5	26.8
	40	#12	51.6	36.8
	50	#15	41.7	46.9

表 9-4　各方案中灾区的需求满足率

方案	需求满足率/%						
	芦山县	雨城区	天全县	名山区	荥经县	宝兴县	邛崃市
#25	63.7	46.9	56.7	51.6	36.6	25.7	49.0
#22	61.4	45.5	55.6	50.3	35.0	25.7	62.5
#19	57.2	47.6	55.6	50.3	34.1	25.7	69.8
#16	52.6	46.9	55.6	50.3	35.0	25.7	80.2
#13	48.4	44.8	55.6	50.3	35.0	25.7	92.7
#4	36.7	64.1	55.6	50.9	26.0	25.7	100.0
#6	38.6	57.9	55.6	50.9	30.9	25.7	99.0
#9	42.3	49.7	55.6	50.9	34.1	25.7	99.0
#12	47.0	48.3	55.6	50.3	34.1	25.7	91.7
#15	51.2	46.2	55.6	50.3	35.0	25.7	84.4

9.1.4.4　算法比较

加权法是常用的求解多目标优化问题的方法之一。由于两个目标的量纲不一致，需要进行标准化处理，假设 Z_1^* 是只考虑目标函数式（9-1）的单目标模型最优值，其对应的目标函数式（9-2）的值为 Z_2'；Z_2^* 是只考虑目标函数式（9-2）的单目标模型最优值，其对应的目标函数式（9-1）的值为 Z_1'。则加权法的目标函数可表示为式（9-13）：

$$\min \omega_1 \cdot \frac{Z_1' - Z_1}{Z_1' - Z_1^*} + \omega_2 \cdot \frac{Z_2' - Z_2}{Z_2' - Z_2^*} \tag{9-13}$$

其中，$\omega_1 + \omega_2 = 1$ 且 ω_1，$\omega_2 \geqslant 0$。通过不断调整权重的取值，可得一组帕累托最优解。以 0.02 为步长变化权重（如果步长太短，算法计算时间较长；如果步长太长，则得到的帕累托最优解的数量就较少），理论上可以得到 51 个解，但由于有重复解，实际解的个数要远小于理论值。具体求解采用带精英策略的遗传算法，其中选择算子采用轮盘赌法，染色体编码、其他遗传算子及算法的主要参数与本书设计的 NSGA-II 保持一致。图 9-3 为 NSGA-II 和加权法得到的帕累托前沿对比，由图可知 NSGA-II 的帕累托解的数量多且分布较均匀，而加权法得到的帕累托解数量少且多分布于帕累托前沿的两端，说明 NSGA-II 相比加权法能够获得较好质量的解。从运行时间上看，平均运行一次 NSGA-II 需要 2 分钟，而运行一次加权法需要 10 分钟，是 NSGA-II 的 5 倍，且步长越短，消耗的时间就越长，说明 NSGA-II 有良好的求解性能。

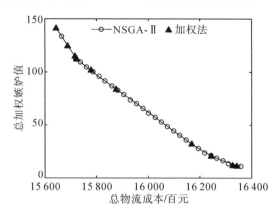

图 9-3　NSGA-II 和加权法得到的帕累托前沿对比

9.1.4.5　敏感性分析

1. 比例公平程度的影响

在其他参数不变的情况下，分别取比例公平指标 $\sigma = 0.1$、0.5、0.9 计算问题的帕累托前沿（见图 9-4），端点解的目标函数值见表 9-5。

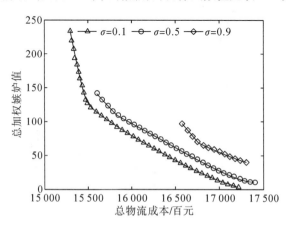

图 9-4　不同比例公平程度下的帕累托前沿

可见比例公平程度越低，帕累托前沿越长，求出的非劣解越多，这可能是由于模型可行域增大的结果；随着比例公平程度提高，总加权嫉妒值 Z_1 和总物流成本 Z_2 的取值范围逐渐越小，如 $|\Delta Z_1|$ 分别减小了 43.4% 和 56.8%；$|\Delta Z_2|$ 分别减小了 6.8% 和 59.3%。

表9-5　不同比例公平程度下端点解的目标函数值

σ	方案	总嫉妒值 Z_1	$\|\Delta Z_1\|$	总成本 Z_2/百元	$\|\Delta Z_2\|$
0.1	Z_1最小	2.9	230.9	17 216.7	1 923.0
	Z_2最小	233.8		15 293.7	
0.5	Z_1最小	10.9	130.6	17 397.9	1 792.2
	Z_2最小	141.5		15 605.7	
0.9	Z_1最小	40.3	56.4	17 302.5	729.9
	Z_2最小	96.7		16 572.6	

对比不同比例公平程度下帕累托前沿的下端点解中受灾点的需求满足率，见图9-5。可见随着比例公平程度的提高，需求量大的芦山县、天全县、名山区和雨城区需求满足率逐渐降低，需求量小的宝兴县需求满足率逐渐升高。当 $\sigma = 0.1$ 时，需求量大的地区需求满足率越高，如芦山县的需求满足率高达67.0%，而宝兴县的需求满足率仅有 5.7%；当 $\sigma = 0.9$ 时，各灾区需求满足率趋于平等，如雨城区 45.5%、名山区 47.8%、荥经县 45.5%、宝兴县 45.7%、邛崃市 45.8%，此外，需求量大的芦山县和天全县需求满足率分别为 60.5% 和52.8%。说明比例公平与最小嫉妒公平也存在悖反关系，比例公平程度越高对需求量小的灾区越有利，反之则对需求量大的灾区有利。

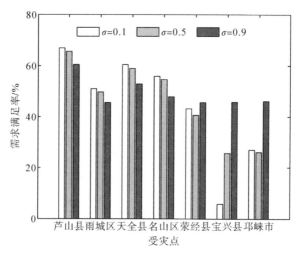

图9-5　不同比例公平程度下帕累托前沿的下端点解中受灾点的需求满足率对比

2. 不同资源总量的影响

在其他参数不变的情况下，分别取资源总量为400、500、600百顶，具体分布见表9-6。计算问题的帕累托前沿（见图9-6），端点解的目标函数值见表9-7。可以看出随着资源总量的增加，帕累托前沿的上端点和下端点的总物流成本Z_2也随之增加；下端点的总加权嫉妒值Z_1随之减小，即越来越公平。当资源总量为400百顶时，最公平方案的总加权嫉妒值$Z_1 = 22.7$；当资源总量为500百顶时，最公平方案的总加权嫉妒值$Z_1 = 10.9$；当资源总量为600百顶时，最公平方案的总加权嫉妒值$Z_1 = 3.8$；分别降低了52.0%和65.1%。这说明资源越短缺，分配方案越不公平，仅依靠优化配置策略无法解决问题，必须增加资源的投入才能从根本上降低资源分配的不公平程度。

表9-6 各救援点资源量分布

资源量分布/百顶	救援点获得量/百顶					
	成都	昆明	西安	兰州	武汉	长沙
400	100	100	50	50	50	50
500	100	100	100	100	50	50
600	100	100	100	100	100	100

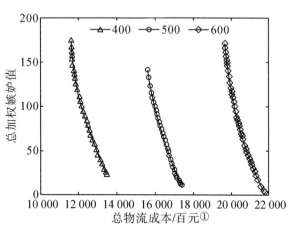

图9-6 不同资源总量下的帕累托前沿

① 考虑到实际操作层面的具体情况，此处物流成本以"百元"为单位更符合现实。

表 9-7　不同资源总量下端点值的目标函数值

资源量/百顶	方案	总嫉妒值 Z_1	$\|\Delta Z_1\|$	总成本 Z_2/百元	$\|\Delta Z_2\|$
400	Z_1最小	22.7	151.4	13 435.2	1 828.5
	Z_2最小	174.1		11 606.7	
500	Z_1最小	10.9	130.6	17 397.9	1 792.2
	Z_2最小	141.5		15 605.7	
600	Z_1最小	3.8	167.5	21 733.0	2 068.0
	Z_2最小	171.3		19 665.0	

通过案例分析，证明了模型和算法的有效性和实用性，并得出以下结论：①通过构建的兼顾公平与效率的多目标模型及算法，能够得到不同偏好下的应急物资分配方案，与单目标模型相比，多目标模型可以更好地均衡应急物资分配的公平与效率。②刻画灾民心理效用均等的最小嫉妒公平与刻画实物分配均等的比例公平存在悖反关系，决策者需结合实际情况权衡考虑。③资源的短缺程度从客观上决定了应急物资分配的总体公平程度，即资源短缺程度越高，分配的不公平程度越高，这时必须增加资源的投入才能从根本上降低资源分配的不公平程度。

9.2　公平与效率权衡的双目标应急物资分配模型

已有研究中最大最小公平通常作为模型的目标函数出现，而比例公平通常表现为模型的约束条件，但对灾区需求量动态变化的研究较少，且较少文献研究公平与效率目标的冲突关系。因此，本节针对震后资源短缺、需求动态变化的应急物资分配问题，建立公平与效率权衡的双目标整数非线性规划模型，为决策者提供不同偏好下的应急物资分配方案。

9.2.1　公平与效率双目标分配模型构建

9.2.1.1　符号说明
I 表示受灾点集合，$I = \{1, 2, \cdots, n\}$，$i \in I$；

J 表示救援点集合，$J = \{1, 2, \cdots, m\}$，$j \in J$；

d_i^0 表示受灾点 i 的最初应急物资需求量，可结合历史案例根据受灾人口估算得出；

a_i 表示受灾点 i 的受灾人口数；

b_i 表示受灾点 i 的失踪人口数；

y_{ij} 表示救援点 j 是否对受灾点 i 进行配送，$y_{ij} \in \{0, 1\}$，是则为 1，否则为 0；

t_{ij} 表示救援点 j 到受灾点 i 的配送时间；

T_i 表示受灾点 i 应急物资的送达时间；

$R(T_i)$ 表示受灾点 i 灾民失踪人口的存活率；

d_i 表示受灾点 i 的应急物资动态需求量；

s_j 表示救援点 j 的应急物资储备量；

r_i 表示受灾点 i 的应急物资需求满足率；

x_{ij} 表示救援点 j 配送到受灾点 i 的应急物资数量，为模型的决策变量。

9.2.1.2 模型构建

地震灾害发生后，首批应急物资往往供不应求，受灾地区人员关注最多的无疑是本地区所分配到的应急物资数量，决策者对灾区进行应急物资分配时需要权衡公平与效率。构建供小于求的多目标应急物资分配模型（MOP）如下：

$$\max \ Z_1 = \min_{i \in I} r_i \tag{9-14}$$

$$\min \ Z_2 = \max_{i \in I} T_i \tag{9-15}$$

$$\text{s.t.} \ T_i = \max_{j \in J}\{y_{ij} \cdot t_{ij}\}, \ \forall i \in I \tag{9-16}$$

$$\begin{cases} x_{ij} > 0, \ y_{ij} = 1 \\ x_{ij} = 0, \ y_{ij} = 0 \end{cases} \forall i \in I, j \in J \tag{9-17}$$

$$\sum_{j \in J} x_{ij} \leqslant d_i, \ \forall i \in I \tag{9-18}$$

$$\sum_{i \in I} x_{ij} = s_j, \ \forall j \in J \tag{9-19}$$

$$r_i = \sum_{j \in J} x_{ij}/d_i, \ \forall i \in I \tag{9-20}$$

$$R(T_i) = e^{-0.5(T/32)^2}, \ \forall i \in I \tag{9-21}$$

$$d_i = \lceil d_i^0(1 + b_i \cdot R(T_i)/a_i) \rceil, \ \forall i \in I \tag{9-22}$$

$$x_{ij} \in Z_0^+, \ \forall i \in I, j \in J \tag{9-23}$$

目标函数式（9-14）为公平目标，表示最大化受灾点的最小物资需求满足率。目标函数式（9-15）为效率目标，表示最小化受灾点应急物资的最晚送达时间。为了便于计算，目标函数式（9-14）可转化为等价的式（9-24）和式（9-25），目标函数式（9-15）可转化为等价的式（9-26）和式（9-27）。

$$\max Z_1 = \alpha \tag{9-24}$$

$$r_i \geqslant \alpha, \ i \in I \tag{9-25}$$

$$\min Z_2 = \beta \tag{9-26}$$

$$T_i \leqslant \beta, \ i \in I \tag{9-27}$$

式（9-16）中 T_i 表示从所有救援点 j 配送的应急物资全部送达受灾点 i 的最晚时间。式（9-17）表示 x_{ij} 和 y_{ij} 的数值关系，保证数值的一致性。式（9-18）表示受灾点获得应急物资的总量不大于其需求量。式（9-19）表示救援点应急物资的供应量等于其储备量。式（9-20）为受灾点物资需求满足率的表达式。式（9-21）为存活率的表达式。式（9-22）为动态变化需求量的表达式，需向上取整。式（9-23）表示决策变量为非负整数。

9.2.2　求解算法设计

9.2.2.1　基本思想

本节结合应急物资供应特征，设计了将多目标问题转化为求解多次单目标优化问题的算法。基本思想是基于 1971 年 Haimes 等提出的 epsilon 约束法。为了更好地描述算法的步骤和分析算法的收敛性，下面给出有效解、弱有效解及帕累托前沿的定义。

定义 1　记多目标最小化模型为 $(f_1, \cdots, f_K)$，当不存在 x'，使得 $f_k(x') \leqslant f_k(x)$，$k = 1, \cdots, K$ 且 $f_k(x') < f_k(x)$，$\exists k$，则称 x 为有效解（或非支配解）；当不存在 x'，使得 $f_k(x') < f_k(x)$，$k = 1, \cdots, K$，则称 x 为弱有效解。

定义 2　如果 x^* 为有效解（或称非支配解），则称 $z^* = f(x^*) = (f_1(x)$，$\cdots, f_K(x))$ 为非支配向量，所有非支配向量的集合构成了帕累托前沿。

9.2.2.2　算法步骤

步骤 1　构建以式（9-24）为目标函数，以式（9-16）—式（9-23）、式（9-35）为约束条件的单目标 INLP 模型 P_0，求解 P_0，得到公平目标函数值的上界 Z_1^U。

步骤 2　构建式（9-25）为目标函数，以式（9-16）—式（9-19）、式（9-21）—式（9-23）、式（9-25）为约束条件的单目标 INLP 模型 $P_0{}'$，求解 $P_0{}'$，得到效率目标函数值的下界 Z_2^L。

步骤 3　将 t_{ij} 进行升序排列，并去除重复元素，得到向量 $t = (t_1, t_2, \cdots, t_p)$，其中 $p \leqslant n \times m$；查找等于 Z_2^L 的元素 t_j，并构造向量 $t' = (t_1{}', t_2{}', \cdots, t_q{}')$，其中 $t_1{}' = t_j$，$t_2{}' = t_{j+1}$，$\cdots$，$t_q{}' = t_p$；令计数器 $i = 1$。

步骤 4　令 $\beta = t_i{}'$，构建以式（9-24）为目标函数，以式（9-16）—式（9-23）、式（9-25）、式（9-27）为约束条件的单目标 INLP 模型 P_i，求解

P_i，得到公平目标函数值 Z_1^i 及解 X_i（X_i 为一个 n 行 m 列的矩阵）；令计数器 $i = i + 1$。

步骤 5　若 $Z_1^i = Z_1^U$ 或 $i = q$，则得到解集 S，转入步骤 6；否则，转入步骤 4。

步骤 6　对解集 S 中的解进行非支配排序，求出有效解及帕累托前沿，算法结束。具体操作如下：设解 X_i 的两个目标函数值分别为 Z_1^i 和 Z_2^i，若 $Z_1^i \geqslant Z_1^j$ 且 $Z_2^i < Z_2^j$ 或 $Z_1^i > Z_1^j$ 且 $Z_2^i \leqslant Z_2^j$，则称 X_i 支配 X_j，如果没有其他解支配 X_i，根据定义 1 则 X_i 为有效解；对解集 S 中所有解的目标函数值进行两两比较，求出所有有效解，构成帕累托前沿。

通过步骤 1 和步骤 2 求出模型的理想点（Z_1^U，Z_2^L）；通过步骤 3、步骤 4 和步骤 5 求出模型的弱有效解集；通过步骤 6 求出模型的有效解及其对应的帕累托前沿，算法过程如图 9-7 所示。

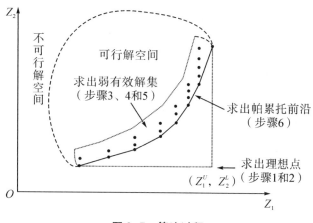

图 9-7　算法过程

9.2.3　算例分析

本书以王旭坪（2016）中的算例验证模型和算法的可行性和有效性，并与其研究结果进行对比。

算例 1　以 2008 年汶川地震分配应急物资帐篷为例，共有 8 个灾区和 2 个救援点，物资分配原始数据见表 9-8，成都和西安两个救援点可供分配的帐篷数量分别为 7 万顶和 3 万顶。

表 9-8　物资分配原始数据表

灾区	帐篷需求量/顶	受灾总人口/人	失踪人口/人	配送时间/小时	
				成都	西安
汶川县	18 490	111 935	7 662	1.90	6.93

表9-8(续)

灾区	帐篷需求量/顶	受灾总人口/人	失踪人口/人	配送时间/小时	
				成都	西安
绵竹市	104 940	515 830	298	1.35	4.68
青川县	51 810	253 416	124	4.23	3.43
都江堰	128 700	621 980	429	0.88	5.82
彭州市	160 380	770 749	676	0.85	5.03
什邡市	73 280	432 579	214	1.15	4.83
江油市	177 880	849 761	44	2.40	3.93
理县	14 520	43 668	29	3.05	10.12

算法采用 MATLAB 2013a 软件进行编程,对上述算例进行求解,得到2个有效解,有效解#1 的目标函数值 $Z_1 = 10.297\%$,$Z_2 = 3.43$(小时),具体结果见表9-9,可见该分配方案是将西安救援点的物资全部运往离其最近的受灾点青川县,其余受灾点则由成都救援点供应应急物资,且物资需求满足率趋于同一水平。有效解#2 的目标函数值 $Z_1 = 13.668\%$,$Z_2 = 3.93$(小时),具体结果见表9-10,可见各受灾点的物资需求满足率达到均衡。

表9-9 算例1的有效解#1

灾区	有效解#1/顶		实际分配量/顶	需求满足率/%	最晚送达时间/小时
	成都	西安			
汶川县	2 034	0	2 034	10.298	1.90
绵竹市	10 812	0	10 812	10.297	1.35
青川县	0	30 000	30 000	57.876	3.43
都江堰	13 261	0	13 261	10.297	0.88
彭州市	16 529	0	16 529	10.297	0.85
什邡市	7 550	0	7 550	10.298	1.15
江油市	18 317	0	18 317	10.297	2.40
理县	1 497	0	1 497	10.303	3.05

表9-10 算例1的有效解#2

灾区	有效解#2/顶		实际分配量/顶	需求满足率/%	最晚送达时间/小时
	成都	西安			
汶川县	2 699	0	2 699	13.668	1.90
绵竹市	14 352	0	14 352	13.669	1.35

表9-10(续)

灾区	有效解#2/顶		实际分配量/顶	需求满足率/%	最晚送达时间/小时
	成都	西安			
青川县	1 136	5 949	7 085	13.668	3.43
都江堰	17 603	0	17 603	13.668	0.88
彭州市	21 940	0	21 940	13.668	0.85
什邡市	10 021	0	10 021	13.668	1.15
江油市	263	24 051	24 314	13.668	3.93
理县	1 986	0	1 986	13.669	3.05

有效解#2 的公平目标值比有效解#1 提高了 32.74%，但效率目标值比有效解#1 降低了 14.58%。如果决策者追求效率，则选择有效解#1 作为应急物资分配方案；如果决策者追求公平，则选择有效解#2 作为应急物资分配方案。

在公平偏好下，将方案#2 的计算结果与原算例文献进行对比，见表 9-11。可见本研究结果各灾区物资需求满足率的标准差为 0.000%，而原文献中各灾区物资需求满足率的标准差为 6.081%，说明本研究的分配方案比原文献更加公平。此外，本研究提出的配送方案最晚送达时间为 3.93 小时，而原文献配送方案的最晚送达时间为 6.93 小时，效率提高了 43.29%。

表 9-11　算例 1 物资分配满足率结果比较

对比方案	物资需求满足率/%								标准差/%	最晚送达时间/小时
	汶川县	绵竹市	青川县	都江堰	彭州市	什邡市	江油市	理县		
#2	13.668	13.669	13.668	13.668	13.668	13.668	13.668	13.669	0.000	3.93
原文献	18.400	17.700	17.600	17.000	17.500	17.400	0.330	16.700	6.081	6.93

算例 2　为了验证模型和算法的一般性，采用原文献随机生成的算例进行测试，具体数据见表 9-12。

表 9-12　物资分配随机数据表

灾区	帐篷需求量/顶	受灾总人口/人	失踪人口/人	配送时间/小时			
				1	2	3	4
1	19 690	43 600	908	2.0	7.0	5.0	6.0
2	20 440	50 000	700	1.0	5.0	7.0	2.0
3	1 800	26 300	103	4.0	3.5	3.0	7.0
4	10 500	58 700	394	6.0	6.5	2.0	3.0
5	2 000	9 000	676	9.0	3.0	4.0	7.0

算例包含 5 个灾区和 4 个救援点，救援点的物资储备量为（6 300，1 200，900，1 600）。利用设计的算法求解算例 2，得到由 3 个有效解和 5 个弱有效解组成的解集，3 个有效解构成问题的帕累托前沿，如图 9-8 所示。

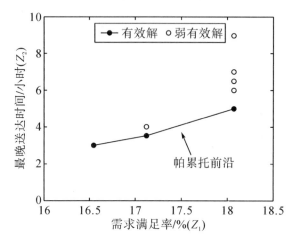

图 9-8　算例 2 的解集及帕累托前沿

三个有效解对应的分配方案见表 9-13，由于篇幅限制，不再列出具体的解，只列出各灾区合计的实际分配量。由表 9-13 可知公平目标与效率目标存在悖反关系，决策者如果偏好效率，则可选择方案#1 作为应急物资分配方案；如果偏好公平，则可选择方案#3；如果希望兼顾公平和效率，则可选择方案#2。

表 9-13　算例 2 的帕累托前沿

方案	目标值 Z_1/%	目标值 Z_2/小时	各灾区实际分配量/顶				
			1	2	3	4	5
#1	16.539	3.0	3 324	3 428	299	1 749	1 200
#2	17.121	3.5	3 441	3 549	832	1 810	368
#3	18.064	5.0	3 630	3 744	327	1 910	389

各方案灾区的需求满足率见图 9-9，可见随着最晚送达时间的增长，各灾区应急物资的需求满足率趋于同一水平，即分配越公平，揭示了最大最小公平的最终目的是实现比例公平。由图 9-9 还可以看出，在未达到均等分配前，分配方案总是优先满足需求量较小的灾区 3 或灾区 5，这是由于需求量较小的灾区需求满足率的边际效益较大，模型会优先对其进行应急物资分配。

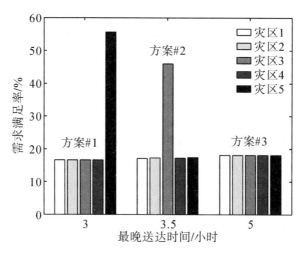

图 9-9　各方案灾区的需求满足率对比

同样，在公平偏好下，将方案#3 的物资分配需求满足率与原文献的结果进行对比，见表 9-14。可见本研究结果的标准差仅为 0.018%，而原文献各灾区物资需求满足率的标准差为 0.614%，说明本研究的分配方案比原文献更加公平。此外，本研究提出的配送方案最晚送达时间为 5.0 小时，而原文献配送方案的最晚送达时间为 7.0 小时，效率提高了 28.57%。

表 9-14　算例 2 物资分配满足率结果比较

对比方案	各灾区物资需求满足率/%					标准差/%	最晚送达时间/小时
	1	2	3	4	5		
#3	18.064	18.067	18.096	18.070	18.101	0.018	5.0
原文献	18.600	17.900	18.500	18.500	19.600	0.614	7.0

9.3　本章小结

本章探讨了两类应急物资公平分配问题，首先考虑实物和心理的两种分配公平，建立了兼顾公平与效率的应急物资分配模型，并设计改进了多目标求解算法。通过案例分析，证明了模型和算法的有效性和实用性，并得出以下结论：① 通过构建的兼顾公平与效率的多目标模型及算法，能够得到不同偏好下的应急物资分配方案，与单目标模型相比，多目标模型可以更好地均衡应急物资分配的公平与效率。②刻画灾民心理效用均等的最小嫉妒公平与刻画实物分配均等的比例公平存在悖反关系，决策者需结合实际情况权衡考虑。③资源的短缺程度从客观上决定了应急物资分配的总体公平程度，即资源短缺程度越高，分配的不公平程度越高，这时必须增加资源的投入才能从根本上降低资源分配的不公平程度。

然后，针对地震灾害初期资源短缺的应急物资分配问题，考虑应急物资需求的动态变化，构建了兼顾公平与效率的模型和算法，通过理论分析和算例验证得出以下结论：① 通过构建公平与效率权衡的双目标模型及算法，能够得到不同偏好下的应急物资分配方案。② 最大最小公平能够最大化系统内最差个体的表现，使之实现公平分配；如果没有其他目标或条件的限制，最大最小公平能够使系统内的个体表现达到均衡，即最大最小公平的最终目的是实现比例公平。③ 所设计的算法能够有效地求出多目标模型的有效解及帕累托前沿。

10 考虑公平的公共资源
分配补贴问题

本章首先针对企业具有公共服务性质的资源以及政府的公共资源，提出政府补贴的目的、思路与方式。其次，建立基于政府补贴的企业三阶段博弈模型，采用逆向归纳法求解企业的最优价格、服务水平以及政府的补贴系数。最后，探讨了公共资源短缺下对未获资源地区的补偿政策，定量研究补偿范围及金额。

10.1 政府补贴目的、思路与方式

通过前几章对企业与政府的决策结果比较可以看出，政府与企业追求的效率与公平目标内涵存在差异，特别是在公平目标下的资源配置结果相差较大。企业在追求利益最大化的目标下，通常为边际收益更好的个体或地区配置更多的公共服务资源，例如人口集聚、经济发达的城市地区。借鉴城乡公共服务均等化的相关政策，为缩小城乡差距，政府应采取一系列的政策措施，以促进公共资源在城乡的均衡合理配置。除了完善政府绩效考核体系、建立多元供给制度、确立公共资源均衡配置标准等宏观定性政策外，财政补贴作为重要的激励手段，在政府引导具有公共服务属性的企业资源配置与决定公共资源配置上起着关键作用。

对于以企业为主体的带有公共服务性质的资源配置，政府通常采取补助或贴息等方式引导企业决策与政府目标相一致，如"万村千乡"市场工程对每个乡村店补助 3 000~4 000 元，国家"电商进农村示范项目"支持电商企业将20%的补贴资金用于构建县、乡、村三级电商配送体系等。政府对企业的补贴

目标是使企业的公共资源配置决策满足政府目标要求。因此，政府可以根据对不同个体（地区）获得服务水平期望设立补贴下限要求，并对提供高于补贴下限服务水平的企业给予补贴，企业服务水平高于补贴下限的越多，给予的补贴金额应当越高。

对于有限的公共资源配置，由于部分农村地区地处偏远、需求量小且对公共服务关注度不高，为其服务付出的成本远大于企业收益和社会效益。此时，牺牲部分农村地区的利益是现实存在，也是具有一定合理性的情况。当并非所有地区都能获得公共资源时，政府需要根据地区对服务的需要程度决定哪些地区可以获得资源。由于得到资源的区域获得了高于资源使用价格的社会收益或价值，其他地区虽然拥有平等获得公共物资源的权利，但实质上并未获得资源。因此，政府应从获得资源地区的社会收益中拿出部分以补贴未获资源地区。

本章主要定量讨论对企业的补贴以及对个体的补偿方式与金额确定方法，政府的补贴方式如图 10-1 所示。

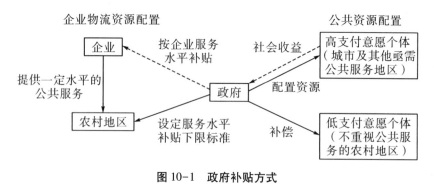

图 10-1　政府补贴方式

10.2　具有公共服务性质的企业资源配置补贴模型

10.2.1　政府补贴下竞争性配送企业博弈模型

10.2.1.1　问题描述

基于政府补贴的企业博弈问题可描述为企业在政府补贴、个体公平偏好和市场竞争环境下，需决定自身的价格 p 与农村地区的公共服务水平 l，政府需决定最优的补贴系数 α。

政府为引导企业向农村地区配置公共资源，对在农村地区公共服务水平 l

超过补贴下限要求 $\underline{l}$ 的企业，按单位服务价格 p 的一定比例 γ 对企业进行补贴，补贴系数为 α。企业服务水平高于补贴下限越多，则获得的单位服务补贴越多，$\gamma = \alpha(l - \underline{l})$，企业每单位服务获得的补贴金额为 γp。

个体（农村居民、集聚区等）具有不同程度的公平偏好，部分个体希望提高自身的服务水平、缩小与城市地区的差异，即愿意支付更高的价格选择农村服务水平更高的配送企业；部分个体不在意是否公平，即不存在为改善自身不公平待遇的额外支付意愿。个体的公平偏好可表示为 β，β 越高说明个体对公平的看重程度越高。

构建政府与两个竞争性配送企业的三阶段博弈模型，如图 10-2 所示。

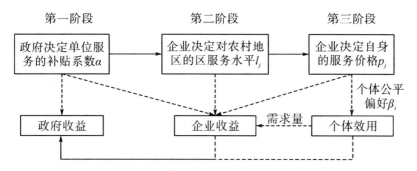

图 10-2　政府与两个竞争性配送企业的三阶段博弈模型

模型主要假设如下：①政府为保障居民生活消费与地区经济发展，对企业有最低服务水平的要求，同时对农村需求点设置补贴标准，当企业的服务水平超过补贴下限要求时，政府按单位服务价格的一定比例补贴企业。②考虑两家城乡参与公共资源配置的企业的双寡头市场，市场容量为 1。③企业 1 为民营企业，在农村地区的服务水平低于政府补贴下限；企业 2 为承担社会服务责任的国有企业，在农村地区的服务水平超过政府的补贴下限。企业 1、2 的服务水平均达到政府的最低服务水平要求。④个体的公平偏好为 β，且服从均匀分布 $\beta \sim [0, \bar{\beta}]$，表示个体对服务公平性的看重程度，个体愿意为公平偏好支付一定的费用。

模型主要参数与变量如下：

i：个体，$i \in I = [1, \cdots, n]$；

j：城乡配送企业，$j \in M = [1, 2]$；

β_i：个体 i 的公平偏好，服从均匀分布 $\beta_i \sim [0, \bar{\beta}_i]$，当 $\beta_i = 0$ 时，个体不在意是否公平，当 $\beta_i = \bar{\beta}_i$ 时，个体看重服务的公平性，公平偏好越高，个体越可能选择农村服务水平较高的配送企业；

ε：个体公平偏好的支付系数，表示客户愿意为每 1 单位的公平偏好承担的服务价格；

l_0：政府的最低服务水平要求，l_1，$l_2 \geq l_{\min}$，$\forall i \in I$；

$\underline{l}$：政府对企业服务的补贴下限要求，$l_2 \geq \underline{l} \geq l_1$；

c_j：企业的单位服务成本，$c_2 \geq c_1$；

k：企业提高服务水平的增量成本系数。

主要决策变量如下：

α：政府补贴系数；

p_j：企业 j 的单位服务价格；

l_j：企业 j 的配送服务水平；

q_j：企业 j 的服务需求量；

u_j：个体选择企业 j 的服务带来的效用；

π_j：企业 j 的收益；

π_g：政府的收益。

10.2.1.2　政府与企业三阶段博弈模型

首先，根据个体的公平偏好确定选择企业 1、企业 2 的个体范围，计算选择不同企业的个体效用；其次，计算企业的需求量与政府补贴下的企业收益；最后，根据个体效用、企业收益与补贴支出计算政府收益。

1. 个体效用

个体选择企业 1 时的价格为服务价格 p_1。个体选择企业 2 时，企业每单位服务将获得 γp_2 的补贴，其中 $\gamma = \alpha(l_2 - \underline{l})$，表示政府按单位价格补贴的比例。个体愿意承担的公平偏好价为 $\varepsilon\beta_i$，此时服务的实际价格为 $p_2 - \varepsilon\beta_i - p_2\alpha(l_2 - \underline{l})$。

令 $\beta^* = \dfrac{p_2 - p_1 - p_2\alpha(l_2 - \underline{l})}{\varepsilon}$，则选择企业 1 的个体集合为 I_1，满足 $N_1 = \{i \in I \mid \beta_i \leq \beta^*\}$，选择企业 2 的个体集合为 I_2，满足 $I_2 = \{i \in I \mid \beta_i > \beta^*\}$

选择企业 1 的个体总效用为

$$u_1 = \int_0^{\beta^*} \frac{\varepsilon\beta - p_1}{\bar{\beta}} \mathrm{d}\beta = \frac{\varepsilon\beta^{*2} - 2p_1\beta^*}{2\bar{\beta}}$$

$$= \frac{p_2^2(1 - \alpha(l_2 - \underline{l}))^2 + 3p_1^2 - 4p_1p_2(1 - \alpha(l_2 - \underline{l}))}{2\varepsilon\bar{\beta}}$$

（10-1）

选择企业 2 的个体总效用为

$$u_2 = \int_{\beta^*}^{\bar{\beta}} \frac{\varepsilon\beta - p_2 + p_2\alpha(l_2 - \underline{l})}{\bar{\beta}} \mathrm{d}\beta$$

$$= \frac{\varepsilon(\bar{\beta}^2 - \beta^{*2}) + 2(\alpha(l_2 - \underline{l}) - 1)p_2(\bar{\beta} - \beta^*)}{2\bar{\beta}} \quad (10\text{-}2)$$

$$= \frac{\varepsilon\bar{\beta}}{2} - p_2(1 - \alpha(l_2 - \underline{l})) + \frac{p_2^2(1 - \alpha(l_2 - \underline{l}))^2 - p_1^2}{2\varepsilon\bar{\beta}}$$

2. 企业收益

选择企业 1、2 的个体总需求量为 q_1、q_2，市场总容量为 1，因此 $q_1 + q_2 = 1$。由于 $\beta \sim [0, \bar{\beta}]$，有

$$q_1 = \int_0^{\beta^*} \frac{1}{\bar{\beta}} \mathrm{d}\beta = \frac{\beta^*}{\bar{\beta}} = \frac{(1 - \alpha(l_2 - \underline{l}))p_2 - p_1}{\varepsilon\bar{\beta}}$$

$$q_2 = 1 - q_1 = \frac{\varepsilon\bar{\beta} - (1 - \alpha(l_2 - \underline{l}))p_2 + p_1}{\varepsilon\bar{\beta}}$$

因此，企业 1、2 的收益分别为

$$\pi_1 = (p_1 - c_1)q_1 - k(l_1 - l_0)^2 \quad (10\text{-}3)$$

$$\pi_2 = (p_2 - c_2 + p_2\alpha(l_2 - \underline{l}))q_2 - k(l_2 - l_0)^2 \quad (10\text{-}4)$$

3. 政府收益

政府的收益为社会总福利，即个体总效用与企业的收益之和减去政府对配送服务的补贴。

$$\pi_g = u_1 + u_2 + \pi_1 + \pi_2 - p_2\alpha(l_2 - \underline{l})q_2 \quad (10\text{-}5)$$

10.2.1.3 模型求解

采用逆向归纳法求解企业的最优价格、服务水平以及政府的补贴系数。

第三阶段：配送服务企业确定最优价格 p_1^*、p_2^*。

企业 1、2 的最优价格 p_1^*、p_2^* 应满足 $\partial\pi_1/\partial p_1 = 0$，$\partial\pi_2/\partial p_2 = 0$，即

$$\begin{cases} \dfrac{(1 - \alpha(l_2 - \underline{l}))p_2^* - 2p_1^* + c_1}{\varepsilon\bar{\beta}} = 0 \\[3mm] \dfrac{(1 + \alpha(l_2 - \underline{l}))(\varepsilon\bar{\beta} + 2(\alpha(l_2 - \underline{l}) - 1)p_2^* + p_1^*) + c_2(1 - \alpha(l_2 - \underline{l}))}{\varepsilon\bar{\beta}} = 0 \end{cases}$$

解得

$$p_1^* = \frac{\varepsilon\bar{\beta} + 2c_1}{3} + \frac{(1 - \alpha(l_2 - \underline{l}))c_2}{3(1 + \alpha(l_2 - \underline{l}))} \quad (10\text{-}6)$$

$$p_2{}^* = \frac{2\varepsilon\bar{\beta} + c_1}{3(1 - \alpha(l_2 - \underline{l}))} + \frac{2c_2}{3(1 + \alpha(l_2 - \underline{l}))} \qquad (10-7)$$

第二阶段：配送企业选择对农村地区的服务水平。

企业 1、2 的最优服务水平 $l_1{}^*$、$l_2{}^*$ 应满足 $\partial\pi_1/\partial l_1 = 0$，$\partial\pi_2/\partial l_2 = 0$，即

$$\begin{cases} 2k(l_1{}^* - l_0) = 0 \\ \dfrac{\alpha p_2{}^*}{\varepsilon\bar{\beta}}(\varepsilon\bar{\beta} + 2\alpha(l_2{}^* - \underline{l})p_2{}^* + p_1{}^* - c_2) - 2k(l_2{}^* - l_0) = 0 \end{cases}$$

解得

$$l_1{}^* = l_0 \qquad (10-8)$$

$$l_2{}^* = \frac{-2k\varepsilon\bar{\beta}l_0 + \alpha p_2{}^*(c_2 - p_1{}^* - \varepsilon\bar{\beta} + 2\alpha p_2{}^*\underline{l})}{2\alpha^2 p_2{}^{*2} - 2k\varepsilon\bar{\beta}} \qquad (10-9)$$

第一阶段：政府确定单位服务的补贴系数 α。

政府的最优补贴系数 α^*，应当满足 $\partial\pi_g/\partial\alpha = 0$，即

$$\frac{2p_2{}^{*2}(\underline{l} - l_2{}^*)(1 - \alpha^*(l_2{}^* - \underline{l})) + 2p_1{}^*p_2{}^*(l_2{}^* - \underline{l})}{\varepsilon\bar{\beta}} + p_2{}^*(l_2{}^* - \underline{l}) +$$

$$\frac{p_2{}^*(l_2{}^* - \underline{l})(p_1{}^* - c_1 + \varepsilon\bar{\beta} + 2\alpha^*(l_2{}^* - \underline{l})p_2{}^* + p_1{}^* - c_2)}{\varepsilon\bar{\beta}} -$$

$$\frac{p_2{}^*(l_2{}^* - \underline{l})(\varepsilon\bar{\beta} - (1 - \alpha^*(l_2{}^* - \underline{l}))p_2{}^* + p_1{}^* + \alpha^*(l_2{}^* - \underline{l})p_2)}{\varepsilon\bar{\beta}} = 0$$

$$(10-10)$$

化简得

$$\frac{p_2{}^*(l_2{}^* - \underline{l})}{\varepsilon\bar{\beta}}[(2\alpha^*(l_2{}^* - \underline{l}) - 1)p_2{}^* + 3p_1{}^* + \varepsilon\bar{\beta} - c_1 - c_2] = 0$$

$$(10-11)$$

10.2.1.4 案例分析

在雅安市雨城区的城乡邮政网点建设中，有 11 个农村需求点 11~22，需求点的公平偏好参数 $\beta \sim [0, 10]$，公平偏好的支付系数 ε 取 0.3。政府要求的最低服务水平 l_0 为 3，政府期望农村地区达到的服务水平，即补贴下限 $\underline{l}$ 取 6。企业 1、2 的单位服务成本按平均成本 $c_1 = 2$、$c_2 = 3$ 元计算，增量服务成本系数 $k = 0.05$。

1. 政府与企业决策结果

采用 MATLAB 计算各阶段决策变量，可得结果如表 10-1 所示。政府的补

贴系数为 0.615，但由于企业 2 的服务水平与补贴下限相同，每单位服务获得的补贴为服务价格的 0%，此时没有政府补贴。企业 2 的价格虽然高于企业 1，但收益较小，主要是由于企业 2 的市场份额较小，且单位服务成本更高。

表 10-1　补贴系数与企业定价结果

补贴系数 α	补贴比例 γ	服务价格 p_1/元	服务价格 p_2/元	服务水平 l_1	服务水平 l_2	利润 π_1/元	利润 π_2/元	社会总福利 π_g/元	市场份额 q_1/%	市场份额 q_2/%
0.615	0.000	2.87	5.07	3	6	0.53	0.35	−1.04	61	39

2. 公平偏好支付系数的影响分析

分析个体公平偏好支付系数 ε 变化对企业决策和收益的影响，结果如表 10-2 所示。随着 ε 的增加，政府补贴系数 α、企业 1 的市场份额 q_1 均减小；企业的服务价格 p_1、p_2，企业 2 的服务水平 l_2，企业的收益 π_1 与 π_2，社会总福利 π_g 以及企业 2 的市场份额 q_2 均增加；企业 1 的服务水平 l_1 保持不变。

个体公平偏好支付系数 ε 体现了个体愿意为公平偏好支付的费用，ε 越大说明个体愿意付出越多的费用以获得更加公平的服务。随着 ε 的增加，政府补贴系数 α 减小，但由于企业 2 的服务水平与补贴下限的差距增大，单位价格补贴比例 γ 增加，从 $\varepsilon = 0.3$ 时的 0 增加至 $\varepsilon = 1.5$ 时的 3.9%。两个企业的价格与收益均增加，同时 q_1/q_2 与 π_1/π_2 不断减小，说明企业 2 的市场份额与收益与企业 1 相比增加得更快。由于个体愿意为公平付出的费用增加，因此企业 2 更加倾向于提升服务水平，进一步缩小农村与城市地区的差距。p_1/p_2 呈现小幅降低的趋势，说明企业间的价格差距略有加大，企业服务呈现差异化。企业 1 更加专注于城市地区，对农村地区的服务满足政府的最低要求即可；而企业 2 则可为农村市场提供更高水平的服务。

表 10-2　个体公平偏好支付系数变化对企业决策和收益的影响分析

（$l_0 = 3$；$\underline{l} = 6$；$c_1 = 2$；$c_2 = 3$；$k = 0.05$；$\bar{\beta} = 12$）

支付系数 ε	补贴系数 α	补贴比例 γ	服务价格 p_1/元	服务价格 p_2/元	服务水平 l_1	服务水平 l_2	利润 π_1/元	利润 π_2/元	社会总福利 π_g/元	市场份额 q_1/%	市场份额 q_2/%	p_1/p_2	q_1/q_2	π_1/π_2
0.3	0.615	0.000	2.87	5.07	3	6.000	0.53	0.35	−1.04	61	39	0.566	1.57	1.497
0.4	0.484	0.000	3.27	5.87	3	6.001	0.69	0.86	−0.51	54	46	0.557	1.18	0.794
0.5	0.405	0.002	3.67	6.67	3	6.004	0.83	1.38	0.05	50	50	0.550	1.00	0.602
0.6	0.350	0.006	4.07	7.47	3	6.016	0.98	1.91	0.62	47	53	0.545	0.89	0.512
0.7	0.309	0.009	4.47	8.27	3	6.028	1.12	2.43	1.20	45	55	0.540	0.83	0.458
0.8	0.277	0.011	4.87	9.07	3	6.040	1.25	2.96	1.79	44	56	0.537	0.78	0.423

表10-2(续)

支付系数 ε	补贴系数 α	补贴比例 γ	服务价格 p_1/元	服务价格 p_2/元	服务水平 l_1	服务水平 l_2	利润 π_1/元	利润 π_2/元	社会总福利 π_g/元	市场份额 q_1/%	市场份额 q_2/%	p_1/p_2	q_1/q_2	π_1/π_2
0.9	0.251	0.016	5.27	9.87	3	6.062	1.39	3.49	2.38	43	57	0.534	0.74	0.398
1.0	0.230	0.022	5.67	10.67	3	6.094	1.53	4.02	2.97	42	58	0.531	0.71	0.380
1.1	0.212	0.025	6.07	11.47	3	6.116	1.66	4.55	3.56	41	59	0.529	0.69	0.365
1.2	0.197	0.029	6.47	12.27	3	6.148	1.80	5.08	4.15	40	60	0.527	0.67	0.354
1.3	0.184	0.031	6.87	13.07	3	6.170	1.93	5.62	4.75	40	60	0.526	0.66	0.344
1.4	0.173	0.037	7.27	13.87	3	6.212	2.07	6.15	5.34	39	61	0.524	0.65	0.337
1.5	0.162	0.039	7.67	14.67	3	6.242	2.20	6.68	5.94	39	61	0.523	0.64	0.330

3. 补贴下限的影响分析

分析政府补贴下限 $\underline{l}$ 变化对企业决策和收益的影响，结果如表10-3所示。

表 10-3　政府补贴下限变化对企业决策和收益的的影响分析

（$l_0 = 3$；$\varepsilon = 1$；$c_1 = 2$；$c_2 = 3$；$k = 0.05$；$\bar{\beta} = 12$）

补贴下限 $\underline{l}$	补贴系数 α	补贴比例 γ	服务价格 p_1/元	服务价格 p_2/元	服务水平 l_1	服务水平 l_2	利润 π_1/元	利润 π_2/元	社会总福利 π_g/元	市场份额 q_1/%	市场份额 q_2/%	π_1/π_2
6	0.230	0.070	5.67	10.67	3	6.303	1.53	4.02	2.967	42	58	0.380
6.1	0.238	0.068	5.67	10.67	3	6.385	1.53	3.99	2.936	42	58	0.383
6.2	0.245	0.065	5.67	10.67	3	6.466	1.53	3.96	2.905	42	58	0.386
6.3	0.253	0.063	5.67	10.67	3	6.548	1.53	3.93	2.872	42	58	0.389
6.4	0.261	0.060	5.67	10.67	3	6.630	1.53	3.89	2.839	42	58	0.392
6.5	0.268	0.057	5.67	10.67	3	6.712	1.53	3.86	2.804	42	58	0.396
6.6	0.276	0.053	5.67	10.67	3	6.793	1.53	3.82	2.769	42	58	0.400
6.7	0.284	0.050	5.67	10.67	3	6.875	1.53	3.79	2.732	42	58	0.403
6.8	0.291	0.046	5.67	10.67	3	6.957	1.53	3.75	2.695	42	58	0.407
6.9	0.299	0.041	5.67	10.67	3	7.038	1.53	3.71	2.656	42	58	0.412
7	0.307	0.037	5.67	10.67	3	7.120	1.53	3.67	2.617	42	58	0.416

随着 $\underline{l}$ 的增加，政府补贴系数 α、企业2服务水平 l_2 均增加；单位服务补贴占价格比 γ、企业2的收益 π_2、政府收益 π_g 有所降低；企业服务价格、销售占比以及企业1服务水平保持不变。企业2服务水平与补贴下限间的差距减小，从 $\underline{l}=6$ 时的0.303缩小至 $\underline{l}=7$ 时的0.12。因此，虽然政府的补贴系数 α 不断增加，但企业获得的每单位服务补贴占价格的比 γ 却出现下降。

4. 决策建议

综上，对于企业和政府的决策给出以下建议：

（1）政府应当科学合理地制定补贴下限。在配送服务企业的边际成本较高，且农村地区客户不愿意为改善服务水平、缩小城乡差距负担更多费用时，政府应当适当降低补贴下限要求，从而保证为农村提供配送服务的企业获得收益；当农村地区居民对服务的重视程度增加，对缩小与城镇地区差距的意愿增强时，政府可以考虑提高补贴下限。

（2）对于承担农村公共服务责任的国有企业，随着农村居民对服务的重视程度提高，应当加大农村资源投入力度，提升农村地区的服务水平，实现与其他企业的差异化竞争；在农村居民对服务重视程度不高时，企业的服务水平可适当高于补贴下限，通过政府补贴维持在农村地区的运营。

（3）对于更加关注城市市场的民营企业，当农村居民对服务的重视程度提高时，可保持服务水平，适当提高产品价格；当政府调高补贴下限时，应当保持服务水平，同时降低服务价格。

10.2.2 政府与企业的 Stackelberg-Nash 博弈模型

10.2.2.1 问题描述

在 m 个企业和 n 个需求客户构成的城乡公共服务体系中，引入政府对资源配置的补贴政策，将政府作为"上层"，城乡服务体系作为"下层"，如图 10-3 所示。政府作为领导者，首先给出对农村需求点 i 公共资源配置补贴的下限标准 $\underline{l_i}$、期望服务水平 $\overline{l_i}$ 与补贴系数 α。配送企业 j 在资源配置中如果服务水平 l_{ij} 超过政府下限 $\underline{l_i}$，则按单位服务价格 p_j 的一定比例 γ_{ij} 对企业进行补贴，补贴系数为 α，若未达到则不给予补贴，若超过政府期望服务水平 $\overline{l_i}$ 则补贴不再增加。配送企业 j 作为跟随者，根据政府的补贴标准决定农村地区配置资源达到的服务水平 l_{ij} 以及服务价格 p_j。

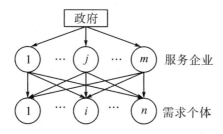

图 10-3 政府补贴政策下城乡服务体系

模型主要假设如下：

①政府对农村需求点设置补贴标准，当服务企业配置资源达到的服务水平

超过补贴下限要求时，政府按单位服务价格的一定比例补贴企业，但服务水平超过政府期望值时补贴不再增加；②每个配送企业都可以服务所有需求个体；③需求个体具有公平偏好，代表个体对服务公平性的看重程度，且个体愿意为公平偏好支付一定的费用。

模型主要参数与变量如下：

i：需求个体，$i \in I = [1, 2, \cdots, n]$；

j：城乡服务企业，$j \in M = [1, 2, \cdots, m]$；

D_i：需求个体 i 的最大需求量；

β_i：需求个体 i 的公平偏好，公平偏好越高，个体愿意为公平性承担的支出越多，表现为可容忍的最大嫉妒值；

ε：需求个体公平偏好的支付系数，表示客户愿意为每 1 单位的公平偏好承担的服务价格；

$\underline{l_i}$：政府对需求个体 i 的补贴下限；

$\overline{l_i}$：政府期望需求个体 i 达到的服务水平；

c_j：服务企业的单位服务成本；

k：服务企业提高服务水平的增量成本系数；

s：不公平产生的负效用参数；

w：政府决策中对公平性的权重；

ρ_i：需求个体 i 愿意为配送服务支付的价格。

主要决策变量如下：

α：政府补贴系数；

p_j：服务企业 j 的单位服务价格，P 为 p_j 的集合；

l_{ij}：服务企业 j 的配送服务水平，L 为 L_{ij} 的集合；

q_{ij}：服务企业 j 的服务需求量，Q 为 q_j 的集合；

γ_{ij}：政府对服务企业 j 向需求个体 i 提供服务的单位价格补贴比例，是补贴系数 α 与服务水平 l_{ij} 的函数；

e_{ij}：需求个体 i 接受服务企业 j 的服务与政府期望的服务水平相比产生的嫉妒值，$e_j = \sum_{i \in I} e_{ij}$；

σ_{ij}：个体 i 愿意为服务企业 j 提供服务的公平性支付价格的意愿，若 j 的公平性满足 i 的要求，则 $\sigma_{ij} = 1$，否则为 0；

d_i：个体实际需求量，表现为 D_i 与价格 p_j 的函数，服务价格越高，实际需求越低；

π_j：企业 j 的效用；

π_g：政府的效用。

10.2.2.2 模型构建

1. 政府效用

政府作为领导者，首先给出服务企业补贴的服务水平下限标准 L_i，如果服务企业 j 对农村需求点 i 的服务水平 l_{ij} 高于补贴标准，就按补贴系数 α 对服务企业给予补贴，否则补贴为 0。补贴系数 γ_{ij} 为

$$\gamma_{ij} = \begin{cases} \alpha(\overline{l_i} - \underline{l_i}) & \text{若} \overline{l_i} < l_{ij} \\ \alpha(l_{ij} - \underline{l_i}) & \text{若} \overline{l_i} \geq l_{ij} \geq \underline{l_i} \\ 0 & \text{若} l_{ij} < \underline{l_i} \end{cases} \quad (10-12)$$

则政府支出的补贴总额为

$$\pi_1 = \sum_{j \in M} \sum_{i \in I} \gamma_{ij} p_j q_{ij} \quad (10-13)$$

同时为了体现公平性，政府还要考虑服务企业 j 服务水平与政府期望服务水平的差异，采用嫉妒值进行计算：

$$e_j(l_{ij}) = \sum_{i \in I} \max(\overline{l_i} - l_{ij}, 0) \quad (10-14)$$

政府通过权重指标 w 权衡补贴支出的经济性和资源配置的公平性，则政府的效用函数为

$$\max \pi_g = \sum_{j \in M} \sum_{i \in I} \gamma_{ij} p_j q_{ij} - ws \sum_{j \in M} \sum_{i \in I} e_{ij} \quad (10-15)$$

约束条件为

$$e_{ij} \geq \overline{l_i} - l_{ij}, \quad \forall i \in I, j \in M \quad (10-16)$$

$$e_{ij} \geq 0, \quad \forall i \in I, j \in M \quad (10-17)$$

$$\gamma_{ij} \leq \alpha(\overline{l_i} - \underline{l_i}), \quad \forall i \in I, j \in M \quad (10-18)$$

$$\gamma_{ij} \leq \alpha(l_{ij} - \underline{l_i}), \quad \forall i \in I, j \in M \quad (10-19)$$

$$\gamma_{ij} \leq 0, \quad \forall i \in I, j \in M \quad (10-20)$$

式（10-16）、式（10-17）表示嫉妒值计算，若配送企业 j 为需求点 i 的服务水平 l_{ij} 未达到政府期望水平 $\overline{l_i}$ 则嫉妒值记为二者差值，否则嫉妒值为 0。式（10-18）—式（10-20）表示政府对单位服务价格的补贴比例，是配送企业服务水平 l_{ij} 和补贴系数 α 的函数，若未达到 $\underline{l_i}$ 则不给予补贴，若超过政府期望服务水平 $\overline{l_i}$ 补贴不再增加。

2. 服务企业效用

服务企业作为跟随者，在政府的补贴政策下决定自身配置资源达到的服务水平 l_{ij}、服务价格 p_j。配送企业的目标是利润最大，其收入为服务收益和政府补贴，成本主要为配送成本以及服务水平增量成本。因此，服务企业 j 的利润最优模型为

$$\max \pi_j = \sum_{i \in I} p_j q_{ij} + \sum_{i \in I} \gamma_{ij} p_j q_{ij} - \sum_{i \in I} c_j q_{ij} - \sum_{i \in I} k l_{ij}^2 \qquad (10\text{-}21)$$

约束条件为

$$l_{ij} \geqslant 0, \ p_j \geqslant 0, \ \forall i \in I, j \in M \qquad (10\text{-}22)$$

式（10-21）表示服务企业 j 的利润，式（10-22）表示变量的取值约束。

3. 需求个体行为

当需求市场的空间价格达到均衡时，可得到需求量的最优分配情况 q_{ij}^* 与消费者价格 ρ_i^*。需求点 i 的均衡条件表现在价格以及需求量上，则：

$$q_{ij}^* \begin{cases} > 0 & 若 \ p_j = \rho_i + \varepsilon \beta_i \sigma_{ij} \\ = 0 & 若 \ p_j > \rho_i + \varepsilon \beta_i \sigma_{ij} \end{cases} \qquad (10\text{-}23)$$

$$\rho_i^* \begin{cases} > 0 & 若 \ d_i = \sum_{j \in M} q_{ij} \\ = 0 & 若 \ d_i < \sum_{j \in M} q_{ij} \end{cases} \qquad (10\text{-}24)$$

约束条件为

$$\sigma_{ij}(\beta_i - e_j) \geqslant 0, \ \sigma_{ij} \in (0, 1), \ \forall i \in I, j \in M \qquad (10\text{-}25)$$

式（10-23）表示配送企业的服务价格小于消费者需求价格和公平偏好支出之和时，服务可能存在，否则服务需求量 q_{ij}^* 为 0。式（10-24）表示若需求点的需求量恰好等于从配送企业处获得服务的量，则均衡价格为正，若二者不等，则均衡价格为 0。式（10-25）表示只有当配送企业 j 提供服务的公平性小于需求点 i 的公平偏好时，i 才愿意付出公平偏好价格。

4. 政府补贴下的供应链网络均衡模型

由于式（10-21）为连续凸函数，所有配送企业非合作竞争下的 Nash 均衡条件可转化为下列变分不等式，即求解 (P^*, L^*, Q^*) 满足：

$$\sum_{j \in M} \sum_{i \in I} \left(-\gamma_{ij}(l_{ij}^*) q_{ij}^* - q_{ij}^* \right) (p_j - p_j^*) + \sum_{j \in M} \sum_{i \in I} \left(2k l_{ij}^* - p_j^* q_{ij}^* \frac{\partial \gamma_{ij}(l_{ij}^*)}{\partial l_{ij}} \right) (l_{ij} - l_{ij}^*) +$$

$$\sum_{j \in M} \sum_{i \in I} \left(-p_j^* - p_j^* \gamma_{ij}(l_{ij}^*) + c_j \right) (q_{ij} - q_{ij}^*) \geqslant 0, \ \forall (P^*, L^*, Q^*) \in R_+^{m+2mn}$$

$$(10\text{-}26)$$

所有需求个体均衡条件表示为以下变分不等式，即求解 (Q^*, ρ^*) 满足：

$$\sum_{i \in I} \sum_{j \in M} (p_j^* - \rho_i^* - \varepsilon \beta_i \sigma_{ij})(q_{ij} - q_{ij}^*) + \sum_{i \in I} \left(\sum_{j \in M} q_{ij}^* - d_i\right)(\rho_i - \rho_i^*) \geqslant 0,$$

$$\forall (Q, \rho) \in R_+^{mn+n}$$

$$(10-27)$$

整个供应链网络的均衡是指包括配送企业和需求个体在内的所有供应链成员共同达到均衡状态，均衡的服务水平 l_{ij}^*、配送服务价格 p_j^*、配送量 q_{ij}^* 同时满足变分不等式（10-26）、式（10-27）。

由于上层政府作为领导者制定了补贴的政策，影响配送企业决策，因此与下层的配送企业形成了 Stackelberg 博弈，而多个配送企业之间为 Nash 非合作博弈。首先政府决定补贴系数 α，配送企业按自身利润最大化目标决定最优服务水平 l_{ij}^*、配送服务价格 p_j^*，需求个体根据消费者价格和公平偏好决定配送企业的服务需求量 q_{ij}^*，政府通过企业的反馈调整制定最优的服务水平下限 $\underline{l}_i^*$ 与补贴系数 α^*。根据双层规划理论，政府补贴下的城乡配送供应链网络 Stackelberg-Nash 模型可表示为

$$\max \pi_g = \sum_{j \in M} \sum_{i \in I} \gamma_{ij} p_j q_{ij} - ws \sum_{j \in M} \sum_{i \in I} e_{ij} \qquad (10-28)$$

约束条件为

$$e_{ij} \geqslant \overline{l}_i - l_{ij}, \ e_{ij} \geqslant 0, \ \forall i \in I, j \in M \qquad (10-29)$$

$$\gamma_{ij} \leqslant \alpha(\overline{l}_i - \underline{l}_i), \ \gamma_{ij} \leqslant \alpha(l_{ij} - \underline{l}_i), \ \gamma_{ij} \leqslant 0, \ \forall i \in I, j \in M \quad (10-30)$$

$$\sigma_{ij}(\beta_i - e_j) \geqslant 0, \ \sigma_{ij} \in (0, 1), \ \forall i \in I, j \in M \qquad (10-31)$$

$$\sum_{j \in M} \sum_{i \in I} (-\gamma_{ij}(l_{ij}^*) q_{ij}^* - q_{ij}^*)(p_j - p_j^*) + \sum_{j \in M} \sum_{i \in I} \left(2kl_{ij}^* - p_j^* q_{ij}^* \frac{\partial \gamma_{ij}(l_{ij}^*)}{\partial l_{ij}}\right)(l_{ij} - l_{ij}^*) +$$

$$\sum_{j \in M} \sum_{i \in I} (-p_j^* - p_j^* \gamma_{ij}(l_{ij}^*) + c_j)(q_{ij} - q_{ij}^*) + \sum_{i \in I} \sum_{j \in M} (p_j^* - \rho_i^* - \varepsilon \beta_i \sigma_{ij})(q_{ij} - q_{ij}^*) +$$

$$\sum_{i \in I} \left(\sum_{j \in M} q_{ij}^* - d_i\right)(\rho_i - \rho_i^*) \geqslant 0, \ \forall (Q, L, P, \rho) \in R_+^{2mn+m+n}$$

$$(10-32)$$

10.2.2.3 模型求解

采用变分不等式的处理及罚函数法，将具有变分不等式约束的双层规划问题转化为单层的非线性规划问题。首先将模型中的约束式（10-32）转化为非线性互补问题：

$$(-\gamma_{ij}(l_{ij}^*) \, q_{ij}^* - q_{ij}^*) \, p_j^* = 0, \quad -\gamma_{ij}(l_{ij}^*) \, q_{ij}^* - q_{ij}^* \geq 0, \quad p_j^* \geq 0, \quad \forall i \in I, j \in M$$

$$\tag{10-33}$$

$$\left(2k(l_{ij}^* - l_0) - p_j^* q_{ij}^* \frac{\partial \gamma_{ij}(l_{ij}^*)}{\partial l_{ij}}\right) l_{ij}^* = 0, \quad 2kl_{ij}^* - p_j^* q_{ij}^* \frac{\partial \gamma_{ij}(l_{ij}^*)}{\partial l_{ij}} \geq 0,$$

$$l_{ij}^* \geq 0, \quad \forall i \in I, j \in M$$

$$\tag{10-34}$$

$$(-\rho_i^* - \varepsilon\beta_i - p_j^* \gamma_{ij}(l_{ij}^*) + c_j) \, q_{ij}^* = 0, \quad -\rho_i^* - \varepsilon\beta_i\sigma_{ij} - p_j^* \gamma_{ij}(l_{ij}^*) + c_j \geq 0,$$

$$q_{ij}^* \geq 0, \quad \forall i \in I, j \in M$$

$$\tag{10-35}$$

$$\left(\sum_{j \in M} q_{ij}^* - d_i\right) \rho_i^* = 0, \quad \sum_{j \in M} q_{ij}^* - d_i \geq 0, \quad \rho_i^* \geq 0, \quad \forall i \in I \tag{10-36}$$

将以上等式约束放入目标函数式（10-28）中的罚函数项，则模型转化为

$$\max \pi_g = \sum_{j \in M} \sum_{i \in I} \gamma_{ij} p_j q_{ij} - ws \sum_{j \in M} \sum_{i \in I} e_{ij} - M \sum_{i \in I} \sum_{j \in M} (-\gamma_{ij} q_{ij} - q_{ij}) \, p_j -$$

$$M \sum_{i \in I} \sum_{j \in M} \left(2kl_{ij} - p_j q_{ij} \frac{\partial \gamma_{ij}(l_{ij})}{\partial l_{ij}}\right) l_{ij} - M \sum_{i \in I} \sum_{j \in M} (-\rho_i - \varepsilon\beta_i\sigma_{ij} - p_j\gamma_{ij} + c_j) \, q_{ij} -$$

$$M \sum_{i \in I} \left(\sum_{j \in M} q_{ij} - d_i\right) \rho_i \tag{10-37}$$

约束条件为式（10-29）—式（10-31）以及

$$-\gamma_{ij} q_{ij} - q_{ij} \geq 0, \quad i \in I, j \in M \tag{10-38}$$

$$2kl_{ij} - p_j q_{ij} \frac{\partial \gamma_{ij}(l_{ij})}{\partial l_{ij}} \geq 0, \quad i \in I, j \in M \tag{10-39}$$

$$-\rho_i - \varepsilon\beta_i\sigma_{ij} - p_j\gamma_{ij} + c_j \geq 0, \quad \forall i \in I, j \in M \tag{10-40}$$

$$\sum_{j \in M} q_{ij} - d_i \geq 0, \quad \forall i \in I \tag{10-41}$$

$$l_{ij} \geq 0, \quad p_j \geq 0, \quad q_{ij} \geq 0, \quad \rho_i \geq 0, \quad \forall i \in I, j \in M \tag{10-42}$$

其中，$M > 0$ 为极大的数，因此只有当罚函数项为 0 时取得政府补贴下整个城乡配送供应链网络 Stackelberg-Nash 模型的最优解，即上层政府决策的补贴系数 α^*，下层服务企业决策的价格 p_j^* 与服务水平 l_{ij}^*，以及需求个体的消费价格 ρ_i^* 和需求量 q_{ij}^*。

10.2.2.4 案例分析

以雅安市雨城区的城乡邮政网点建设为例，共有两家服务企业和 11 个农村需求点，需求点的公平偏好参数以及政府对各需求点的服务水平补贴下限与

期望值如表 10-4 所示。政府补贴下限与期望值的取值分别参照 10.2.1 节中政府公平参数取 0.1、0.5 的结果，公平偏好参数为随机生成的（6，24）的数，公平支付偏好系数 $\varepsilon = 0.3$。实际需求函数为 $d_i = D_i - 0.2p_1 - 0.15p_2$，服务企业 1、2 的单位服务成本按 $c_1 = 2(元)$、$c_2 = 3(元)$ 计算，增量服务成本系数 $k = 1$。政府公平性权重 $w = 0.5$，不公平损失参数 $s = 0.2$。

表 10-4 雅安市雨城区需求个体参数

个体 i	需求量/个 D_i	补贴下限 $\underline{l_i}$	补贴上限 $\overline{l_i}$	公平参数 β_i	个体 i	需求量/个 D_i	补贴下限 $\underline{l_i}$	补贴上限 $\overline{l_i}$	公平参数 β_i
11	10	5.3	7.2	22	17	26	8.1	8.9	23
12	10	5.3	7.2	22	18	16	6.6	7.6	12
13	25	8.0	8.6	18	19	8	4.8	7.0	16
14	20	7.5	7.8	14	20	7	4.6	6.8	15
15	20	7.5	7.8	8	21	8	4.8	7.0	7
16	13	5.9	7.4	18	22	4	3.9	6.3	19

采用 MATLAB 的 Fimincon 非线性求解工具箱求得最优决策，如表 10-5 所示。上层政府决策的补贴系数 α 为 1.2，下层配送企业 1 的服务价格为 6.4 元，配送企业 2 价格较高为 7.2 元。从市场占有看，由于企业 1 的公平性不满足需求个体 15、21 的公平偏好，此时所有需求均有企业 2 服务，其他的需求个体的服务量两个企业均等，企业 2 的市场占有率 58%。

表 10-5 政府及配送企业均衡解

补贴系数 α	服务价格 p_1/元	服务价格 p_2/元	利润 π_1/元	利润 π_2/元	需求量 q_1/个	需求量 q_2/个	嫉妒值 e_1	嫉妒值 e_2
1.2	6.4	7.2	181.0	245.7	56	82	8.3	5.6

配送企业对需求个体的服务水平如图 10-4 所示。两个配送企业在最优服务水平 l_{ij} 上差距不大。但是由于配送企业 2 的服务定价相对较高，因此服务水平总体上略高于企业 1，以保持一定的市场占有份额。

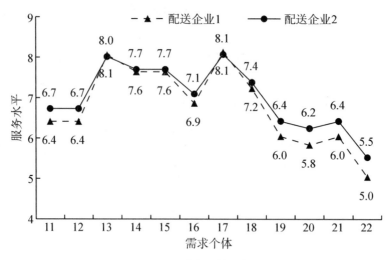

图 10-4　配送企业的服务水平

1. 政府公平权重的影响分析

调整政府决策中公平性权重 w 的取值，比较取值为 2、0.5 和 0.1 下的最优结果，如表 10-6 所示。随着政府对公平性看重程度的增加，政府补贴系数、配送企业服务价格以及公平性都有所增加。由于整体公平性的提高，可以满足更多需求个体的公平偏好，因此服务需求量在配送企业间的分配相对均衡。

表 10-6　政府公平权重的影响

公平权重 w	补贴系数 α	服务价格 p_1/元	服务价格 p_2/元	利润 π_1/元	利润 π_2/元	需求量 q_1/个	需求量 q_2/个	嫉妒值 e_1	嫉妒值 e_2
2	2.3	7.1	7.5	269.7	283.6	67	67	2.9	2.1
0.5	1.2	6.4	7.2	181.0	245.7	56	82	8.3	5.6
0.1	0.6	6.2	6.8	165.8	179.4	59	59	10.3	12.1

2. 公平偏好支付系数的影响分析

分析公平偏好支付系数 ε 变化对政府和企业决策影响，结果如表 10-7 所示。随着 ε 的增加，政府补贴系数 α 降低，配送企业 1、2 的服务定价 (p_1, p_2) 增加，企业配置资源的公平性均提升，企业的收益 π_1 与 π_2 略有增加。

表 10-7 公平偏好支付系数的影响

支付系数 ε	补贴系数 α	服务价格 p_1/元	服务价格 p_2/元	利润 π_1/元	利润 π_2/元	市场份额 q_1/%	市场份额 q_2/%	嫉妒值 e_1	嫉妒值 e_2
0.4	1.11	6.64	7.24	181.0	245.7	44.2	55.8	8.33	5.57
0.5	0.97	6.84	7.64	184.6	249.4	42.3	57.7	8.25	5.30
0.6	0.95	7.04	8.04	188.3	253.1	43.3	56.7	7.63	5.25
0.7	0.90	7.24	8.44	192.1	256.9	44.6	55.4	7.02	5.20
0.8	0.80	7.44	8.84	195.9	260.8	44.3	55.7	6.98	4.97
0.9	0.75	7.64	9.24	199.8	264.7	43.9	56.1	6.94	4.94
1.0	0.69	7.84	9.64	203.8	268.7	43.6	56.4	6.90	4.91
1.1	0.66	8.04	10.04	207.9	272.7	45.2	54.8	6.88	4.69
1.2	0.61	8.24	10.44	212.1	276.8	44.8	55.2	6.32	4.67
1.3	0.59	8.44	10.84	216.3	280.9	44.8	55.2	6.31	4.66
1.4	0.55	8.64	11.24	220.6	285.1	44.5	55.5	6.29	4.64
1.5	0.52	8.84	11.64	225.1	289.4	44.5	55.5	6.28	4.63

3. 决策建议

综上,对于政府和配送企业的决策给出以下建议:

(1)政府应制定合理的补偿系数,以促进配送企业更加公平地配置资源。政府考虑补偿时既要兼顾地区公平性的要求,同时应当考虑政府财政补贴支出,平衡经济利益。

(2)当需求个体对公平性重视程度提高时,配送企业可适当提高服务价格,并将资源的配置保持在相对公平的水平。当政府对公平性更加重视时,配送企业在维持较高的公平水平同时,可提高服务价格,通过政府补贴增加收益。

10.3 公共资源配置补偿模型

公共资源是有限的,实现资源的公平配置并非"完全均等"配置,对于部分需求规模过小且成本过高的农村地区,牺牲效率实现资源的配置,不仅企业无法实现正常运营,对于社会效益的提升作用也不大。因此,对于这些地区,公共服务无法实现全覆盖,牺牲部分个体的利益是现实存在的情况,也具有一定合理性。由于个体偏好不同，遵循适合原则应将资源分配给愿意付出更高价格的个体。但是，公共资源的使用具有非排他性，所有个体都应享有使用资源的权利，因此需要对未获得资源的个体予以补偿。此时政府可以从获得资源地区的社会收益中拿出一部分补偿给未获资源个体。基于此，本节主要研究在公共资源有限情况下，政府如何根据个体支付意愿，决定获得资源的个体范围、支付价格以及未获资源个体的补偿标准等。

10.3.1 问题描述

在公共资源的配置中有 n 个需求个体，个体需求量为 d_i，仅有 m 个个体可以获得有限的资源 $m \leqslant n$。个体 i 愿意为服务支付的价格 β_i 不同，代表了个体的偏好。政府将资源配置给部分个体 N_1，并收取一定费用 c_i 用以补偿未能获得资源的个体 N_2，个体获得的补偿为 ρ_i，$i \in N_2$。政府需要决定将资源配置给哪些个体，以及支付价格 c_i 与补偿 ρ_i。

对模型做出如下假设：①个体拥有平等的获得资源的权利，个体差异主要表现为对公共服务的偏好，即愿意支付的价格；②个体偏好说明了个体对公共服务的重视和需要程度，代表了公共服务对于不同个体的价值，服从均匀分布 $\beta \sim [\underline{\beta}, \bar{\beta}]$；③决策者优先将资源配置给具有更高偏好的个体，通过向高偏好个体收取一定的费用以补偿未获得资源的个体。

10.3.2 模型建立与求解

10.3.2.1 消费者剩余

消费者剩余是指个体获得资源愿意支付的最高价格与实际支付价格之间的差额。在本节研究的问题中，个体支付的价格一部分用于抵消成本，还有一部分用于补偿未获资源的个体。由于主要讨论的是用于补偿的支付价格，因此个体愿意支付的价格 β_i 以及实际支付价格 c_i 均为扣除单位服务成本后的价格。

10.3.2.2 补偿方法

第 5.2 节针对"公地悲剧"问题提出了三种公平补偿方法，包括竞争均衡、均等价格补偿和 Shapley 值法，也是本节采用的三种主要方法。

竞争均衡下的分配基于无妒（envy-free）的思想，按照个体偏好每个个体都已获得最满意的分配（资源或补偿），不愿意将自己的获得与他人交换。因此对于所有获得资源的个体支付价格 c 应当相同，所有未获得资源的个体得到的补偿均为 ρ，且满足 $p_e - c = \rho$，即 N_1 与 N_2 中的个体不存在嫉妒。则竞争均衡下的实际价格 c 与补偿 ρ 满足：

$$\beta_e - c = \rho \qquad (10\text{-}42)$$

$$\sum_{i \in N_1} d_i c = \sum_{i \in N_2} d_i \rho \qquad (10\text{-}43)$$

式（10-43）表示 N_1 与 N_2 中的个体不存在嫉妒，式（10-44）为预算约束，表示由 N_1 中个体支付的费用等于 N_2 中个体获得的补偿。

均等价格补偿下 N_2 中的个体考虑个体支付意愿，意愿越高获得的补偿也应越高。因此，设定一个均等价格为 c_v，偏好小于 c_v 的个体既不获得资源也不获得补偿，$i \in N_2' = \{i \mid \beta_i < c_v\}$；偏好大于 c_v 且小于 β_e 的个体未获得资源，但按获得资源下可得到的收益获得补偿 ρ_i，$i \in N_2 = \{i \mid c_v \leq \beta_i < \beta_e\}$；偏好大于 β_e 的个体获得资源支付价格 c_v，$i \in N_1 = \{i \mid \beta_i \geq \beta_e\}$。同样，$\beta_e = \bar{\beta} - \dfrac{\bar{\beta} - \underline{\beta}}{n} m$。

则均等价格 c_v 与个体补偿 ρ_i 满足：

$$\sum_{i \in N_1} d_i c_v = \sum_{i \in N_2} \rho_i \qquad (10\text{-}44)$$

$$\rho_i = (\beta_i - c_v)\, d_i \qquad (10\text{-}45)$$

式（10-44）表示由 N_1 中个体支付的费用等于 N_2 中个体获得的补偿。式（10-45）表示个体获得的补偿为获得资源情况下的消费者剩余。同样地，$N_1 = \{i \mid \beta_i < \beta_e\}$，$N_2 = \{i \mid \beta_i \geq \beta_e\}$。

Shapley 值通过定义个体的边际贡献实现分配，由前文可知获得资源的个体支付价格 c 与未获得资源个体的补偿 ρ_i 为

$$c = \frac{(n-m)\,\bar{\beta}}{n} - \frac{m(\bar{\beta} - \underline{\beta})\ln(n/m)}{n} \qquad (10\text{-}46)$$

$$\rho_i = \frac{m\underline{\beta}}{n} + \frac{m(\bar{\beta} - \underline{\beta})}{n}\ln\big((\bar{\beta} - \underline{\beta})/(\bar{\beta} - \beta_i)\big) \qquad (10\text{-}47)$$

10.3.3 案例分析

在雅安市雨城区的邮政网点建设中，对于距中心城区较远的需求点 13、14、15、16、17 和 22，假设仅能为其中的两个点配置邮政末端网点，即 $n = 5$，$m = 2$。个体需求量为 $d = (25,20,20,13,26,4)$。个体偏好服从均匀分布 $\beta \sim [0, 10]$，且需求量越大的个体对服务的偏好越高，即 $\beta = (8,6,4,2,10,0)$。

1. 支付价格与补贴金额

首先，计算竞争均衡价格 $\beta_e = \bar{\beta} - \dfrac{\bar{\beta} - \beta}{n} m = 6$，确定获得资源的个体范围 $N_1 = \{13, 17\}$，不能获得资源的个体为 $N_2 = \{14, 15, 16, 22\}$。

然后，计算不同补偿方法下的支付价格与补偿标准。

由式（10-42）和式（10-43）可得竞争均衡下：

$$c_{13} = c_{17} = 3.17, \ \rho_{14} = \rho_{15} = \rho_{16} = \rho_{22} = 2.83$$

由式（10-44）和式（10-45）可得均等价格下：

$$c_{13} = c_{17} = 2.2, \ \rho_{14} = 3.8, \ \rho_{15} = 1.8, \ \rho_{16} = \rho_{22} = 0$$

由式（10-46）和式（10-47）可得 Shapley 值下：

$$c_{13} = c_{17} = 3.0, \ \rho_{14} = 3.05, \ \rho_{15} = 1.70, \ \rho_{16} = 0.74, \ \rho_{22} = 0$$

对不同需求点在三种补偿方法下的情况进行比较，如表 10-8 所示。

表 10-8　不同补偿方法下的支付价格与补偿标准

编号	地区名称	需求量 d_i /个	偏好 β_i	支付价格 c_i（补偿 ρ_i）/元					
				竞争均衡		均等价格		Shapley 值	
				单位金额	总金额	单位金额	总金额	单位金额	总金额
13	中里镇	25	8	-3.2	-79.3	-2.2	-55	-2.4	-60
14	上里镇	20	6	2.8	56.6	3.8	76	3.2	64.2
15	严桥镇	20	4	2.8	56.6	1.8	36	2.1	42.2
16	晏场镇	13	2	2.8	36.8	0	0	1.2	15.6
17	碧峰峡镇	26	10	-3.2	-82.4	-2.2	-57	-2.4	-62.4
22	望鱼乡	4	0	2.83	11.3	0	0	0.1	0.4

2. 决策建议

因此，对雅安市雨城区政府的公共资源配置和补偿政策有以下建议：

（1）将有限的公共资源优先配置给更需要服务、支付意愿更高的地区，如碧峰峡镇和中里镇。

（2）当政府希望给予未获资源地区相同的补偿，而不考虑不同地区对服务重视程度高低时，可在获得资源地区每单位服务需求中拿出 3.2 元的单位收益，对所有未获得资源的地区每单位需求给予 2.8 元的单位补偿。

（3）当政府希望降低获得公共资源地区的支付价格，同时按照地区对服务的重视程度或支付价予以补贴时，可在获得资源地区每单位服务需求中拿出 2.2 元的单位收益，并向支付意愿高于均等价格的上里镇和严桥镇分别给予每单位需求 3.8 元、1.8 元的补偿。

（4）当政府倾向于支付价格折中且所有未获资源地区都给予补偿时，可在获得资源地区每单位服务需求中拿出 2.4 单位收益，按个体支付意愿分别给予上里镇、严桥镇、晏场镇和望鱼乡每单位需求 3.2 元、2.1 元、1.2 元、0.1 元的补偿。

10.4　本章小结

本章针对企业资源与公共资源配置的政策问题，定量研究了政府的企业补贴方法与地区补偿方法，为政府公共政策的制定提供决策参考。

政府对企业的补贴目标是使企业的公共资源配置决策满足政府目标要求。因此，政府可以根据对不同地区获得公共服务水平的期望设立补贴下限要求，并对提供高于补贴下限服务水平的企业给予补贴，企业服务水平高于补贴下限越多，给予的补贴金额应当越高。研究首先考虑政府补贴、个体公平偏好与市场竞争等因素，建立了政府与两个服务企业的三阶段博弈模型。采用逆向归纳法求解最优政府补贴系数、企业服务水平与定价。其次，构建以政府为领导者，配送企业为跟随者，且企业之间为非合作 Nash 博弈的 Stackelberg-Nash 博弈模型，采用变分不等式表示企业与需求个体的均衡条件，通过罚函数将带有变分不等式的双层规划问题转化为单层的非线性规划问题求解。以雅安市雨城区邮政网点建设为例，探讨了个体公平偏好、政府补贴下限要求以及政府的公平决策权重等对结果的影响，为政府的企业补贴提供政策建议。

政府对地区的补偿主要是由于部分地区虽然拥有平等获得公共资源的权利，但由于支付意愿较低而并未获得资源。政府可从获得资源地区的社会收益中拿出部分以补贴未获资源地区。研究根据地区对服务的偏好程度定义支付价格意愿，采用竞争均衡、均等价格和 Shapley 值法计算获得资源地区的支付价格，以及未获资源地区的补偿标准。竞争均衡补偿的思想为获得资源地区支付价格相同、未获资源地区获得补偿相同以及所有地区的消费者剩余相同。均等价格补偿则是求解一个均等价格，使未获资源地区得到的补偿等于获得资源情况下的消费者剩余。Shapley 值法基于个体获得资源的期望贡献值计算支付价格或补偿金额。以雅安市雨城区邮政网点建设为例，比较了三种方法的决策结果，提出政府地区补偿政策制定的建议。

11　总结与展望

本章总结了本书的主要研究工作，并对未来可能的研究方向进行展望。

11.1　研究总结

本书在相对微观的层面关注了资源配置产生的社会福利及其公平性。效率与公平是社会资源配置的两大核心目标，效率与公平目标存在怎样的关系、如何在实际问题中兼顾效率与公平、如何激励企业更加公平地配置资源等，都是亟待解决的关键问题。因此，本书在研究社会福利与公平分配的基本理论和方法的基础上，阐明了资源配置中的效率与公平目标，进一步提出了效率与公平权衡的方法，针对广义的资源分配、公共设施选址以及特定的应急物资分配问题设计了模型与算法，并探讨了政府引导企业资源配置的补贴政策以及公共资源配置中的地区补偿办法。在实证和算例分析中，以城乡公共资源配置作为社会福利与公平分配的应用场景，验证各模型与方法的可行性、有效性和实用性。研究的主要工作体现在以下方面：

一是归纳了社会福利与公平分配的基础理论，提出公平分配的原则与方法。首先对福利经济学理论的产生与发展进行概述，提出了补偿、奖励、外生权利和适合四类公平分配原则，给出数量分配问题中公平分配的三种一般方法。然后，分别从基数效用和序数效用两类福利经济理论的基本观点出发，研究了社会福利函数与社会选择过程。

二是探讨了公有物品的公平分配方法。针对成本分摊问题，给出了Shapley值解决方法，通过独立成本检验满足公平基本要求，并利用其对称性、哑参与人、可加性公理或对称性、边际公理简化Shapley值计算。针对"公地悲剧"和带有支付意愿的分配问题，提出了控制个体参与规模的三种补偿方法，包括竞争均衡、均等价格和 Shapley 值法。

三是基于基数效用理论提出新的社会福利函数构造方法。基于变权和分类思想提出新的社会福利函数构造形式，给出通过公平参数选择实现效率与公平权衡的方法；并研究企业、政府两类不同的决策主体偏好下的社会福利函数形式，对比分析两者的决策差异。

四是研究公平分配方法在一般资源配置、设施选址以及应急物资分配中的具体应用。①探讨公平分配方法在多主体、多阶段的资源配置问题中的应用，并针对实际的资源配置情况采用公平测度指标进行实证分析。②针对两类公共设施选址问题，一类关注需求与供给的差异特性，一类关注双向流动特征，分别建立数学优化模型并设计算法求解。③针对大规模灾害情况下应急物资分配的效率与公平问题，首先考虑实物分配公平和心理感知公平建立多目标的应急物资分配模型，并设计改进的 NSGA-II 算法求解；然后，对震后资源短缺、需求动态变化的应急物资分配问题，建立公平与效率权衡的双目标整数非线性规划模型，将多目标转化为单目标求解。

五是考虑公平的公共资源分配补贴问题。针对以企业为主体的资源配置，建立基于政府补贴的竞争性企业的三阶段博弈模型、政府与企业的 Stackelberg-Nash 博弈模型。针对以政府为主体的公共资源配置，研究了资源短缺下对未获得公共服务地区的补偿政策。提出基于地区支付意愿的竞争均衡、均等价格和 Shapley 值三种补偿手段，确定补偿的范围、方式以及金额。通过公共资源配置的实例提出政府对企业补贴以及对地区补偿的政策建议。

11.2　研究展望

本书阐述了社会福利基本理论框架、公平分配的原则与方法，分析了效率与公平的关系，针对一般资源分配、公共设施选址和应急物资分配等具体问题以及政府的激励与补偿政策开展了研究，较为系统和全面地对资源配置中的效率与公平问题进行了探讨。但对特定情境下的资源供需特征考虑还不充分，资源配置模型还可进一步拓展与完善，未来可从以下方面开展更深入的研究：

考虑禀赋效应对公平感知影响的企业资源配置决策与政府政策选择设计。行为经济学理论下人并非完全理性，而是自私的个体，人们对公平的感知受禀赋效应的影响，而且对"避免损失"的偏好要高于"获得收益"。因此，对资源配置的研究可考虑禀赋效应对个体公平感知的影响，运用价值函数替代效用函数，对决策者的效率与公平目标函数进行改进以决定资源分配。对于政府物流公共政策的制定，可结合行为经济学中"自由主义的温和专制"的政府管理模式，研究政府如何通过改变相应的经济动机与行为，运用选择设计制定相关政策，提出资源配置的政策建议。

资源配置模型进一步拓展和完善。本书主要研究了资源配置中的数量分配、公共设施选址以及应急物资分配-选址联合问题。由于资源分配问题的多样化、复杂化，考虑特定情境下具有一定供需特征的实际问题还不充分，研究的范围和考虑的因素还可进一步拓展和深化。

资源配置公平指标与分类标准研究。绩效考核是政府推动公共资源配置均等化的重要手段，首先应当建立效率与公平评价指标体系。一方面考虑信息的可采集性与可靠性，研究可反映资源配置和运行情况的指标，另一方面要对现有的基尼系数、方差、极差和泰勒指数等公平测度方法的适用性进行研究，提出能真实反映区域间、个体间资源配置公平性的测度方法，为政府绩效考核决策提供理论依据。

参考文献

［1］ ARMONY M, WARD A R. Fair dynamic Routing in Large-Scale Heteroge-
neous-Server Systems ［J］. Operations research, 2010, 58 （3）: 624-637.

［2］ MOULIN H. Fair division and collective welfare ［M］. MIT Press Books,
2003.

［3］ ATKINSON A B. On the measurement of inequality ［J］. Journal of Eco-
nomic Theory, 1970, 2 （3）: 244-263.

［4］ BALCIK B, IRAVANI S, SMILOWITZ K. A Review of Equity in Nonprofit
and Public Sector: A Vehicle Routing Perspective ［M］. Encyclopedia of Operations
Research and Management Science, 2011.

［5］ BARON O, BERMAN O, KRASS D, et al. The equitable location problem
on the plane ［J］. European Journal of Operational Research, 2007, 183 （2）: 578-
590.

［6］ BATTA R, DOLAN J M, KRISHNAMURTHY N N. The maximal expected
covering location problem: Revisited ［J］. Transportation Science, 1989, 23 （4）:
277-287.

［7］ BATTA R, LEJEUNE M, PRASAD S. Public facility location using disper-
sion, population, and equity criteria ［J］. general information, 2014, 234 （3）: 819-
829.

［8］ BERMAN O, DREZNER Z, TAMIR A, et al. Optimal location with equita-
ble loads ［J］. Annals of Operations Research, 2009, 167 （1）: 307-325.

［9］ BERTSIMAS D, FARIAS V F, TRICHAKIS N. Fairness, Efficiency, and
Flexibility in Organ Allocation for Kidney Transplantation ［J］. Operations research,
2013, 61 （1）: 73-87.

［10］ BERTSIMAS D, FARIAS V F, TRICHAKIS N. On the Efficiency-Fairness Trade-off [J]. Management Science, 2012, 58 (12): 2234-2250.

[11] BERTSIMAS D, FARIAS V F, TRICHAKIS N. The Price of Fairness [J]. Operations Research, 2011, 59 (1): 17-31.

[12] BERTSIMAS D, GUPTA S, LULLI G. Dynamic resource allocation: A flexible and tractable modeling framework [J]. general information, 2014, 236 (1): 14-26.

[13] BOONMEE C, ARIMURA M, ASADA T. Facility location optimization model for emergency humanitarian logistics [J]. International Journal of Disaster Risk Reduction, 2017, 24: 485-498.

[14] BURKEY M L, BHADURY J, EISELT H A. A location-based comparison of health care services in four U. S. states with efficiency and equity [J]. Socio-Economic Planning Sciences, 2012, 46 (2): 157-163.

[15] CARAGIANNIS I, KAKLAMANIS C, KANELLOPOULOS P, et al. The Efficiency of Fair Division [J]. Theory of Computing Systems, 2012, 50 (4): 589-610.

[16] CHAKRABARTY D, GOEL G, VAZIRANI V V, et al. Efficiency, Fairness and Competitiveness in Nash Bargaining Games [M]. Internet and Network Economics. Springer Berlin Heidelberg, 2008: 498-505.

[17] CHANTA S, MAYORGA M E, MCLAY M E K L A. The minimum p-envy location problem: a new model for equitable distribution of emergency resources [J]. IIE Transactions on Healthcare Systems Engineering, 2011, 1 (2): 101-115.

[18] CHEN L, OLHAGER J, TANG O. Manufacturing facility location and sustainability: A literature review and research agenda [J]. International Journal of Production Economics, 2014, 149 (2): 154-163.

[19] DREZNER T, DREZNER Z, GUYSE J. Equitable service by a facility: Minimizing the Gini coefficient [J]. Computers & Operations Research, 2009, 36 (12): 3240-3246.

[20] ESPEJO I, MARIN A, PUERTO J, et al. A comparison of formulations and solution methods for the minimum-envy location problem [J]. Computer Operation Research, 2009, 36: 1966-1981.

[21] FARAHANI R Z, STEADIESEIFI M, ASGARI N. Multiple criteria facility location problems: A survey [J]. Applied Mathematical Modelling, 2010, 34 (7): 1689-1709.

［22］ GOLDEN B, PERNY P. Infinite order Lorenz dominance for fair multiagent optimization ［C］. International Foundation for Autonomous Agents and Multiagent Systems, 2010: 383-390.

［23］ GUINDO L A, WAGNER M, BALTUSSEN R, et al. From efficacy to equity: Literature review of decision criteria for resource allocation and healthcare decisionmaking ［J］. Cost Effectiveness and Resource Allocation, 2012, 10（1）: 9.

［24］ HERVE MOLULIN. The welfare and resources allocation ［M］. Massachusetts Institute of Technology, 2016.

［25］ HOOKER N J, WILLIAMS P H. Combining Equity and Utilitarianism in a Mathematical Programming Model ［J］. Management Science, 2012, 58（9）: 1682-1693.

［26］ HOOKER N J. Optimality conditions for distributive justice ［J］. International Transactions in Operational Research, 2010, 17（4）: 485-505.

［27］ HU C L, LIU X, HUA Y K. A bi-objective robust model for emergency resource allocation under uncertainty ［J］. International Journal of Production Research, 2018, 54（24）: 7421-7438.

［28］ HU Z, CHEN Y, YAO L, et al. Optimal allocation of regional water resources: From a perspective of equity-efficiency tradeoff ［J］. Resources, Conservation and Recycling, 2016, 109: 102-113.

［29］ HUANG K, JIANG Y, YUAN Y, et al. Modeling multiple humanitarian objectives in emergency response to large-scale disasters ［J］. Transportation Research Part E Logistics & Transportation Review, 2015, 75: 1-17.

［30］ HUANG M, SMILOWITZ K, BALCIK B. Models for relief routing: Equity, efficiency and efficacy ［J］. Transportation Research Part E: Logistics and Transportation Review, 2012, 48（1）: 2-18.

［31］ KALAI E, SMORODINSKY M. Other Solutions to Nash's Bargaining Problem ［J］. Econometrica, 1975, 43（3）: 513-518.

［32］ KARNER A. Planning for transportation equity in small regions: Towards meaningful performance assessment ［J］. Transport Policy, 2016, 52: 46-54.

［33］ KHODAPARASTI S, MALEKI H R, BRUNI M E, et al. Balancing efficiency and equity in location-allocation models with an application to strategic EMS design ［J］. Optimization Letters, 2016, 10（5）: 1053-1070.

［34］ KINDERLEHRER D, STAMPACCHIA G. An Introduction to Variational

Inequalities and their Applications [J]. 2000, 56 (2): 328-346.

[35] KUMAR A, KLEINBERG J. Fairness Measures for Resource Allocation [J]. Proceedings of 41st IEEE Symposium on Foundations of Computer Science, 2000, 36 (3): 75-85.

[36] LANE H, SARKIES M, MARTIN J, et al. Equity in healthcare resource allocation decision making: A systematic review [J]. Social Science & Medicine, 2017, 175: 11-27.

[37] LARSON R C. A hypercube queuing model for facility location and redistricting in urban emergency services [J]. Computers & Operations Research, 1974, 1 (74): 67-95.

[38] LEJEUNE M A, PRASAD S Y. Effectiveness-equity models for facility location problems on tree networks [J]. Networks, 2013, 62 (4): 243-254.

[39] LESCA J, PERNY P. LP Solvable Models for Multiagent Fair Allocation Problems [C]. European Conference on Artificial Intelligence, 2010: 393-398.

[40] LÓPEZ-DE-LOS-MOZOS M C, MESA J A, PUERTO J. A generalized model of equality measures in network location problems [J]. Computers & Operations Research, 2008, 35 (3): 651-660.

[41] L'UBOŠ BUZNA, MICHAL KOHÁNI, JAROSLAV JANÁČEK. An Approximation Algorithm for the Facility Location Problem with Lexicographic Minimax Objective [J]. Journal of Applied Mathematics, 2014 (12): 1-12.

[42] MARSH M T, SCHILLING D A. Equity measurement in facility location analysis: A review and framework [J]. European Journal of Operational Research, 1994, (74) : 1-17.

[43] MCALLISTER D M. Equity and Efficiency in Public Facility Location [J]. Geographical Analysis, 1976, 8 (1): 47-63.

[44] MEDERNACH E, SANLAVILLE E. Fair resource allocation for different scenarios of demands [J]. European Journal of Operational Research, 2012, 218 (2): 339-350.

[45] NASH J F, JR. The Bargaining Problem [J]. Econometrica, 1950, 18 (2): 155-162.

[46] NI J, WEI C, DU L. Revealing the political decision toward Chinese carbon abatement: Based on equity and efficiency criteria [J]. Energy Economics, 2015, 51: 609-621.

［47］ NICOSIA G, PACIFICI A, PFERSCHY U. Price of Fairness for allocating a bounded resource ［J］. European Journal of Operational Research, 2017, 257 (3): 933-943.

［48］ OGRYCZAK W O. Bicriteria Models for Fair and Efficient Resource Allocation ［Z］. Springer Berlin Heidelberg, 2010.

［49］ OGRYCZAK W. Inequality measures and equitable locations ［J］. Annals of Operations Research, 2009, 167: 61-86.

［50］ OGRYCZAK W. On Principles of Fair Resource Allocation for Importance Weighted Agents ［C］. International Workshop on Social Informatics. IEEE, 2009: 57-62.

［51］ ÖZLEM KARSU, MORTON A. Inequity averse optimization in operational research ［J］. European Journal of Operational Research, 2015, 245 (2): 343-359.

［52］ PUERTO J, RICCA F, SCOZZARI A. Extensive facility location problems on networks with equity measures ［J］. Discrete Applied Mathematics, 2009, 157 (5): 1069-1085.

［53］ RACHMILEVITCH S. The Nash solution is more utilitarian than egalitarian ［J］. Theory & Decision, 2014, 79 (3): 1-16.

［54］ REY D, ALMI'ANI K, NAIR D J. Exact and heuristic algorithms for finding envy-free allocations in food rescue pickup and delivery logistics ［J］. Transportation Research Part E Logistics & Transportation Review, 2018, 112: 19-46.

［55］ ROMERO N, NOZICK L K, XU N. Hazmat facility location and routing analysis with explicit consideration of equity using the Gini coefficient ［J］. Transportation Research Part E Logistics & Transportation Review, 2016, 89: 165-181.

［56］ ROUHANI O M, GEDDES R R, GAO H O, et al. Social welfare analysis of investment public-private partnership approaches for transportation projects ［J］. Transportation Research Part A Policy & Practice, 2016, 88: 86-103.

［57］ SILVA F, FIGUERA D S D L. Incorporating waiting time in competitive location models: formulations and heuristics ［J］. Economics Working Papers, 2008, 7 (1): 63-76.

［58］ STEIN M S. Distributive Justice and Disability: Utilitarianism against Egalitarianism ［J］. Social Theory & Practice, 2008, 23 (3): 355-358.

［59］ SUZUKI A, DREZNER Z. The minimum equitable radius location problem with continuous demand [J]. European Journal of Operational Research, 2009, 195 (1): 17-30.

[60] TANG A, WANG J, LOW S H. Is fair allocation always inefficient [C]. Joint Conference of the IEEE Computer and Communications Societies. IEEE, 2004: 45.

[61] TZENG G, CHENG H, HUANG T D. Multi-objective optimal planning for designing relief delivery systems [J]. Transportation Research Part E: Logistics and Transportation Review, 2007, 43: 673-686.

[62] VITORIANO B, ORTUÑO M T, TIRADO G, et al. A multi-criteria optimization model for humanitarian aid distribution [J]. Journal of Global Optimization, 2011, 51 (2): 189-208.

[63] WU J, YU J. Efficiency-equity tradeoffs in targeting payments for ecosystem services [J]. American Journal of Agricultural Economics, 2017, 99 (4): 894-913.

[64] 曹阳, 赵淑芝, 田庆飞. 基于社会福利最大化的城市轨道交通补贴决策 [J]. 吉林大学学报 (工学版), 2012, 42 (3): 618-622.

[65] 陈方, 戢晓峰, 等. 城市内交通公平的测度及其空间分异 [J]. 经济地理, 2015 (4): 70-75.

[66] 陈莹珍, 赵秋红. 基于公平原则的应急物资分配模型与算法 [J]. 系统工程理论与实践, 2015, 35 (12): 3065-3073.

[67] 葛洪磊, 刘南, 张国川, 等. 基于受灾人员损失的多受灾点、多商品应急物资分配模型 [J]. 系统管理学报, 2010, 19 (5): 541-545.

[68] 葛洪磊, 刘南. 资源分配中的公平测度指标及其选择标准 [J]. 统计与决策, 2012, (9): 50-53.

[69] 黄涛, 梅林海, 范阳东. 基于动态博弈过程的地方公共品供给分析 [J]. 改革与战略, 2013, 29 (2): 30-36.

[70] 黄有光. 效率、公平与公共政策: 扩大公共支出势在必行 [M]. 北京: 社会科学文献出版社, 2003.

[71] 江海燕, 朱雪梅, 吴玲玲, 等. 城市公共设施公平评价: 物理可达性与时空可达性测度方法的比较 [J]. 国际城市规划, 2014, 29 (5): 70-75.

[72] 李丹, 刘晓. 需求不确定下的应急资源公平配置策略 [J]. 工业工程与管理, 2013, 18 (6): 54-60.

[73] 李德清, 曾文艺. 变权决策中均衡函数均衡效果 [J]. 系统工程理论

与实践, 2016, 36 (3)：712-718..

[74] 李德清, 康喜兵, 李志勇. 可分解均衡函数均衡力度分析 [J]. 数学的实践与认识, 2013, 43 (11)：251-254.

[75] 刘生龙, 胡鞍钢. 基础设施的外部性在中国的检验：1988—2007 [J]. 经济研究, 2010 (3)：4-15.

[76] 刘薇. 社会福利函数与拟序下的不公平测度研究 [J]. 华中师范大学学报：自然科学版, 2012, 46 (5)：528-532.

[77] 孟燕萍, 黄有方. 基于均衡策略的医疗应急救援中心多阶段布局问题研究 [J]. 武汉理工大学学报 (交通科学与工程版), 2013, 37 (1)：39-43.

[78] 庞海云, 刘南, 吴桥. 应急物资运输与分配决策模型及其改进粒子群优化算法 [J]. 控制与决策, 2012, 27 (6)：871-874.

[79] 庞海云, 刘南. 基于不完全扑灭的应急物资分配博弈模型 [J]. 浙江大学学报：工学版, 2012, 46 (11)：2068-2072.

[80] 苏明, 贾西津, 孙洁, 等. 中国政府购买公共服务研究 [J]. 财政研究, 2010 (1)：9-17.

[81] 陶卓霖, 程杨, 戴特奇, 等. 基于公平最大化目标的 2020 年北京市养老设施布局优化 [J]. 地理科学进展, 2015, 34 (12)：1609-1616.

[82] 王波. 基于均衡选择的应急物资调度决策模型研究 [J]. 学理论, 2010, (17)：40-43.

[83] 王海燕, 于荣, 王国祥, 等. 城市公共交通财政补贴测算方法研究 [J]. 交通运输系统工程与信息, 2013, 13 (6)：23-26.

[84] 王若鹏, 徐红敏. 基于 $x\sim2$ 拟合优度检验的席位公平分配模型 [J]. 系统工程理论与实践, 2014, (7).

[85] 王苏生, 王岩. 基于公平优先原则的多受灾点应急资源配置算法 [J]. 运筹与管理, 2008, 17 (3)：16-21.

[86] 王旭坪, 张娜娜, 詹红鑫. 考虑灾民非理性攀比心理的应急物资分配研究 [J]. 管理学报, 2016, 13 (7)：1075-1080.

[87] 温兴琦, 程海芳, 蔡建湖, 等. 绿色供应链中政府补贴策略及效果分析 [J]. 管理学报, 2018 (4)：625-632.

[88] 肖璠, 胡志华, 魏晨, 等. 基于道路分级的应急转运中心选址及运输优化问题 [J]. 辽宁科技大学学报, 2014 (5)：467-473.

[89] 徐旭, 金凤花. 基于 Theil 指数的我国区域物流差异发展趋势研究 [J]. 中国流通经济, 2014 (4)：40-44.

［90］徐志宇，张杰，彭嘉臻，等.应急物流的分批配送模型及亚启发式算法求解［J］.系统仿真学报，2012，24（12）：2500-2505.

［91］许建国，池宏，祁明亮，等.应急资源需求周期性变化的选址与资源配置模型［J］.运筹与管理，2008，17（1）：11-17.

［92］杨钦宇，徐建刚.基于引力可达性的公共服务设施公平性评价模型构建［J］.规划师，2015（7）：96-101.

［93］姚锋敏，滕春贤.基于二层规划的供应链网络间的竞争模型［J］.系统工程学报，2012，27（4）：527-534.

［94］詹沙磊，刘南，陈素芬，等.基于需求更新的救灾品配送公平与效率协调模型［J］.控制与决策，2014，29（4）：686-690.

［95］詹沙磊，叶永，刘南.基于信息更新的应急资源配置序贯决策方法［J］.浙江大学学报（工学版）.2013（12）：2212-2220.

［96］张玲，黄钧.基于场景分析的应急资源布局模型研究［J］.中国管理科学，2008：164-167.

［97］张小芝，朱传喜，朱丽.一种基于变权的动态多属性决策方法［J］.控制与决策，2014（3）：494-498.

［98］张彦琦，唐贵立，王文昌，等.基尼系数和泰尔指数在卫生资源配置公平性研究中的应用［J］.中国卫生统计，2008，25：243-246.

［99］正惠，何志毅.紧缺资源的最优分配及最优控制策略［J］.系统管理学报，2014（5）：698-703.

［100］周岩，胡劲松，王新川，等.政府关于碳排放调控机制下的供应链网络 Stackelberg-Nash 均衡研究［J］.中国管理科学，2015（1）：786-793.

［101］朱庆华，窦一杰.基于政府补贴分析的绿色供应链管理博弈模型［J］.管理科学学报，2011，14（6）：86-95.